Kathleen V. Hurley / Theodore E. Dobson

Wer bin ich?

HERDER / SPEKTRUM
Band 4249

Das Buch

Welcher Typ bin ich? Wie kann ich mich selbst und meine Mitmenschen besser verstehen? Warum tun wir, was wir tun? Wer sich ernsthaft auf das geheimnisvolle, heute wiederentdeckte Wissen des Enneagramms einläßt, wird überraschend schnell zu verblüffenden Lösungen dieser existentiell bedeutsamen Fragen kommen. Das Enneagramm ist ein jahrtausendealtes Modell der Seelenkunde, das seine Wurzeln im Weisheitsschatz des Nahen Ostens hat und mit dem spirituellen Fundament vieler Weltreligionen verbunden ist. Es geht von neun Grundgestalten der menschlichen Persönlichkeit aus, von denen jede sowohl positive als auch negative Züge aufweist: Mit der einfachen Neuner-Figur des Enneagramms und seinen vielfältigen Kombinationsmöglichkeiten verfügen wir über ein geniales Wissenssystem, das uns hilft, unser ganz individuelles Persönlichkeitsmuster zu erkennen. Eigene Stärken, aber auch Schwächen und innere, unbewußte Blockaden können so schneller entdeckt und überwunden werden. Eine praktische, leicht zu handhabende Anleitung zu produktiver Selbsterkenntnis und Persönlichkeitsfindung, die den Weg zu einer harmonischen mitmenschlichen Beziehung freimacht.

Die Autoren

Kathleen V. Hurley und Theodore E. Dobson, arbeiten im Bereich der Persönlichkeitsentfaltung seit über 30 Jahren in den USA erfolgreich mit der Enneagramm-Methode. Sie sind durch ihre psychologischen Seminare zur praktischen Psychologie und Spiritualität bekannt geworden.

Kathleen V. Hurley /
Theodore E. Dobson

Wer bin ich?

Persönlichkeitsfindung mit dem Enneagramm

der Schlüssel zum eigenen Charakter

Herder
Freiburg · Basel · Wien

Lernen zu können, heißt, jung zu sein,
und wer Freude am Lernen frisch hält,
bleibt immer jung.

John G. Bennett

Alle Rechte vorbehalten – Printed in Germany
© Verlag Herder Freiburg im Breisgau 1994
Linzenzausgabe mit freundlicher Genehmigung des Pattloch-Verlags in
der Weltbild Verlag GmbH
Herstellung: Freiburger Graphische Betriebe 1994
Umschlaggestaltung: Joseph Pölzelbauer
Umschlagmotiv: Foto © Mauritius – SDP
ISBN 3-451-04312-2

Inhalt

Einführung	Der Detektiv erwacht Die Entdeckung des menschlichen Potentials	7
Kapitel 1	Welcher Typ bin ich? Die neun Hauptabhängigkeiten	19
	Eins: Die PerfektionistInnen	27
	Zwei: Die HelferInnen	34
	Drei: Die GewinnerInnen	40
	Vier: Die IndividualistInnen	47
	Fünf: Die BeobachterInnen	54
	Sechs: Die MitstreiterInnen	60
	Sieben: Die TräumerInnen	67
	Acht: Die KämpferInnen	74
	Neun: Die BewahrerInnen	80
Kapitel 2	Jenseits bloßen Überlebens Die drei Zentren	89
Kapitel 3	Durch die Lupe betrachtet Ein genauerer Blick auf die neun Muster	104
Kapitel 4	Der geistige Irrgarten Die illusionären Systeme	116
Kapitel 5	Trickster und Schlaukopf Intensivierung und Neutralisation der Hauptabhängigkeiten	134
Kapitel 6	Auf unseren Flügeln schweben Im Gleichgewicht von Zentren und Flügeln	156
Kapitel 7	Der Flug des Schwanes Der Prozeß der Transformation	169
Kapitel 8	Wo der Fluß frei fließt Das göttliche Bild und die lebenslange Suche	195
Kapitel 9	Bepflanze deinen Garten, bewässere deine Seele Vom Zwang zur Freiheit	219
Glossar		234

Einführung
Der Detektiv erwacht
Die Entdeckung des menschlichen Potentials

> Wir müssen uns an das Prinzip erinnern, daß bestimmte Bedürfnisse und Vergnügen von Gott gewollt sind. Solange wir automatisch allen Bedürfnissen und Vergnügen mit Mißtrauen begegnen, können wir nicht in der Wahrheit leben. Demut bedeutet, unsere Menschlichkeit anzunehmen, Stolz, sie abzulehnen. In einer seiner Briefe schreibt Baron Friedrich von Hugel über W. G. Ward (»Der ideale Ward«), er sei eine »eifrige, einseitige, große, unabsichtlich ungerechte Seele« gewesen, dem auf dem Totenbett der Unsinn seines ganzen Lebens klar wurde – er hatte ständig erwartet, daß alle anderen wie er sein sollten: Das ist die Wurzel der Unmenschlichkeit!
>
> *Thomas Merton*

In der gesamten Schöpfung gibt es nichts Erstaunlicheres, nichts Faszinierenderes, nichts Rätselhafteres oder Heiligeres als die menschliche Person.

Menschen haben jede Grenze auf der Erde überschritten und jeden Winkel erforscht, sie haben die Schwerkraft überwunden und fliegen. Sie sind auf dem Mond gelandet, haben den Raum erforscht und greifen nach den Sternen. In fast jeder Arztpraxis hängt ein Poster, das das Wunder des menschlichen Körpers zeigt, mit allen Muskeln, Nerven, Organen, Adern und allen anderen Einzelheiten – und alles in Farbe.

Doch trotz all der Kenntnisse, die von den größten Geistern im Laufe der Jahrhunderte gesammelt wurden, sind wir nicht in der Lage, das Geheimnis der Menschen zu lüften – derjenigen, die wir lieben, mit denen wir arbeiten und täglich zu tun haben. Auch Hochbegabte, die komplizierteste Probleme mit Leichtigkeit lösen können, sind vom Verhalten ihrer Mitarbeiter, ihrer Familie und Freunde häufig völlig verblüfft. Unsere Musiker, Dichterinnen, Künstler und Erzählerinnen haben in der Sprache ihres Herzens versucht, zwischen den Menschen Kommunikation, Verständnis und Kontakt herzustellen. Und viele von uns ringen in unsagbarer Qual viele Tage, Monate oder Jahre lang um das Verständnis, das sie brauchen, um eine Beziehung, einen Beruf oder ein Kind zu retten.

Was sind das für Menschen um mich herum? Was wünschen oder brauchen sie von mir? Warum tun oder sagen sie so etwas? Wie kann ich sie besser verstehen? Wie kann ich mich selbst besser verstehen? Warum sehne ich mich von ganzem Herzen nach etwas und arbeite ständig daran, um dann in einem kurzen Augenblick gerade das zu tun, was alle meine Chancen zerstört?

Nachdem wir zusammengerechnet mehr als 30 Jahre im Bereich des persönlichen Wachstums und der Spiritualität gearbeitet haben, wurden wir vor ein paar Jahren in ein geheimnisvolles Wissen eingeführt, das als Enneagramm bekannt ist. Der Überlieferung nach ist es mehr als 4000 Jahre alt und mit der Grundlage vieler großer Weltreligionen verbunden. Das Enneagramm soll nicht nur die Lösung für die soeben aufgeworfenen Fragen bieten, sondern sogar noch viel bedeutsamere Fragen beantworten, die in der Tiefe unseres Unterbewußtseins schlummern. Die Jahre seit unserem ersten Kontakt mit dieser Weisheit waren erfüllt von Studien, Forschungen, eigener innerer Arbeit und der Weitergabe des Enneagramms an Tausende von Menschen in ganz Nordamerika. Und jetzt zum vorliegenden Buch.

Wir haben den Eindruck gewonnen, daß die Weisheit des Enneagramms das wertvollste verfügbare Hilfsmittel ist, um mit den Problemen umzugehen, mit denen die Menschen im Alltag zu tun haben. Das Enneagramm geht über das reine Beschreiben von Eigenschaften und Vorlieben hinaus, die auch andere Persönlichkeitstypologien bieten. Es reicht bis zur Ebene der *Motivation: Warum tun wir, was wir tun?* Das Enneagramm gibt zwar keine einfachen Antworten, doch erklärt es die rätselhaften Bausteine im Puzzle des menschlichen Wesens. Die Einzigartigkeit eines jeden Individuums ergibt sich aus den Feinheiten der persönlichen Lebensgeschichte, dem Gewebe unserer Erfahrungen, unserer Triumphe, unserer Fehler und Verletzungen, und aus der fortwährenden Entwicklung des Lebens.

Das Enneagramm wird oft sehr treffend als eine Reise beschrieben. Die Mutigen, die sich zu dieser inneren Reise aufmachen – ihre Anzahl nimmt mit dem Näherrücken des 21. Jahrhunderts drastisch zu –, werden sich unerwartet in einer Verhüllung aus Stärke und Schwäche erleben. Sie werden ihren inneren Detektiv wecken, der die Spuren durch das Labyrinth hindurch findet und sie zur Entdeckung ihrer wahren Persönlichkeit führt – des einzigartigen Schatzes, der unter dem Schutt der Überlebensregeln vergraben ist. Die Reise wird über alle Gipfel und durch alle Täler der Spiritualität und der menschlichen Beziehungen führen. Fast unmerklich wird in dem einen oder anderen Reisenden das Wissen darum wachsen, was im Leben wirklich den Einsatz lohnt und wann der bloße Schein trügt. Diese Reise ist nichts für die Kleinmütigen. Sie ist für jene von uns, die bereit sind, sich selbst und andere ehrlich anzunehmen und den Schatz des Menschseins zu entdecken und zu achten.

Das Enneagramm ist ein Wissenssystem, das sich immer weiter entfaltet. Unsere Aufgabe als Autoren ist es, diese alte Weisheit zu analysieren und darzubieten, was sich unter dem Sand der Zeit verbirgt. Es ist unsere Aufgabe, jedes zerbrechliche und schöne Mosaikstückchen herauszusuchen, zu bewerten und vorsichtig an die richtige Stelle zu setzen.

Das einzige Mosaik, das wir je zusammensetzen können, das einzige Geheimnis, das wir je zu lösen hoffen können, sind wir selbst. Während wir aber die Bereiche unseres eigenen Lebens durchgehen, lernen wir auch, alle anderen Menschen zu schätzen, zu verstehen und uns mit ihnen auseinanderzusetzen, ganz gleich wie verschieden sie von uns sind.

Wir fangen ganz von vorne an, gehen zurück in der Zeit. Wir wollen von den geheimnisvollen Ursprüngen des Enneagramms sprechen und den oft verborgenen Weg dieser geheimen Weisheit bis in unsere heutige Zeit verfolgen.

Der geheimnisvolle Ursprung des Enneagramms

Das Enneagramm führt uns als ein System spiritueller Psychologie zu einem tieferen Verständnis unserer Persönlichkeit, als wir es je zuvor kannten. Sein Ursprung scheint sehr alt zu sein und liegt wahrscheinlich 4500 Jahre zurück. Die Quelle befindet sich im Nahen Osten, wo so viele spirituelle Philosophien und Überlieferungen ihren Anfang genommen haben und heute wieder zusammenfließen.[1]

Im Laufe der Jahrtausende wie auch heute noch haben viele Menschen im Osten wie im Westen zu diesem Wissen beigetragen. Bildlich wird das Enneagramm heute als ein Kreis dargestellt, der von neun Zahlen umgeben ist, eine für jedes der neun Persönlichkeitsmuster. Die Zahlen sind durch Linien verbunden, die zunächst zufällig erscheinen mögen, bei näherem Hinsehen aber eine klare Struktur aufweisen.[2] Die Abbildung auf Seite 27 stellt diese neun Persönlichkeitsmuster mit ihren Zahlen und ihren Hauptbezeichnungen vor. Die den Mustern gegebenen Namen stammen von den Autoren des Buches. Andere Verfasser benutzen andere Namen, weshalb es üblich ist, die jeweiligen Persönlichkeitsmuster sowohl mit Zahl als auch mit Namen anzugeben.

Es gibt Hinweise, daß das Enneagramm die meisten großen Weltreligionen beeinflußt hat, von denen viele im Nahen Osten ihre erste Blüte erlebten. Zu diesen Religionen gehört das Christentum, diejenige Denk- und Glaubenstradition, die Jahrhunderte hindurch die westliche Zivilisation geprägt hat. Einige der Verfasser des Neuen Testaments scheinen mit dem Enneagramm vertraut gewesen zu sein und es benutzt zu haben. Auch in anderen religiösen Traditionen lassen sich Spuren finden.

Eine der Quellen des Enneagramms ist wahrscheinlich in einer alten Bruderschaft von Weisheitssuchern zu finden, die manche als die Magi identifizieren. Als Philosophen, Theologen, Astrologen, Psychologen und Mathematiker der antiken Welt begannen sie mit der Suche nach der Wahrheit schon lange vor dem Entstehen der großen philosophischen oder religiösen Systeme unserer modernen Welt. In ihren Studien verbanden sie Mathematik und Philosophie. Eine Ahnung dieser Einheit ist durch die Zeitalter hindurch erhalten geblieben und zeigt sich heute in der modernen Physik und Chemie. Die Forschungen dieser Weisheitssucher sind Vorläufer der großen Bücher der Weltreligionen und haben ihnen den Weg geebnet.

Nach dem Aufkommen des Islam scheint diese Tradition auf eine Sufi-Schule übergegangen zu sein. Die Mystiker des islamischen Glaubens wurden zu den Hütern der geheimen Weisheit. Ihnen ist es zu verdanken, daß die Überlieferung des Enneagramms erhalten blieb, den einzelnen Persönlichkeitsmustern arabische Ziffern zugeordnet wurden und die dem heute bekannten System zugrundeliegende Mathematik entstand.[3] In verschiedener Hinsicht lassen sich die Sufis des Nahen Ostens mit den Benediktinern vergleichen. Sie leben ebenfalls in Gemeinschaften und widmen sich dem geistlichen Leben. Die Menschen wenden sich an Sufi-Meister, um Erleuchtung zu erlangen, das geistliche Leben kennenzulernen und geistlichen Rat zu erhalten. Die Sufis benutzten das Enneagramm, sowohl um die Erkenntnis der Persönlichkeit zu vermitteln wie auch für die eigene spirituelle Entwicklung. Die Sufi-Meister haben ihren Schülern die Teile des Enneagramms erläutert, die jeweils deren Persönlichkeit zuzuordnen waren. Doch wurde niemals das gesamte Wissen an die Schüler weitergegeben, sondern blieb allein den Meistern vorbehalten. Unter ihnen wurde es als mündliche Tradition weitergegeben, gemäß dem Sprichwort der Sufis, daß eine Belehrung nur dann stattfinden soll, wenn Zeit, Ort und Bruderschaft passend sind.[4]

Eine weitere Quelle für das Enneagramm scheint Pythagoras gewesen zu sein. Über diesen meisterhaften Theoretiker der antiken Welt ist nur das Wenige bekannt, das sein wichtigster Schüler, Plato, berichtet hat. Er wurde im sechsten Jahrhundert v. Chr. auf der griechischen Insel Samos geboren, verließ schon früh seine Heimat und durchwanderte die bekannte Welt bis nach Indien. In Persien lernte Pythagoras bei Zoroaster, dem wichtigsten religiösen Reformer und Weisen seines Landes. Auf dem Heimweg durchquerte er Judäa, wo er auf die Weisheitsform stieß, die heute als Kabbala bekannt ist, die mystische Offenbarung des Judentums über Gott und das Universum. Schließlich ließ sich Pythagoras in Süditalien nieder, wo er seine Schule des esoterischen Wissens und der persönlichen Transformation begründete. Man hält Pythagoras für den Vater der Mathematik; und durch Zahlen erlangte er tiefe Einsicht in das Universum. Im Einklang mit Vorstellungen der heutigen Physik glaubte er, daß »alle Dinge Zahlen seien«. In philosophischer Hinsicht traf er eine Unterscheidung zwischen Zahlen und Ziffern: Die Ziffern sind für ihn die Grundlage zum Messen der Dinge auf der physischen Ebene, während die Zahlen eine mehr qualitative und nichtmaterielle

Wirklichkeit besitzen. Die pythagoräische Schule ging deshalb von einer Beziehung der Zahlen zur Philosophie aus und benutzte die Zahlen von eins bis neun, um das Universum zu erklären.

Der Weg des Enneagramms in den Westen

Die ausführlichste Dokumentation des Enneagramms im Westen findet sich in den Werken von George Ivanovitsch Gurdjieff [1869 (77?)–1949] und seiner Schüler.[5] Gurdjieff wurde als Sohn eines griechischen Vaters und einer armenischen Mutter in einer kleinen Stadt in Armenien geboren. Im ausgehenden 19. Jahrhundert lebten in Armenien orthodoxe und römisch-katholische Christen, Muslime, Hindus, Juden, Buddhisten und Anhänger anderer Religionen zusammen. Gurdjieff lernte in seinem Milieu viele verschiedene Weltanschauungen kennen. Gurdjieffs Vater scheint ein bemerkenswerter Mann gewesen zu sein, der, nach Gurdjieffs eigenem Bericht, großen Einfluß auf ihn hatte. Durch Gespräche über philosophische Themen und Erziehungsgrundsätze weckte der Vater in ihm poetisches Verständnis und hohe Ideale. Gurdjieffs Vater war ein Kenner der Dichtung und Volkskunst russischen, griechischen, sumerischen und anderen Ursprungs und zu verschiedenen Zeiten seines Lebens auch wohlhabender Viehhalter, Geschäftsmann und Zimmermann.

Trotz seiner Genialität war Gurdjieff ein gewissenhafter Student und verschrieb sich gleichzeitig einem medizinischen Studium und einer russisch-orthodoxen Priesterausbildung. Als er jedoch in beiden Bereichen keine Antwort auf seine Lebensfragen erhielt – warum den meisten von uns nie ihr wirklicher Lebenssinn bewußt wird und wie wir uns befreien können –, begab er sich auf eine lange historische, anthropologische und spirituelle Suche. In seinen späteren Lehren und Schriften ließ Gurdjieff den Ursprung des Enneagramms möglicherweise absichtlich im Unklaren, doch kann eine Chronologie seiner Suche nähere Anhaltspunkte bieten. Viele Jahre lang reiste er durch den Nahen Osten, nach Ägypten, nach Jerusalem, Kreta, in die Türkei, durch die Wüste Gobi, nach Tibet und Indien. Im Jahre 1905 kam er schließlich in das Kloster, in welchem er die Überlieferung kennenlernte, aus der das Enneagramm stammt. Dieses Kloster scheint mit einer alten Weisheitsgesellschaft zusammenzuhängen, die als die Sarmoun-Bruderschaft bezeichnet wird. (*Sarmoun* ist das Sanskritwort für Bienen. Die Bruderschaft beschrieb sich selbst so, weil sie ihre Arbeit mit der der Bienen verglich, die Nektar sammeln, um ihn als Honig haltbar zu machen.) Die Mitglieder der Sarmoun-Bruderschaft behaupteten, ihr Wissen von Weisheitssuchern der alten Zeit geerbt zu haben, die viele als die Magi ansehen.

Gurdjieff brachte seine Weisheitslehre zunächst nach Moskau und St. Petersburg, wo er eine kleine Gruppe von Studenten und Kollegen um sich scharte, zu denen auch Pietr Ouspensky gehörte. Noch vor der Revolution führte er seine Anhänger durch Westasien und Europa und ließ sich schließlich in Paris nieder. Im Jahre 1923 begründete er dort ein Institut zur Weiterentwicklung seiner Lehre und zog damit unter anderem J. G. Bennett und Maurice Nicoll in seinen Kreis.[6] In den 20er und 30er Jahren schrieb Gurdjieff und reiste in verschiedene europäische und amerikanische Städte, um zu unterrichten. Während des Zweiten Weltkrieges arbeitete er sehr wenig und wurde zu einer Art Einsiedler, der sein Appartement in Paris nur noch selten verließ. Nicht lange nach dem Krieg, im Jahre 1949, starb er nach einem Autounfall.

Obwohl Gurdjieff den russisch-orthodoxen Glauben, mit dem er groß geworden war, seit langer Zeit nicht mehr praktizierte, behauptete er dennoch, er lehre esoterisches Christentum. Gurdjieff soll der Überzeugung gewesen sein, er gebe eine alte Weisheit weiter, mit deren Hilfe die Menschheit von ihrem Zerstörungstrieb befreit werden könne.[7]

Die neun Hauptabhängigkeiten im Enneagramm

Ein Zugang zum Enneagramm besteht in der aus der christlichen Überlieferung stammenden Vorstellung von den sieben Haupt- oder Todsünden: Stolz, Gier, Begierde, Ärger, Unmäßigkeit, Neid und Trägheit, fügt aber zwei weitere, Angst und Täuschung, hinzu.[8] Die Haupt- oder Kernsünden sind die geistigen und seelischen Hauptabhängigkeiten, die Wurzeln, aus denen Fehlmotivation und Fehlverhalten entstehen.

Viele moderne Menschen haben jedoch mit dem Sündenbegriff ihre Schwierigkeiten. Wir wollen in diesem Buch deshalb unter *Sünde* die Entfremdung von uns und vom Selbst (dem inneren Gottesbild) verstehen. Eine solche Entfremdung führt unweigerlich zu einem Zerfall der Persönlichkeit und zu einer Isolation von den Mitmenschen infolge unbewußt falschen oder destruktiven Verhaltens.

Solche Verhaltensweisen werden im Enneagramm als die Abhängigkeit von einer bestimmten Art und Weise, das Leben wahrzunehmen, gesehen. Wir benutzen das Wort *Abhängigkeit* hier nicht leichtfertig. Abhängigkeit wird gewöhnlich definiert als das gewohnheitsmäßige oder obsessive Verfallensein an etwas. Die Muster des Enneagramms beschreiben solche obsessiven Zugänge zum Leben, die Fixierung auf nur einen Aspekt der Wirklichkeit unter Vernachlässigung der übrigen. Psychologisch gesehen, kann eine solche Abhängigkeit so stark werden, daß sie unsere Perspektive völlig verzerrt: Die Wirklichkeit erscheint als Illusion, so daß wir uns nicht mit ihr auseinandersetzen können; eine tatsächliche, illusionäre Vorstellung hingegen tarnt sich als Wirklichkeit und überwältigt uns.

Auf diese Art und Weise wirken die neun vom Enneagramm beschriebenen Hauptabhängigkeiten auf den menschlichen Geist. Diese Abhängigkeiten der menschlichen Persönlichkeit rufen Verzerrungen hervor, die uns daran hindern, die Wahrheit über unser Leben zu sehen oder anzuerkennen. Jeder einzelne dieser neun Fixierungen der Wahrnehmung zeigt eine so dominante Wirkung, daß jeder Mensch nur *eine* entsprechende Hauptabhängigkeit als Wurzel seiner Persönlichkeit haben kann. Obwohl Sie sich vielleicht mit mehreren verschiedenen Fehlern oder Gaben, die im Enneagramm beschrieben werden, identifizieren können, ist doch nur ein Persönlichkeitsmuster tief in Ihrer menschlichen Seele verwurzelt. Die Hauptsünden der anderen Muster mögen zwar Ihr Leben beeinflussen, doch bilden sie nicht den Ursprung des Leides, das Sie bei sich und anderen hervorrufen.

Diese Hauptabhängigkeiten haben uns dazu geführt, Illusionen nachzugeben und dadurch unser Wachstum zu blockieren. Können wir jedoch unsere Hauptabhängigkeit identifizieren und uns durchringen, gegen sie vorzugehen, dann schaffen wir auf dramatische Weise neues Leben in uns, wie wenn eine Pflanze von der erstickenden Umklammerung von Unkräutern befreit wird. Indem wir unsere Begrenzungen erkennen und unsere Schwächen annehmen, erfahren wir die Gnade des geistigen Erwachens und der Bewußtwerdung.

Religiöse und philosophische Weisheitslehrer haben im Laufe der Jahrhunderte festgestellt, daß eine Energie außerhalb des menschlichen Wesens vorhanden sein muß, um den Kampf der Menschen gegen diese Abhängigkeit zu unterstützen.

Unter den ersten Verbreitern des Enneagramms im Westen waren George I. Gurdjieff und John G. Bennett fest davon überzeugt, daß die Menschheit für ihr eigenes zerstörerisches Verhalten blind ist. Beide beschrieben in ihrer Lehre eine göttliche Energie, die die Menschen aus ihrer Abhängigkeit wie aus einem Traum erweckt und sie in eine neue Wirklichkeit führt. Diese Energie, die nicht Teil des menschlichen Wesens ist, aber durch Hingabe an höhere Gesetze, Prinzipien und an Gott, die höhere Macht, zugänglich gemacht werden kann, ist in vielen Kulturen als *Gnade* bezeichnet worden.

Im Gegensatz zu der säkularisierten Vorstellung in der Moderne, daß das menschliche Wesen sein volles Potential aus sich selbst heraus erreichen kann, ist das Wissen um die Gnade weder überholt noch okkult: Es ist Gemeingut vieler Kulturen in der ganzen Welt. Wenn diese Vorstellung gewissen intellektuellen Kreisen im Westen kindisch erscheint, so müssen sie das auf die Überlieferungsart innerhalb der westlichen Christenheit zurückführen, die ein mechanisches Verständnis dieses alten und universellen Konzeptes vermittelt hat. Doch verliert eine alte Weisheit nicht dadurch an Wert, daß das Christentum nicht in der Lage war, sie im Westen richtig darzustellen.

Gerald May berichtet, daß die Gnade nicht nur in der westlichen Christenheit eine zentrale Rolle spielt, sondern in vielen anderen Religionen beheimatet ist. Die jüdische Thora ist durchdrungen vom Ruf nach der liebevollen Errettung durch Gott. Das Herz des Islam liegt in der Gnade Allahs.

Und selbst im Buddhismus und Hinduismus gibt es, bei aller Betonung der persönlichen Übung und Bemühung, keine Befreiung ohne die göttliche Gnade. Tibetische Buddhisten z. B. beten um »Gnadenwellen« von Gottheiten und Gurus. Eine Hymne des tibetischen Buddhismus bittet einfach: »Bitte schenke uns deine mitfühlende Gnade.« In der Bhagavad Gita verkündet der Hindu-Gott: »Mit mir vereint wirst du durch meine Gnade alle Schwierigkeiten überwinden. Habe keine Furcht mehr, denn ich werde dich von Sünde und Sklaverei befreien.« Und im 20. Jahrhundert sagte Mahatma Ghandi sehr deutlich: »Ohne Hingabe und die daraus erfolgende Gnade Gottes sind alle menschlichen Bemühungen vergebens.«[9]

Das Enneagramm deckt das menschliche Bedürfnis nach Gnade auf, indem es auf die abhängig machende Natur menschlichen Verhaltens hinweist. Unser Gebundensein an psychische und spirituelle Abhängigkeiten ist zwingend, weil wir ohne die Gnade blind bleiben. Unserer Hauptabhängigkeit nachzugeben erscheint uns nicht nur als die natürlichste Reaktion auf einen Menschen oder auf eine Situation, sondern auch als die einzig logische und richtige Verhaltensweise. Unser durch seelische oder geistige Abhängigkeiten beeinflußtes Handeln führt so oft direkt zu einem Versagenserlebnis. Unser Versagen kann uns einerseits dazu bringen, die Hauptabhängigkeit noch zu vertiefen, indem wir zornig werden, sie verleugnen, uns vom Leben zurückziehen, andere und uns selbst oder Gott beschuldigen; andererseits können wir dazu gebracht werden, die Gnade anzunehmen und die destruktiven Elemente unseres Lebens auszutilgen, die zu dieser Erfahrung geführt haben, und damit eine Möglichkeit zu neuem und aufregendem Wachstum zu schaffen.

Im wesentlichen handelt es sich bei dem Erkennen unserer Hauptabhängigkeit um ein geistiges Erwachen. Die beharrliche innere Stimme des Bewußtseins hat sich geweigert, sich von den großspurigen Forderungen des Ego zum Schweigen bringen zu lassen. Im Lichte eines erhöhten Bewußtseins wird das als profan enthüllt, was im Glaubenssystem des Ego als heilig galt. Ist das höhere Bewußtsein einmal erwacht, so ergreift es die aus der tiefverwurzelten Fehlmotivation entstandenen Probleme und wandelt sie. Die Entscheidung, der inneren Stimme zu folgen, setzt eine spirituelle Sehnsucht frei, die uns als Suchende bei der Entdeckung der Fülle des Lebens begleitet.

Bei all den Vorzügen des persönlichen Wachstums kann man sich fragen, warum nicht jeder Mensch sich für diesen Weg entscheidet. Die Antwort darauf ist oft einfach: Die Veränderung unserer Wertsysteme kann für das Ego sehr schmerzhaft sein, und das trotz des Versprechens, die Veränderung bringe Freiheit, neues Leben und Erfüllung mit sich. Außerdem kann es schwierig, peinlich und schmerzlich sein, die eigene Hauptabhängigkeit zu identifizieren. Dennoch ist dies der Anfang eines Prozesses, durch den der Schatz eines neuen und erfüllenden Lebens gehoben werden kann.

Illusion statt Wirklichkeit

Das Enneagramm beschreibt nicht Persönlichkeitstypen, indem es einfach ihre Eigenschaften, Neigungen und Vorlieben darstellt. Sein Ziel ist vielmehr, deren Motivation zu enthüllen. Das Enneagramm lädt uns ein, tief in uns hineinzublicken und jenen Kern zu berühren, den wir nur als einen geistigen bezeichnen können. Das Enneagramm hält der menschlichen Seele einen klaren Spiegel der Wirklichkeit vor. Wer den Mut hat hineinzuschauen, kann darin die verzerrte Art und Weise erkennen, in der wir uns selbst, die anderen, Gott und die Welt wahrgenommen haben. Wie die Einfühlung und Intuition eines großen Porträtmalers die Weite und Tiefe eines menschlichen Charakters hervorheben kann, so taucht auch die geheime Weisheit des Enneagramms unter die von der Persönlichkeit geschaffene Oberfläche und enthüllt das Wesen oder den Geist eines Menschen.

Manche Menschen glauben, daß mit *Geist* und *spirituell* etwas Unerkennbares, Unwirkliches oder Illusionäres gemeint sei. Das ist jedoch nicht der Ansatz des Enneagramms oder dieses Buches. In der Sprache des Enneagramms bedeutet das Wesen oder der Geist eines Menschen sein wahres Selbst. So sagt Jesus von Nazaret: »Wer sein Leben zu erhalten sucht, der wird es verlieren, und wer es verliert, der wird es gewinnen« (Lukas 17, 33). Jesus will damit sagen, daß wir auf zwei Ebenen leben, der Ebene der Erscheinung und der der Wirklichkeit. Wir müssen uns von der ersten lösen, um die zweite entdecken zu können.

Die Ebene der Erscheinung ist der unzuverlässige Aspekt eines Menschen, den die moderne Psychologie als das von Egoismus infizierte Ego bezeichnet. Das Verhalten des Ego ist häufig von Illusionen bestimmt und führt den Menschen in die Unwirklichkeit. Das Enneagramm hingegen behandelt den Geist als den vorrangigen Aspekt eines Menschen, der jedoch erkannt, erfahren und befreit werden muß. Dieses Ziel wird dann erreicht, wenn die Illusionen des Ego demaskiert und abgelegt werden. Beim Studium des Enneagramms enthüllt sich das Wesen oder der Geist eines Menschen zunächst durch die Untersuchung der persönlichen Neigungen und Eigenschaften. Als Schülerinnen und Schüler des Enneagramms dürfen wir uns jedoch nicht in diesen Beobachtungen verfangen, denn sie lenken uns sonst von den tieferen Einsichten des Enneagramms ab. Letztlich beschäftigt sich das Enneagramm nämlich mit den grundlegenden geistigen Problemen des menschlichen Lebens: der Art und Weise, wie die Menschen sich und anderen Leid zufügen, mit dem Weg der Wandlung, mit den Möglichkeiten, unser geistiges Potential zu befreien, mit der Reifung der Persönlichkeit und den Grundlagen von konstruktiven zwischenmenschlichen Beziehungen. Das Enneagramm hat also nicht so viel damit zu tun, wie andere uns wahrnehmen, sondern vielmehr mit der Art und Weise, wie wir uns, die anderen, Gott und das Universum wahrnehmen.

Obwohl wir uns mit Hilfe des Enneagramms zunächst in negativen Begriffen erkennen müssen, ist die zugrundeliegende Vorgabe des Enneagramms die, daß unser aller Leben als Ausdruck des Göttlichen beginnt. Im Kern eines jeden Menschen ist das göttliche Ebenbild, eine Kraft, die darauf hinweist, daß jeder Mensch ganz und frei erschaffen ist. Diese ganze und freie Person wird in eine selbstbezogene Welt hineingeboren, in der wir von Kindheit an durch destruktive Verhaltensweisen dominiert werden, die uns in die Sackgassen des Lebens führen. Wie Fritz Kunkel schreibt, kommen die Menschen in eine Welt, die von Selbstsucht bestimmt ist, und werden selbstsüchtig, um mit dem Leben fertig zu werden. So übernimmt der Egoismus schnell die Herrschaft. In einer verzweifelten Suche nach Liebe verbiegen und verdrehen wir unsere menschliche Seele und verlieren dabei unsere Würde.[10]

Die Selbstsucht macht uns in dem Maße blind gegenüber den Wirklichkeiten des Lebens, daß unsere Reaktionsfreiheit bald nur noch durch mechanische Reaktionen ersetzt wird. Indem wir die Wirklichkeit gemäß unseren Bedürfnissen manipulieren, halten wir unsere individuelle und gemeinschaftliche Freiheit gefangen und hindern uns daran, die wirkliche Fülle des Lebens zu erfahren. Das Enneagramm beschreibt, wie die Menschen sich für ein Leben in der Illusion statt in der Wirklichkeit entscheiden, wie sie die Ebene des Ego statt des Geistes wählen. Objektiv destruktive Haltungen werden subjektiv oft als hilfreich erlebt. Objektiv hilfreiche Einstellungen hingegen werden subjektiv oft abgewertet. Sobald die Selbstsucht durch solche Täuschungsmanöver abgesichert wird, kommen viele zu dem Schluß, daß sie nur dann liebenswert und annehmbar sind, wenn sie ihren Hauptabhängigkeiten nachgehen. Das Enneagramm zeigt, daß Hauptabhängigkeiten und Fehlverhalten sich immer als »gut« maskieren. Die Einsicht dessen, was Menschen gut werden läßt und was im Leben wichtig oder wirklich ist, wird dadurch völlig korrumpiert.

Obwohl sich ein großer Teil der anfänglichen Arbeit mit dem Enneagramm darum dreht, selbstzerstörerische Einstellungen und Verhaltensweisen zu identifizieren, geht es im Grunde doch um die Entdeckung, daß diese zwanghaften Eigenschaften nichts weiter sind als verzerrte Begabungen. Wenn wir ehrlich gegen uns selbst sind, werden wir das Rohmaterial der Güte und Kreativität finden, das uns, von Verzerrung und Zwängen befreit, eine Zukunft erfüllter Träume bescheren kann.

Der Mensch als Kunstwerk

Die geheime Weisheit des Enneagramms tritt bei der außerordentlichen Genauigkeit in der Beschreibung der menschlichen Natur zutage und bringt jeden ernsthaft Interessierten dazu, sich selbst ganz kennenzulernen. Aufgrund dieser Selbsterkenntnis wird der Mensch in die Lage versetzt, eine freie Beziehung zu sich, zu anderen, zur Welt und zu Gott aufzunehmen. Wenn sie auf den folgenden Seiten mit dem Enneagramm arbeiten, werden Sie eine Weisheit erfahren, die in gewisser Hinsicht unendlich ist. Es handelt sich um ein sich entwickelndes Wissen, das mit einem Erwachen beginnt, wie auch um die Einsicht in die Art und Weise, wie Menschen sich im enger werdenden Labyrinth aus Zwängen und Verzerrungen verfangen. Dieses Erwachen ist eine Einladung, sich auf die Reise zu wahrem persönlichen Wachstum zu machen. Wenn Sie diese Einladung annehmen und dem Pfad folgen, wird die geheimnisvolle Reise Sie zu einer Wandlung führen, ganz gleich welches Muster im Enneagramm zu Ihnen paßt. Wer diesen Weg weiter verfolgt, wird zu einem Weisheitssucher, der die Wichtigkeit der inneren Arbeit verstehen kann, zu der wir Menschen im irdischen Leben berufen sind.

Bücher, Workshops und Institute bieten heutzutage viele verschiedene Zugänge zum Enneagramm. Wir stellen hier unseren eigenen Zugang dar, der sich aus unseren Forschungen, Beobachtungen, unserer Philosophie, Theologie und Einsicht entwickelt hat. Wir sind zwar mit der Arbeit anderer vertraut, haben jedoch unsere eigenen Wahrnehmungen als Leitlinie für unsere Arbeit verwendet.

Das Buch ist eine Einführung in die geheime Weisheit des Enneagramms, doch entwickelt sich das wirkliche Potential des Enneagramms erst im Leben. Es gibt ein Grundprinzip in der inneren Arbeit – in diesen Rahmen stellte Gurdjieff die mit dem Enneagramm verbundenen Vorstellungen –, das besagt: »Bücher sind wie Landkarten, doch ist auch das Reisen nötig.«

Das Enneagramm vermag uns in der Kunst des Erwachens und der Wandlung anzuleiten, und uns dabei helfen, die Weisheit und die Gnade zu wählen, die uns befreien. Von den Fesseln unserer Selbstsucht befreit, werden wir andere Menschen nicht mehr als Rätsel ansehen, die gelöst werden müssen, sondern als Kunstwerke, die wir bewundern.

Anmerkungen

1 John G. Bennett – *Enneagram Studies*, York Beach 1983, S. 1–3. Bennett, ein im Westen bekannter Enneagramm-Lehrer, erwähnt sowohl die alte Bruderschaft der Weisheitssucher, die wir (aufgrund wissenschaftlicher Hinweise und der literarischen Klarheit wegen) als Magi bezeichnet haben, als auch Pythagoras als Träger dieses Wissens.
2 In o. g. Werk zeigt Bennett, daß sich im Enneagramm eine mathematische Entdeckung des fünfzehnten Jahrhunderts findet, der die wiederkehrenden Dezimalen: 1:3 = 0,333333; 2:3 = 0,666666; 3:3 = 0,999999; 1:7 = 0,142857142857, und alle anderen Ziffern in genau der Reihenfolge, in der das Enneagramm die Zahlen verbindet.
3 Siehe zum Beispiel: Kathleen Speeth und Ira Friedlander – *Gurdjieff, Seeker of the Truth*, New York 1980.
4 Speeth und Friedlander, *Gurdjieff*, S. 116.
5 Patrick O'Leary, S. J., Maria Beesing, O. P. und Robert Nogosek, C. S. C., sagen in: *The Enneagram: A Journey of Self-Discovery*, Denville 1984, daß »es Oscar Ichazo zugeschrieben wird, das Enneagramm zuerst in Chile und dann in den USA öffentlich bekannt gemacht zu haben«. Sie erklären, daß dieses Wissen aus unbekannter Quelle auf Ichazo gekommen sei und von ihm aus Chile nach Kalifornien gebracht wurde. Dort wurde es an Claudio Naranjo weitergegeben, von diesem an Robert Ochs, S. J., und schließlich an O'Leary. Richard Riso beschreibt in: *Die neun Typen der Persönlichkeit und das Enneagramm*, München 1989, eine ähnliche Übermittlung des Wissens und erwähnt auch Gurdjieff als weitere Quelle.
6 Durch ihre Schriften ist das Enneagramm heute bekannt und wird angewendet. Siehe besonders J. G. Bennetts *Transformation*, Charles Town 1978, und *Enneagram Studies*. Siehe weiterhin Maurice Nicolls *Psychological Commentaries on the Works of Gurdjieff and Ouspensky*, Boston und London 1985.
7 Speeth und Friedlander berichten diese Fakten aus Gurdjieffs Leben in ihrem o. g. Buch.
8 O'Leary, Beesing und Nogosek gehen in ihrem Buch auf die beschriebenen Todsünden ein.
9 Gerald G. May – *Addiction and Grace*, San Francisco S. 16–17.
10 John A. Sanford (Hrsg.) – *Fritz Kunkel: Selected Writings*, New York 1984, S. 366–86.

Kapitel 1
Welcher Typ bin ich?
Die neun Hauptabhängigkeiten

> Das Selbst ist sich selbst verborgen. Von allen Schätzen wird der eigene zuletzt ausgegraben.
>
> (nach *Friedrich Nietzsche*)

»Es war einmal...«, so beginnen viele Märchen, in denen tiefste Lebensweisheiten verborgen liegen. Märchen sind für Kinder der geheime Weg in die magische Welt ihrer lebhaften Vorstellungskraft, ins Abenteuer und in ein glückliches »...so leben sie noch heute«. Kinder können diese Geschichten immer von neuem mit Begeisterung hören, weil sie vor ihrem inneren Auge stets Neues dabei entdecken.

Erwachsene hingegen vergessen die wandelbare Welt der Phantasie nur zu leicht, um sich mit dem Ernst des Lebens zu beschäftigen. Als Erwachsene neigen wir zu der Überzeugung, wir wüßten, worum es im Leben geht, und fassen somit unsere Alltagsexistenz als die einzige Wirklichkeit auf. Nur selten ziehen wir die Möglichkeit in Betracht, daß Märchen eine größere und kreativere Wirklichkeit enthüllen können. Die Geschichten, die wir heute den Kindern vorlesen, sind ursprünglich von Erwachsenen geschaffen worden, die mit Herz und Verstand viele, oft schwierige Lebenserfahrungen machen mußten. In ihren Geschichten über Menschen oder Tiere erzählen sie von Kämpfen, von Freuden und Leiden und von der Heilung, die allen Kindern zugänglich ist, gleich welchen Alters.

Tiere können sprechen; Kinder sind weise; Blumen flüstern Warnungen; himmlische Winde wehen sanft, um zu streicheln, oder toben mit dem Zorn des Rächers über das Land. Alles im Himmel und auf der Erde, Gutes und Böses, arbeitet im Verlaufe der Geschichten absichtlich oder unabsichtlich zusammen, um den Helden oder die Heldin zu größerer Freiheit, Schönheit und Güte zu führen. Für das staunende Kind klingen die Geschichten mit ihrem Happy-End, voller Hoffnung und Verheißung, völlig plausibel. Leider tauschen wir als Erwachsene nur zu oft die kindliche Freiheit im Glauben gegen die Ketten des Zynismus ein. In der Welt der Erwachsenen wird das als Reife bezeichnet. Doch stimmt das? Nimmt Reife mit dem Zynismus zu?

Vielleicht sind die Märchen auch von Erwachsenen für Erwachsene geschrieben worden, um ihnen die Augen für eine Wirklichkeitsebene zu öffnen, die denjenigen verborgen ist, die von den Schwierigkeiten des Lebens niedergedrückt werden. Weil die Erwachsenen das heute nicht mehr hören, verstehen oder glauben können, lesen sie die Märchen den Kindern vor, die für dieses Verständnis noch offen sind. Manchmal jedoch wird auch im zynischen Erwachsenen während eines magischen, mystischen oder heiligen Augenblicks das staunende, gläubige Kind berührt, das noch in ihm lebt. Dann erweitert sich das Grinsen zu einem Lachen und die Augen glänzen wieder hoffnungsvoll.

Das wahre Selbst

In einem solchen Augenblick wird auch ein Märchen von Hans Christian Andersen, »Das häßliche junge Entlein«, zu einer Metapher für die bemerkenswerte Weisheit, die jahrhundertelang im Enneagramm versteckt gewesen ist. »Das häßliche junge Entlein« ist eine Geschichte der Ablehnung und Verwirrung, hervorgerufen durch eine verlorene oder deplazierte Identität. Nachdem das Entlein viele Kämpfe durchgestanden hat, geschieht mit ihm in einem kritischen Augenblick und mit Hilfe einer Kraft, die größer als es selbst ist, die Wandlung zum schönsten aller Wasservögel. Als es in dieser neuen Identität als ein Schwan hervortritt, findet es seine Würde und entdeckt auch den Grund für all seine Prüfungen. Nun ist es nicht mehr deplaziert oder verwirrt, sondern ein außergewöhnliches Geschöpf, das von allen bewundert wird.

Eine ähnliche Geschichte erzählt auch das Enneagramm. Unser Buch kann den Leserinnen und Lesern die geheimnisvollen Ursachen für ihr Unglück und ihr Leid enthüllen. Es kann ihnen ein Licht zeigen im verdunkelten Labyrinth der Selbstzerstörung und eine neue Welt der Kreativität und Wandlung eröffnen.

Als die Suche des Entleins nach seiner wahren Identität begann, hielt es sich selbst fraglos für häßlich, weil alle das sagten. Schließlich war es anders als alle anderen. Verlacht, verachtet und abgelehnt, lief das Entlein von einem Ort zum anderen, um jemanden zu finden, der ihm gleich war, andere, die zu ihm paßten und die es mögen würden. Suchen wir nicht alle danach?

Ähnlich beginnt auch die vom Enneagramm erzählte Geschichte. Wir alle tragen eine Selbstdefinition in uns, die uns von der Welt aufgezwungen wurde, in der wir leben. Dieses Selbstbild wird zu einer Identität, die wir für echt und vollständig halten. Wie das häßliche Entlein, das verwirrt und verletzt war, weil es nicht akzeptiert wurde, schützen auch wir uns auf jede uns mögliche Weise und hoffen, daß wir eines Tages unsere Heimat finden. Wir suchen nach jemandem, der uns annimmt, achtet und liebt. Die Weisheit des Enneagramms sagt uns, daß diese Verwirrung und Mißverständnisse ein inneres Geheimnis bergen, das wir nur lösen können, indem wir uns selbst und unsere Motive genauer erforschen. Doch wird diese Untersuchung anderes zutage fördern, als wir erwarten. Obwohl sich die meisten Menschen als einfach und ihre Motive als eindeutig wahrnehmen, wird eine genauere Betrachtung Hinweise auf verborgene Verhaltensmuster ans Licht bringen.

Das Enneagramm deckt auf, daß die unserem Unglück zugrundeliegenden Ursachen in unserer Grundmotivation verborgen sind, die nach dem Muster eines der neun verschiedenen Wege *geprägt* ist. Dieses *Motivationsmuster* ist seinen TrägerInnen häufig nicht bewußt, begrenzt ihre Perspektive jedoch auf ein vorgegebenes Set von Themen und Reaktionen. Solange wir auf derart mechanische Weise leben, können wir nichts anderes als die Frustration des häßlichen Entleins erleben, das sich nach Liebe sehnt, doch nirgendwo angenommen wird. Indem das Enneagramm die neun Muster unserer unbewußten Motive beschreibt, beginnt es das Geheimnis unseres Unglücks aufzulösen. Für jeden Menschen ist nur eines dieser Motivationsmuster typisch. Und durch die verschmierte Linse dieses individuellen Musters versuchen wir uns selbst, die anderen, Gott und die Welt zu betrachten.

Am Anfang können wir mit dem Enneagramm die abhängig machende und fehlgeleitete Motivation eines jeden Musters aufdecken. Dieser Zugang erscheint zunächst unangemessen negativ zu sein. Doch erleben wir schnell, daß die Dunkelheit des Unbewußten gewissermaßen vom Leuchten der Wahrheit verzehrt wird. Unsere Augen passen sich an dieses Licht nur langsam an, müssen erst lernen, unsere Umgebung auf neue Weise zu sehen. Wir werden den Unterschied zwischen wirklichen und phantasierten Feinden erkennen.

Den Geist schärfen

Vor einiger Zeit haben wir von der Geschichte einer Anthropologin gehört, die die altägyptische Gesellschaft erforscht. In ihrem Büro hat sie ein Puzzle mit zwei- bis dreitausend Teilen liegen, an dem sie täglich mindestens eine Stunde lang arbeitet. Doch legt sie das Puzzle mit der Bildfläche nach unten, so daß sie das entstehende Bild nicht sehen kann.

Warum tut sie das? Sie glaubt, daß wir Menschen die Wahrheit in allen Lebensbereichen durch Vorurteile, vorgefaßte Ideen und persönliche Erfahrungen beeinflussen. Wir urteilen allein aufgrund der jeweiligen Sicht des Bildes und aufgrund der Erwartungshaltung. Indem wir unsere Objektivität aufgeben, kommen wir zu Schlußfolgerungen, die mit der Wirklichkeit nichts zu tun haben. Puzzleteile werden an Stellen gezwängt, für die sie nicht gedacht waren; doch wenn wir so verfahren, zerstören wir das gesamte Bild. Das Ziel der Anthropologin ist, offen zu bleiben, die Beobachtung zu schärfen, Vorurteile auszuschalten und sich nicht vom Ergebnis beeinflussen zu lassen, damit die Wahrheit sich durchsetzen kann.

Die Arbeit mit dem Enneagramm gleicht in gewisser Weise der Arbeit an einem Puzzle mit der Bildseite nach unten. Es beschreibt, ohne zu urteilen, es öffnet unseren Geist für eine neue Denkweise, es erweitert unser Herz für neue Beziehungsmöglichkeiten und zeigt uns, wie wir auf andere Weise leben können. Dabei werden die Verantwortlichkeit und Entscheidungsmöglichkeiten des Individuums respektiert.

Vertiefung der Wahrnehmung

Das Wesen eines jeden Musters im Enneagramm ist eine bestimmte psychische Abhängigkeit, die wir als *Hauptabhängigkeit* bezeichnet. *Haupt*abhängigkeit, weil diese unpassenden Reaktionen die Wurzel allen Leidens und aller Verwirrung bilden, die wir erleben; Haupt*abhängigkeit*, weil das Enneagramm uns zeigt, daß unsere Reaktionen auf die meisten Situationen unfrei, unbedacht und unangemessen sind.

Mit den neun seelischen Hauptabhängigkeiten beschreibt das Enneagramm die Geheimnisse der menschlichen Natur. Dabei werden unsere eigenen Gedanken, Gefühle und Handlungen deutlich. Unsere Wahrnehmung anderer Menschen verändert sich erheblich und vertieft sich. Bislang rätselhafte Beziehungen werden klar. Und Situationen, die bisher zu kompliziert waren, werden ganz einfach. Das Enneagramm zeigt, daß jeder Mensch in sich sowohl Ekstase als auch Kampf trägt. Der Kampf wird durch psychische Abhängigkeiten und Illusionen verursacht, die die Wirklichkeit verschleiern, eine innere Lähmung hervorrufen und uns an unangemessene Reaktionen gewöhnen. Die Ekstase fühlen wir jedes Mal, wenn wir einen Blick auf das wundervolle Potential erhaschen, das in unseren zwanghaften Eigenschaften verborgen ist, denn Abhängigkeiten sind nichts weiter als überbeanspruchte und damit mißbrauchte Stärken!

Wie das häßliche Entlein lernen wir, uns vor dem Gefühl des Schmerzes und der Verwirrung zu schützen. In seiner Jugend vermied das Entlein, ins Wasser zu schauen, um sich seinem häßlichen Spiegelbild nicht stellen zu müssen.

»Das häßliche junge Entlein« beginnt wie eine Rätselgeschichte. Wie kommt die gute, respektable Ente an ein überdimensioniertes Ei in ihrem Nest? Die Frage wird noch ominöser, als das Ei schließlich aufbricht und ein monströs-häßliches Entlein herausgetaumelt kommt. Niemand konnte herausfinden, was es war und wie es dahin gekommen war. Arme Entenmutter!

Wie in jeder großen Rätselgeschichte sind die Dinge nicht, was sie zu sein scheinen. Obwohl das Entlein für eine schmerzhafte Suche, Ablehnung und Einsamkeit bestimmt war und sich schließlich dreinschicken mußte, wirkte doch alles für sein letztendliches Wohl zusammen. Das Happy-End bestand schließlich in der Verwandlung in den schönsten aller Schwäne.

Wandlung oder Transformation ist nicht schmerzlos, doch ist Schmerz schöpferisch und heilsam. Wir alle haben die Wahl zwischen der qualvollen Zerstörung, wie sie unweigerlich aus einem unbewußten Leben folgt, oder dem heilenden Schmerz der bewußten Aufnahmebereitschaft, die für Wachstum und das Ringen um ein Ablegen des Egoismus nötig ist. Deshalb liegt der Sinn der geheimen Weisheit des Enneagramms nicht darin, die Persönlichkeit auszulöschen oder zu zerstören. Es geht vielmehr um ihre Verwandlung: die Zwänge, die nichts weiter als verzerrte Stärken sind, zu neutralisieren und dadurch das volle Potential und die Schönheit zu befreien.

Verborgene Aspekte des Selbst

Das Enneagramm stellt die neun Hauptabhängigkeiten in bezug auf die Motivationen dar, die das Denken, Fühlen und Verhalten von uns allen bestimmen. Weckt die Herausforderung des Enneagramms uns auf und können wir unsere psychischen Hauptabhängigkeiten erkennen, so fangen wir an zu verstehen, wie vorhersehbar unsere Reaktionen sind und wie begrenzt unsere Freiheit ist. Mit derart geöffneten Augen können wir sehen, daß wir uns alle in Fehleinstellungen verfangen haben und daß es die Unbewußtheit des Selbst ist, die uns blendet. Unser neues Bewußtsein führt uns zu besserer Selbstbeobachtung und läßt uns die Herausforderungen zum Wachstum deutlicher wahrnehmen.

Reife erfordert Selbstbewußtsein – die Kenntnis unserer eigenen Motive und Absichten. Solche Wahrnehmungen werden dann zu Wegweisern auf der Suche nach etwas weit Besserem: nach den verlorenen Geheimnissen unseres göttlichen Bildes. Dieses göttliche Abbild im Kern von uns allen ist eine uns eingeprägte Eigenschaft, die wir entweder unterdrücken, verzerren oder der Welt gegenüber auf unsere einzigartig persönliche Weise darstellen können. Diese heilige Gabe wird von unserer egoistischen Abwehrhaltung unter dicken Lagen von Stärken verborgen, die durch Überbenutzung verdreht und verzerrt worden sind. Aus diesen falsch benutzten und entarteten Stärken werden unsere Hauptabhängigkeiten.

Haben wir unseren Enneagramm-Typus einmal identifiziert, so haben wir damit ein leuchtendes Prisma in der Hand, mit dessen Hilfe Gott durch unser Leben in die Welt reflektiert werden kann. Mit der Selbstwahrnehmung kommen auch die benötigte Vision und Motivation, um die Wandlung zu wählen und unser verborgenes göttliches Bild dadurch zu enthüllen. Indem wir Blicke auf unsere innere Wahrheit erhaschen, die sich in dem ruhigen Teich der Selbstbewußtheit spiegelt, sehen wir den Glanz unserer neuen Identität, unseres wahren Selbst, unseres besten Selbst.

Die Entdeckung des eigenen Enneagramm-Musters

Dieses Kapitel verfolgt ein doppeltes Ziel: Jedes Muster soll so deutlich beschrieben werden, daß Sie es verstehen und erkennen können, und Ihnen dadurch helfen, Ihr eigenes Grundmuster im Enneagramm zu entdecken.

Um das Enneagramm verstehen und seine Weisheit finden zu können, ist es wichtig, alle Muster zu kennen. Die Entdeckung des eigenen Typs im Enneagramm stellt den ersten Schritt auf dem Weg zur Neutralisierung der Hauptabhängigkeit dar. Bei denjenigen, die die Weisheit und die Selbstdisziplin besitzen, diese Gelegenheiten zu ergreifen, wird der Wandlungsprozeß wie klares Wasser durch die Bodenschichten der seelischen Abhängigkeit sickern und den Fluß der Kreativität und des menschlichen Potentials freisetzen.

Nur ein Muster paßt

Es ist wichtig, sich daran zu erinnern, daß zu jedem Menschen *ein*, und nur ein Typ im Enneagramm paßt. Ihre Zahl im Enneagramm wird durch die seelische Hauptabhängigkeit identifiziert, die ihr Leben bestimmt. Definitionsgemäß kann also jeder Mensch nur eine seelische Hauptabhängigkeit haben – und um ihrer geistigen Gesundheit willen sollte das auch reichen.

Obwohl das Enneagramm lehrt, daß zu jedem Menschen nur ein Muster paßt, können sich beim Erlernen des Enneagramms viele Menschen doch mit mehreren Typen identifizieren. Das führt zu einer gewissen Verwirrung: Wenn ich nur ein Typ bin, welcher ist es dann, und wie finde ich das heraus? Wollen wir dieses Dilemma lösen, so sollten wir darauf achten, daß wir uns nicht auf die Ebene persönlicher Charakteristika und Eigenschaften einengen lassen, sondern unsere Aufmerksamkeit auf die tiefere Ebene der *verborgenen Motivation* richten. Jeder Typ wird bei der Beschreibung der Muster zwar durch bestimmte Qualitäten, Merkmale und typische Verhaltensweisen gekennzeichnet, doch dürfen wir uns nicht daran hindern lassen, unter die Oberfläche zu tauchen und die *motivierende Kraft* des jeweiligen Musters zu entdecken. Gleichartige Verhaltensweisen haben bei verschiedenen Menschen nicht unbedingt immer die gleiche Motivation als Grundlage. Denken Sie stets daran: Die Dinge sind nicht unbedingt so, wie sie zu sein scheinen. Wir müssen stets nach der *Ebene der tieferen Motive* suchen. Haben Sie ein Motiv einmal sicher identifiziert, so können Sie seiner logischen Spur folgen, bis Sie auf die kostbare Perle stoßen, auf den gesuchten Schatz, in dem Sie Ihr Enneagramm-Muster entdecken – Ihr bestes Selbst! Die Motivation, besonders die unbewußte, zu enthüllen ist der Sinn des Enneagramms.

Einige vertreten die Auffassung, daß wir uns durch die Festlegung jedes Menschen auf nur einen Enneagramm-Typus Begrenzungen auferlegen. Doch ist das Gegenteil der Fall. Ihr Enneagramm-Muster ist nicht etwas, das Sie haben, sondern das Sie in Wirklichkeit sind. Die Entdeckung Ihres eigenen Musters im Enneagramm ist also eine befreiende Erfahrung, die Möglichkeiten für eine dynamische Zukunft in sich trägt, erfüllt von Sinn und Bedeutung. Indem das Enneagramm nämlich die verborgenen, selbstzerstörerischen Motive aufdeckt, gibt es Ihnen die Kraft, diese zu überwinden und Ihr Leben zu verändern. In dem darauf folgenden Wandlungsprozeß gewinnen Sie die Kräfte wieder zurück, die zu Zwängen verzerrt worden waren. Wäre es möglich, mehr als ein Muster auf sich anzuwenden, so würden Sie daran gehindert, Ihre eigene Hauptmotivation herauszufinden. Indem Sie diese erfahren, entdecken Sie den verborgenen Weg zur Selbsterkenntnis, auf dem Sie die Probleme des Lebens bereinigen und neu leben können.

Das Muster erkennen

Ihre Zahl im Enneagramm können Sie nicht wählen, vielmehr müssen Sie Ihr eigenes Muster an den eigenen Reaktionen auf die Beschreibungen erschließen. Hierfür mag es hilfreich sein, einigen Leitlinien Beachtung zu schenken.

Es kann erstens nützlich sein, nicht nur das momentane Leben in Betracht zu ziehen, sondern sich auch daran zu erinnern, wie man gelebt hat und was einem bis Mitte Zwanzig wichtig war. Es ist ein Gesetz der normalen menschlichen Entwicklung, daß wir unsere Hauptabhängigkeit mit all ihren Begrenzungen in der Kindheit und Jugend erforschen.

Eine andere hilfreiche Überlegung kann sein, wie Sie unter Streß reagieren. Gerade in schwierigen Situationen beginnt Ihr grundlegender und zuverlässigster Abwehrmechanismus automatisch zu wirken. Und diesem Abwehrmechanismus liegt Ihre seelische Hauptabhängigkeit zugrunde.

Eine dritte mögliche Hilfe bei der Entdeckung Ihres Typs im Enneagramm besteht darin, die Beobachtungen eines Freundes oder einer Freundin zu Rate zu ziehen. Da ein Freund, eine Freundin nicht persönlich für Sie verantwortlich ist, kann er oder sie sich den Luxus objektiver Ehrlichkeit leisten. Sie sind darum gut beraten, sich auf die Wahrheit vorzubereiten oder nur die taktvollsten Menschen um eine solche Hilfe zu bitten.

Bei all diesen Ansätzen ist eine Haltung der objektiven Selbstwahrnehmung am hilfreichsten. Weder durch Selbstrechtfertigung noch durch Selbstverdammung werden wir frei genug, die Wahrheit zu erfahren und anzunehmen. Die objektive Untersuchung aller Hinweise ermöglicht es dem Detektiv, zusammenhanglose Einzelheiten zu durchschauen und die richtige Lösung herauszubekommen.

Vielleicht fragen Sie sich, wieso es schwer sein kann, Ihre Zahl im Enneagramm zu entdecken. Die Antwort besteht darin, daß die meisten von uns mit einem Wunschbild von sich leben und deshalb nicht erkennen, wer sie wirklich sind. Außerdem beschreibt das Enneagramm seelische Abhängigkeit, Begrenztheit, Fehlverhalten und Sünde. Und gerade diese deutlichsten Erscheinungsweisen von Selbstsucht und Schwäche übersehen wir oft unbewußt.

Herrscht die Verdrängung vor, so können wir uns selbst nicht mehr so sehen, wie wir sind. Es ist wie in der klassischen Szene einer Kriminalgeschichte: Plötzlich springt der Detektiv auf und ruft: »Natürlich! Die ganze Zeit lag es direkt vor meiner Nase!« Durch solch ein »Aha-Erlebnis« wird sich auch der Enneagramm-Detektiv darüber bewußt, was im Verborgenen liegt, d.h. im Unbewußten.

Der Psychologe C. G. Jung sah in einer solchen Unbewußtheit des wahren Selbst den Nährboden der Sünde. Unbewußt zu bleiben ist für viele von uns heute zu einer Art von Berechtigungsnachweis geworden, der uns von der harten Arbeit des Wachsens entbindet und uns gestattet, wie Schlafwandler durchs Leben zu gehen. Indem wir uns weder Fragen noch Herausforderungen stellen, vermeiden wir die Wahrheit über unser echtes Selbst. Indem wir aber die Verantwortung für unsere Handlungen und Entscheidungen ablehnen, werden wir selbst zu unseren schlimmsten Feinden.

Mit all diesen Bemerkungen im Hinterkopf können wir uns nun einer ausführlichen Beschreibung der neun Grundmuster des Enneagramms zuwenden. Jede Beschreibung wird in fünf Teile gegliedert: Erstens die *Fragen*, die dabei helfen, das Hauptmotiv eines jeden Musters festzulegen; zweitens die *innere Situation*, die für alle Persönlichkeitsmuster typisch ist; gefolgt von der Beschreibung der *Lebenshaltung*, die ein Muster aufweist; dann der Ablauf des *Lebens mit Familie und Freunden*; und schließlich einige *positive Eigenschaften* des Persönlichkeitsmusters.

Diese positiven Eigenschaften zeigen sich im Leben eines Menschen in dem Maße, in dem diese Person ihre negativen Prägungen neutralisiert. Wenn wir erwachen, bewußt werden und die Einladung des Lebens zum Wachstum annehmen, lassen wir uns auf den Wandlungsprozeß ein und beginnen damit, Hindernisse fortzuschaffen, die uns von der Entdeckung des inneren, vergrabenen Schatzes abhalten. Die positiven Qualitäten zeigen auch, daß *die negativen Eigenschaften, die in der Beschreibung eines jeden Zwangsverhaltens überwiegen, bloße Verzerrungen der persönlichen Stärken sind*. Sobald wir eine Stärke überbeanspruchen, mißbrauchen wir sie. Darin liegt der grundlegend positive Entwurf des Enneagramms: Indem wir die zwanghafte Natur eines jeden Persönlichkeitsmusters erforschen, beginnen wir die zugrundeliegende Stärke und die Schönheit eines jeden menschlichen Wesens zu erkennen.

Noch eine Bemerkung zu den Fragen am Anfang einer jeden Beschreibung: Obwohl Fragebögen – gerade in Behörden oder Ämtern – ein Kreuz sein können, haben viele Spaß daran, mit Hilfe eines Fragebogens schnell ein paar neue oder interessante Aspekte ihrer Persönlichkeit zu entdecken. Unsere Fragen sind jedoch nicht als ein solches Quiz zu verstehen. Um die unbewußten Motive zu entdecken, bedarf es sorgfältiger Selbstbetrachtung. Und es gibt keinen Weg, diese Mühe zu umgehen! Die Fragen sind ein weiteres Hilfsmittel, das Wesen eines jeden Typus besser zu verstehen.

Denken Sie beim Lesen der Beschreibungen stets daran, daß alle negativen Eigenschaften bloß Verzerrungen der Stärken und positiven Qualitäten des jeweiligen Musters sind.

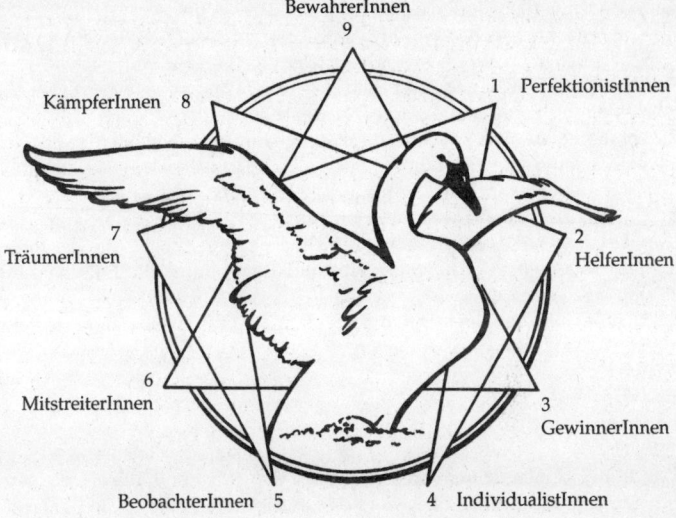

Copyright © 1990 Theodore E. Dobson and Kathleen V. Hurley

Eins: Die PerfektionistInnen

> Ärgerlich zu sein heißt, die Fehler anderer an sich
> selbst zu rächen.
>
> *Alexander Pope*

Fragen

1. Denken Sie ständig darüber nach, wie Sie etwas hätten besser machen können oder wie Sie mit einer Person oder einer Situation vorteilhafter hätten umgehen können?
2. Haben Sie eine innere Stimme, die alles kritisiert, was Sie tun, und vieles, was andere tun?
3. Mußten Sie Wünsche oder Vorhaben häufig zurückstecken, weil andere Menschen ihre Bedürfnisse deutlicher oder aggressiver vertreten haben, oder weil deren Bedürfnisse Priorität zu haben schienen?

4. Machen Sie für sich und andere »Zu erledigen«-Listen?
5. Können Unterbrechungen Ihre Konzentration aufs Detail bei einem Projekt stören und eine schwelende Verärgerung hervorrufen?
6. Meinen Sie, daß Sie sich im Leben stets sehr bemühen, und wünschen Sie sich oft, Sie könnten die Dinge lockerer sehen?
7. Verabscheuen Sie Menschen, die ständig Hilfe brauchen oder immer versuchen, etwas umsonst zu bekommen, und kritisieren Sie sie im stillen dafür, keine Verantwortung für ihr Leben zu übernehmen?
8. Übergehen Sie bei einer Einkaufsplanung jemanden, der Ihnen ein günstiges Angebot einreden will, und richten sich eher nach dem, der Ihnen die benötigten Informationen gibt und Ihnen selbst die Entscheidung überläßt?
9. Sind Sie ständig dabei, Dinge noch einmal zu tun, weil andere sie beim ersten Mal falsch gemacht haben?

Innere Situation

PerfektionistInnen richten ihre Energie auf sich selbst und ihre eigenen Angelegenheiten. Bei ihnen überwiegt der Antrieb, die Situation, in denen sie sich befinden, zu verbessern. Sie erfahren das Leben als eine Kakophonie, die sie nicht in Harmonie umwandeln können. Da sie sich unfähig fühlen, die gesellschaftlichen Probleme zu klären, arbeiten sie hart daran, ihr persönliches Leben in Ordnung zu halten, während sie versuchen, den Lärm der Welt auszuschließen.

Ihr Innenleben gleicht einer Intensivstation, es ist durchorganisiert, kontrolliert und steril. Aber wie dort jede neue Krise Veränderungen und Aufruhr hervorrufen kann, so werden PerfektionistInnen durch jede unerwartete Situation in Aufregung versetzt. Nur die Aufmerksamsten unter ihnen können das rechte Gleichgewicht zwischen persönlichen und beziehungsmäßigen Anforderungen, zwischen Arbeit und Entspannung erreichen und halten.

PerfektionistInnen fühlen sich in der Unvollkommenheit gefangen und wollen sie deshalb vermeiden. Ihre fehlgeleitete Motivation führt zu einem Ringen um ein Gefühl der Vollkommenheit. Ihr wichtigstes Lebensproblem ist die Ordnung und ihre seelische Hauptabhängigkeit der Ärger.

Lebenshaltung

PerfektionistInnen verfügen über eine gut entwickelte instinktive Energie, eine spontane, oft impulsive und kurzlebige innere Kraft. Es handelt sich dabei um eine gesammelte Kraft, die scharf auf bestimmte Projekte oder Aufgaben fokussiert werden kann, die das eigene Leben betreffen und das derer, mit denen sie eng verbunden sind. Obwohl es sich bei diesen Selbstzündern um aktive Menschen handelt, die ständig in Bewegung sind, haben sie doch Schwierigkeiten, einen beständigen, maßvollen Energiefluß aufrechtzuerhalten. Das wird besonders dann deutlich, wenn sie sich anstrengen, eins nach dem anderen zu verbessern.

Da sie Schwierigkeiten haben, bestimmte Dinge einfach sein zu lassen, beginnen sie impulsiv ständig neue Projekte. Doch wenn der Tag vorüber ist oder wenn vor der Beendigung des Projektes die emotionale Bindung nachläßt, fällt es ihnen schwer, dabeizubleiben. Da sie ständig mit mehreren Projekten in verschiedenen Stadien der Vollendung beschäftigt sind, entsteht in ihnen ein dauerndes Gefühl der Unzufriedenheit, der Frustration, der Schuld und des Ärgers.

Ständiges Bemühen. Für PerfektionistInnen ist nichts, wie es sein sollte, und sie empfinden sich erst dann wirklich als energievoll, wenn sie sich für die notwendigen Korrekturen einsetzen. Sie wenden sich gegen das Böse, das Chaos und den Irrtum und versuchen, alles zurechtzurücken. Obwohl sie die Kraft ihres Ärgers für ihre Ziele einsetzen, empfinden sie doch nicht die innere Zufriedenheit, die aus dem Gelingen entsteht. Sie leben mit einer rohen Kraft, die sie täglich dazu antreibt, die vorhandenen Bedingungen zu verbessern.

Negatives Selbstgefühl. PerfektionistInnen spüren sowohl starken Ärger als auch den zwingenden Antrieb, gut zu sein. Sie haben Angst, abgelehnt und nicht gemocht zu werden, wenn sie ihre Wut ausdrücken. Aus dieser Angst entsteht eine Spannung, die sie dazu bringt, den Ärger, den sie innerlich spüren, zunächst auf sich selbst zu richten. Sie lehnen sich selbst ab, weil sie ihren eigenen Maßstäben nicht gerecht werden können. Da sie sich für unfähig halten, neigen sie zu Depressionen und mangelndem Selbstvertrauen.

Obwohl sie die Welt als eine Überforderung erleben, sind sie zu streng, eine Modifikation ihrer hohen moralischen Maßstäbe in Betracht zu ziehen. Und obwohl sie wissen, daß andere ihre urteilende Haltung bemerken, sind sie nicht in der Lage, einen moralischen Weg aus dem Dilemma zu finden.

Eine derartige Einstellung führt leicht zu Selbstverdammung und übertriebener Gewissenhaftigkeit. Solche Menschen sind voll von Widersprüchen, die sie zwischen übervorsichtigem Verhalten und voreiligen Entschlüssen hin und her schwanken lassen. Ihre Impulsivität wird ihnen unweigerlich Zeiten großen Kummers einbringen, die gewöhnlich durch Anfälle von tiefem Selbstmitleid unterbrochen werden.

Bedürfnis nach Vollkommenheit. PerfektionistInnen sind von der Vollkommenheit besessen. Aber sie streben nicht nach der Vollkommenheitsvorstellung anderer Menschen, sondern nach ihrer eigenen. In ihrem gedanklichen Rahmen schätzen sie die Werte der Genauigkeit und der Gewissenhaftigkeit im Detail. Ihre Lebensauffassung ist zielgerichtet und kann unflexibel werden. Diese Unflexibilität kann sie stark an wichtige Projekte binden und übersensibel gegenüber jeder Kritik machen, die ihnen einen Mangel an

Kompetenz nahelegen könnte. Die Reaktionen auf eine solche Kritik reichen vom völligen Rückzug bis zu einem ernstlichen Kontrollverlust.

Weil sie sich vor eigener und fremder Kritik besonders schützen wollen, wenn sie eine neue Verantwortung übernehmen, wird die richtige Information für sie besonders wichtig. Um immer alles richtig zu machen, suchen sie sachkundigen Rat aus unpersönlichen Quellen.

Strukturierter Umgang mit dem Leben. PerfektionistInnen bevorzugen kurzfristige Projekte, die zu schnellen und greifbaren Ergebnissen führen. Da sie ihre Projekte allein im Kopf organisieren, sind sie frustriert und wütend, wenn die Umstände oder andere Menschen sie von der planungsgemäßen Ausführung dieser Projekte abhalten.

In den für wichtig gehaltenen Bereichen ihres Lebens haben Genauigkeit und Ordnung höchste Priorität. Weniger wichtige Bereiche dagegen können in Unordnung bleiben. Eine genaue Kenntnis der eigenen Kraftreserven und des erforderlichen Aufwandes, um die wichtigsten Angelegenheiten richtig zu erledigen, zwingt sie zu einer Einteilung der Kräfte.

Weil ihre Ansprüche und ihr Anteil an der Arbeit selten von anderen mitgetragen werden, fühlen PerfektionistInnen sich häufig so überlastet, daß sie eine negative Haltung einnehmen und in Versuchung sind, schon vor Beginn aufzugeben. Aufgrund der daraus folgenden Frustration versuchen sie mit großer Bestimmtheit, anderen Menschen und Situationen in ihrem kleinen Teil der Welt ihre hohen Maßstäbe aufzuzwingen.

Intensität. Bei PerfektionistInnen gibt es für alles einen richtigen und einen falschen Weg. Beständig und ohne abzuschweifen, arbeiten sie gegen ihren Feind, die Uhr, deren stetes Ticken sie daran erinnert, daß es niemals genügend Zeit gibt, alles zu tun, was getan werden muß. Unnötige Unterbrechungen oder unwesentliches Geschwätz ärgert sie, weil es ihre Konzentration stört. Sie sind deshalb am glücklichsten, wenn sie in ruhiger Atmosphäre ununterbrochen arbeiten können.

Sie sehen das Leben in Schwarz und Weiß, und wenn sie sich einmal mit einer Sache identifiziert und sich zu einer Lösung entschlossen haben, dann werden sie stur daran festhalten und keine andere Meinung gelten lassen. Tief im Inneren haben sie sowohl den Wunsch zu rebellieren, wie auch Angst vor der widerspenstigen Seite ihres Wesens. Sie streben danach, ehrlich, fair und gut zu sein, wollen aber, daß alles nach ihrem Willen geht. Wenn ihnen etwas in die Quere kommt oder sie überstimmt werden, empfinden sie Groll, den sie jedoch unterdrücken und jahrelang hegen können.

Kritische innere Stimme. Die ständige Selbstkritik der PerfektionistInnen ist so heftig, daß viele von ihnen sogar eine innere Stimme hören, einen »inneren Kritiker«, der an allem Fehler findet. Weil diese innere Stimme stets das – mißbilligende – letzte Wort hat, neigen PerfektionistInnen dazu, sich ständig für angebliche Mängel zu entschuldigen. Die Stimme fordert von ihnen, daß sie ja sagen, selbst wenn sie nein meinen.

Dieses innere Störfeuer kann so penetrant werden, daß PerfektionistInnen in Gesprächen manchmal nicht mehr in der Lage sind, andere wahrzunehmen, und deshalb als streitsüchtig, nörglerisch oder gereizt erscheinen, weil sie fast jeder Äußerung widersprechen, sie bewerten, korrigieren und in Frage stellen. Wegen dieser kritischen inneren Stimme haben es PerfektionistInnen immer schwer, ihre eigene Leistung einzuschätzen, weil sie stets hinter ihren Vollkommenheitsansprüchen zurückbleiben.

Lehrbefähigung. PerfektionistInnen sind ernsthafte, anständige Menschen, die das Leben ernst nehmen. Weil sie bei sich und anderen das Beste erreichen wollen, neigen sie dazu, schulmeisterlich zu sein. Selbständigkeit und Unabhängigkeit zu entwickeln ist so wichtig, daß sie oft mehr predigen als helfen und dabei Details so wichtig nehmen, daß sie anderen damit auf die Nerven gehen. Ihre Art zu lehren kann kritisch oder unpersönlich sein, doch sind sie in der Darstellung ihres Themas stets genau und ausgewogen.

Entscheidungen treffen. Vor Entscheidungen vergleichen PerfektionistInnen viel, untersuchen und studieren im Vorfeld effektive Pläne, Programme und Produkte, und messen die Ergebnisse an ihren eigenen Kräften. Sie möchten keinen Fehler machen, und weil Zeit Geld ist, wollen sie keine Zeit darauf verschwenden, etwas neu zu erfinden, das sich bereits als zuverlässig erwiesen hat. Sie sammeln Informationen und gehen sie im einzelnen durch, um die bestmögliche Entscheidung hinsichtlich Praktikabilität und gesundem Menschenverstand treffen zu können. Obwohl ein solcher Prozeß Zeit kosten kann, investieren PerfektionistInnen lieber vorher, als das Risiko einzugehen, später daraufzahlen zu müssen. Deshalb untersuchen sie alles sehr sorgfältig und treffen dadurch häufig wohlbegründete Entscheidungen. Auf der anderen Seite verpassen sie durch diesen ermüdenden und zeitraubenden Prozeß oft Gelegenheiten, die denjenigen offenstehen, die schnell und beweglich sind. Selbst wenn sie eine Entscheidung getroffen haben, bleiben ihnen noch nagende Zweifel.

PerfektionistInnen mögen keine Verkaufsmaschen. Diese unabhängigen Menschen suchen nur nach Informationen und lehnen es ab, sich von irgendwelchen äußeren Faktoren unter Druck setzen zu lassen. Jedoch sind sie sehr empfänglich für Druck von seiten nahestehender Menschen – MitarbeiterInnen, KollegInnen oder Familienmitgliedern.

Aufgrund ihrer vielen inneren Zwänge können PerfektionistInnen in einem Wutanfall oder in einem Anfall von plötzlichem Objektivitätsverlust impulsiv Entscheidungen treffen, die sie später bereuen müssen. Der daraus resultierende Groll macht sie bei der Entschlußfassung immer weniger bereit zum Erfahrungsaustausch. Sie versuchen mit diesem Verhalten die eigene Unabhängigkeit und persönliche Würde zu schützen.

Führungsstil. PerfektionistInnen sind natürliche FührerInnen, die im günstigsten Fall einfallsreich, originell und schöpferisch auftreten können. Schlimmstenfalls sind sie diktatorisch und stur und setzen andere mit ihrer strengen Bestimmtheit unter Druck. In diesem negativen Zustand erwarten sie von anderen das gleiche Leistungsbewußtsein, das sie selbst haben. Eine solche Kräftekonzentration läßt wenig Freiheit für Kreativität und Selbstausdruck.

Sind sie in ihrer positiven Phase, so werden PerfektionistInnen ihre Wünsche und Erwartungen klar und deutlich formulieren und anderen die Freiheit lassen, ihre Projekte selbständig zu Ende zu bringen. Sie schätzen jedoch regelmäßige Zwischenberichte und erwarten, daß Arbeiten pünktlich erledigt werden. PerfektionistInnen sind selbständige, zuverlässige, hart arbeitende und konservative Menschen, die dieselben Qualitäten auch bei anderen schätzen.

PerfektionistInnen sind talentierte Diskussionsleiter, weil sie vorbereitet sind, keine Zeit verschwenden und sicherstellen, daß alle Anwesenden Gelegenheit haben, ihre Ansichten zu äußern. Zwar streben sie nach Fairneß und Gerechtigkeit, doch können sie, weil bei ihnen alles nach Plan gehen muß, in Gruppen auch penetrant, autoritär und unsensibel wirken. Sie machen sich genaue Notizen über die Aufgaben und Verantwortlichkeiten jedes einzelnen und verfolgen jeden Vorgang, um sicherzustellen, daß alles erledigt wird.

Familienleben und Freundeskreis

Als sehr kontrollierte Menschen sind PerfektionistInnen verschwiegen und erzählen selten von ihren persönlichen Gefühlen und Ansichten. Aus Angst, irrationale Gefühle könnten sie überwältigen, halten sie ihre Reaktionen straff im Zaum. Eine derart extreme Selbstkontrolle kann sich auch auf die Intuition erstrecken und dadurch die Menschenkenntnis beeinträchtigen. Das wiederum kann zu finanziellen Verlusten oder zu Beziehungsschwierigkeiten führen. In besonderem Maße halten sie ihre Wut zurück und lassen sie nur dann zu, wenn nicht die eigenen Angelegenheiten davon betroffen sind.

Loyalität. In Liebesbeziehungen werden PerfektionistInnen sehr treu, verläßlich und loyal sein und dadurch eine tiefe und tragfähige Bindung schaffen. Sie sind äußerst moralische Menschen, die hart arbeiten, um ihrer Familie jeden Vorteil und jede Gelegenheit zu körperlichem und geistigem Wachstum zu schaffen.

Unabhängigkeit. Da PerfektionistInnen keine Zeit verschwenden wollen, begeben sie sich nicht gern in Abhängigkeiten. Sie sind selbständige und produktive Menschen, die sich nur ungern auf andere stützen, um dadurch ihre Kontrolle und Unabhängigkeit nicht zu verlieren. Sie machen aber auch andere von sich nicht abhängig, weil sie zusätzliche Inanspruchnahme und Zeitverluste vermeiden wollen. Nach ihren Wertmaßstäben sollte die Zeit verwendet werden, um zu arbeiten und etwas zu erreichen. Als Einzelgänger können sie mit ihrer Zeit und ihrem Platz so geizig sein, daß daraus Egoismus entsteht, der sie schließlich von wichtigen und notwendigen sozialen Verbindungen und persönlichen Beziehungen abschneiden kann.

Sozialverhalten. In Gesellschaft werden PerfektionistInnen, auch wenn ihnen Selbstbewußtsein fehlt oder sie sich unzulänglich fühlen, stets lächeln und gesellschaftliche Ausstrahlung zeigen. Im Alltag zeigen sie der Umwelt ihren Ärger auf zweierlei Weise: Manche schauen ständig ärgerlich, finster oder traurig, ganz gleich was sie gerade fühlen. Andere zeigen sich ständig froh und lächelnd, selbst wenn sie in ihrem Inneren zornig sind. Beide Spielarten sehen stets adrett aus, jedes Haar sitzt an seiner Stelle, sie sind nie zerzaust.

Der gute Ruf. PerfektionistInnen kämpfen ständig gegen ein Gefühl der Unwichtigkeit. Deswegen legen sie großen Wert darauf, von anderen respektiert zu werden. Sie schätzen es, wenn andere sie wegen ihrer guten Eigenschaften achten und bewundern.

Jedoch verhindert ihr »innerer Kritiker«, daß sie die von anderen ausgehende Bewunderung verinnerlichen können. PerfektionistInnen sind so in der Lage, ein Kompliment äußerlich dankbar anzunehmen, während ihr innerer Kommentar lautet, daß diese Person kein Experte ist, geringere Maßstäbe hat, oder nur freundlich zu sein versucht. In jedem Fall wird das Kompliment als bedeutungslos abgewertet. Ständig meinen sie, sie hätten es besser machen, sie hätten mehr arbeiten können.

Schnelles Werten. PerfektionistInnen neigen dazu, schnell über die Motive anderer zu urteilen. Wegen dieses Wertens und Fehlersuchens haben sie oft Schuldgefühle. Die innere Kritikerstimme, die bei ihnen so hart und fordernd ist, hält sie davon ab, Beziehungen richtig einzuschätzen. In ihrem beißenden und satirischen Humor enthüllt sich oft ihre Neigung zum Pessimismus.

Positive Eigenschaften

Wenn PerfektionistInnen reifen und den Prozeß der Wandlung durchlaufen, so entwickeln sie viele liebenswerte Eigenschaften. Sie sind ehrgeizig, einfallsreich, anregend und opfern gern Zeit und Energie für andere. Sie sind die geborenen AnführerInnen, sind dabei sanft und freundlich und haben die Fähigkeit, andere zu inspirieren und ihnen den Glauben an sich selbst wiederzugeben.

In ihrem Wertesystem nehmen Fairneß, Ehrlichkeit und Direktheit einen hohen Rang ein. Ihre hohen ethischen Maßstäbe machen aus ihnen ausgewogene, gemäßigte Menschen, die andere unparteiisch und ehrenhaft behandeln. Sie verfügen über wohl begründete Werte und haben auch den Mut, selbst unter schwierigsten Umständen dafür einzustehen. Durch ihre

Loyalität und Integrität in persönlichen Dingen, schaffen sie sich lebenslange Freundschaften, die sie zu den wertvollsten Gaben des Lebens zählen.

In ihren schöpferischen und originellen Reaktionen auf das Leben entwickeln diese geborenen AnführerInnen eine klare eigene Identität. Aufgrund ihrer Fähigkeit, die Wirklichkeit klar zu erkennen, ihrer Vision für die Zukunft und ihrem hohen Maß an Energie werden sie zu SchöpferInnen.

Denken wir daran: Alle negativen Eigenschaften der PerfektionistInnen sind nichts als Verzerrungen der Stärken und der positiven Qualitäten dieses Persönlichkeitsmusters.

Zwei: Die HelferInnen

> Die Tugenden der Gesellschaft sind die Sünden des Heiligen.
>
> Ralph Waldo Emerson

Fragen

1. Sind Sie dem Leid anderer Menschen gegenüber so sensibel und empfindsam, daß andere sie wohlwollend als »GedankenleserIn« oder »hellsichtig« bezeichnen?
2. Fällt es Ihnen schwer, bezüglich Ihrer Zeit oder Ihrer Kraft sich Beschränkungen aufzuerlegen, wenn andere Sie zu brauchen scheinen?
3. Haben Sie in Ihrem Privatleben mit Organisationsfragen zu kämpfen, beginnen Sie viele Projekte und führen nur wenige davon weiter?
4. Fällt es Ihnen schwer, zu beurteilen, wieviel Zeit Sie für persönliche Bedürfnisse aufwenden können, ohne dabei egoistisch zu werden?
5. Sind Sie ein flexibler, offener Mensch, der selten, falls überhaupt, die Fragen des Lebens eindeutig mit ›richtig‹ oder ›falsch‹ beurteilt?
6. Kollidiert in Ihren persönlichen Beziehungen häufig Ihr Bemühen um kreative Zuwendung mit dem unangenehmen Gefühl, als verfügbar angesehen zu werden?
7. Machen theoretische, objektive Probleme Sie leicht aufgeregt oder geraten Sie unter Streß, wenn darin keine zwischenmenschliche Dimension enthalten ist?
8. Ziehen Sie, ganz gleich, wo Sie sind – bei der Arbeit, beim Einkaufen, im Urlaub, im Restaurant, auf Feiern –, andere Menschen oder sogar gänzlich Fremde an, die Ihnen ihr Herz ausschütten und Ihnen ihre Lebensgeschichte erzählen?
9. Ist es für Sie erfüllend, anderen beim Erreichen ihrer Ziele zu helfen?

Innere Situation

In Beziehungen verfügen HelferInnen über stark entwickelte Kräfte, die sie nach außen auf die Gefühle und Bedürfnisse anderer richten. Sie betrachten das Leben als eine Herausforderung und fühlen sich in der Lage, mit den Problemen und Schwierigkeiten anderer Menschen umzugehen.

Sie strahlen die einladende Wärme aus, die ein Kaminfeuer in einem Landhaus während eines Sturms hat. Aus der Kälte errettet, entspannt sich der betreffende Mensch, wird weich und schüttet ihnen sein Herz aus, muß dann aber entdecken, daß der Helfertyp nach Ende seiner Geschichte wieder hinausläuft in die Dunkelheit, um nach einer anderen verlorenen Seele zu suchen.

Indem HelferInnen sich übermäßig im Leben anderer engagieren, gelingt es ihnen, ihre eigene Bedürftigkeit zu überspielen. Ihre fehlgeleitete Motivation führt zu dem Bedürfnis, von anderen gebraucht zu werden. Ihr Hauptlebensproblem ist es, selbstgenügsam zu werden; und ihre seelische Hauptabhängigkeit ist der Stolz.

Lebenshaltung

Für fehlmotivierte HelferInnen ist die Welt voller Menschen mit Problemen und Bedürfnissen, auf die sie reagieren müssen. Doch ist die Bedürftigkeit, die sie bei anderen erblicken, oft ein Spiegelbild ihrer eigenen Probleme, die sie lieber ignorieren. Indem sie alle Probleme nach außen projizieren, können sie ihre eigene Verletzlichkeit und die Möglichkeit, schuldig zu werden, verdrängen.

Dienst. Da HelferInnen großen Wert auf das Geben legen, ist Dienen für sie von höchster Wichtigkeit. Jede Aktivität beurteilen sie nach dem einen Kriterium: Wieviel kann anderen damit gedient werden? Als Folge davon neigen sie zu Berufen im sozialen Bereich oder folgen ihrem inneren Drang zu dienen in Form ehrenamtlicher Aufgaben.

Obwohl nicht alle Ärztinnen, Krankenpfleger, Sozialarbeiterinnen, Geistliche und Psychologen HelferInnen sind, fühlen sich HelferInnen gerade zu diesen Lebensberufen hingezogen, weil sie die herausragende Begabung haben, vielfältige Lösungs- und Entscheidungsmöglichkeiten zu erkennen.

Schwierigkeiten mit der Objektivität. Viele halten HelferInnen für antiintellektuell. HelferInnen dagegen würden sich häufig als »nicht verkopft« beschreiben. Von allen Mustern des Enneagramms haben sie die größten Schwierigkeiten damit, ihre analytischen Fähigkeiten zu aktivieren.

Um ihre Persönlichkeit abzurunden, müssen HelferInnen sich besonders intensiv darum bemühen, einen Blick für das Ganze zu gewinnen und die Fähigkeit zur Objektivität zu entwickeln.

Gern lernen sie alles, was ihre Arbeit in einem gewählten Bereich fördern kann, alles, was zum Nutzen anderer Menschen verwendet werden kann. HelferInnen sind jedoch der Überzeugung, daß Geben wichtiger ist als Denken – oder wichtiger als irgendeine andere frivole Beschäftigung, die nur der eigenen Selbstverherrlichung dient. Deshalb lernen sie nur, was sie für die korrekte und praktische Anwendung wissen müssen.

Führungsstil. Meist wollen HelferInnen nicht an Führungspositionen stehen. Sie fühlen sich unwohl, wenn andere die Vorgabe von Zielen und Richtungen von ihnen erwarten. In den Augen von HelferInnen sind nur wirkliche Menschen wichtig.

Am liebsten sind sie in nachgeordneten Positionen. Sie bleiben gern im Hintergrund, wo sie ihre Begabung zu taktvoller Kooperation und Koordination von Projekten herausstellen und sich auf die eher praktischen Aspekte einer Tätigkeit konzentrieren können.

HelferInnen setzen sich sehr für ihre Arbeit und ihre MitarbeiterInnen ein. In Geschäftsangelegenheiten beherrschen sie die Kunst der Diplomatie. Im ungünstigen Falle bemuttern sie andere, weit über das normale Maß hinaus. Dabei fühlen sie sich überlastet und ausgenutzt und schüren negative Gefühle, wobei sie völlig aus dem Blick verlieren können, wozu sie eigentlich eingestellt wurden.

Freiwillige Führung übernehmen HelferInnen am liebsten in Organisationen oder Projekten, die sich den Bedürfnissen anderer Menschen widmen. Solange sie wissen, daß ihre Energie letztlich zur Verbesserung der Lebensumstände anderer dient, werden sie es mit den frustrierenden Details und der Organisation aufnehmen. Aber selbst in einer solchen Lage versuchen sie, Verwaltungsaufgaben zu minimieren oder an andere abzugeben. Ihr Hauptinteresse richtet sich darauf, wie sich Wert und Nutzen ihrer Organisation nach innen und außen darstellt. Bevor HelferInnen zu effektiven Führungspersönlichkeiten werden können, müssen sie lernen, *mit* anderen, anstatt *für* andere zu arbeiten.

Da sie sich für unpersönliche Strategien und allgemeine Planungen nur wenig interessieren, mögen HelferInnen im allgemeinen keine Versammlungen und meiden sie. Gruppenleiter sind von HelferInnen leicht frustriert, weil diese sich selten für Tagesordnungspunkte oder geschäftliche Einzelheiten interessieren. Statt dessen richten sie ihre Aufmerksamkeit z. B. auf Menschen, deren Gefühle verletzt sind, die gerade ein Glas Wasser brauchen oder die sich unverstanden fühlen. Eine Tagesordnung unter Einbeziehung von HelferInnen zu Ende zu bringen kann sich deshalb als schwierige Prüfung für die Fähigkeit und Meisterschaft von FührerInnen herausstellen.

Entscheidungen treffen. HelferInnen stehen unter dem Zwang, unmittelbar auf die Bedürfnisse anderer einzugehen. Sie wägen die Konsequenzen ihrer Handlungen für sich oder ihren Beruf nicht ab und haben aufgrund dieser Einstellung häufig Entscheidungsschwierigkeiten.

Im allgemeinen ziehen HelferInnen es vor, daß eine Person ihres Vertrauens die entsprechende Entscheidung trifft oder daß Gruppenentscheidungen eingeführt wurden. Dafür unterstützen sie loyal alle Entscheidungen, die auf diesem Weg gefunden werden. In einem Gruppenprozeß, in dem Uneinigkeit auftritt, erweisen sich HelferInnen als hervorragende Vermittler. Gibt es Mißklänge bezüglich einer Entscheidung, so setzen HelferInnen ihre bemerkenswerten Überredungskünste ein, um die verstimmte Person von der Richtigkeit der getroffenen Entscheidung zu überzeugen.

Häufig schieben sie Entscheidungen so lange auf, bis sie nicht mehr nötig sind, oder bis jemand anderes sie entnervt selbst fällt. Auf diesem Wege können HelferInnen weiterhin allen Menschen nach dem Munde reden und sind nicht für eine konkrete Entscheidung verantwortlich. Aufgrund ihrer Fehlmotivation neigen sie dazu, ihre Entscheidungen mehr darauf zu stützen, was andere wollen und brauchen, statt auf die objektive Wirklichkeit.

Familienleben und Freundeskreis

Da HelferInnen ihre eigenen Bedürfnisse und Wünsche zwanghaft verdrängen, fühlen sie sich schuldig, wenn sie zugeben müssen, daß ihnen etwas fehlt, was ihnen nur jemand anderer geben kann. Aus dem gleichen Grunde finden sie aber auch andere egoistisch, die sich um die Befriedigung ihrer Bedürfnisse bemühen. Sie vermeiden Gelegenheiten, bei denen sie in sich gehen könnten, aus Angst, nichts Wesentliches oder Wertvolles zu finden.

Fragt man HelferInnen, was sie sich wünschen, so bringen diese das Gespräch geschickt auf die Angelegenheiten des Fragenden. Denn die Bedürfnisse anderer sind die eigenen Bedürfnisse. Ihre Fähigkeit, sich auf einen anderen Menschen einzustellen, erzeugt eine Atmosphäre frei von Einschüchterung. HelferInnen verfügen über die angeborene Fähigkeit, geduldig mit Menschen umzugehen. Ihr meisterhaftes Vermögen, sich auf andere zu konzentrieren, wird zum Eckstein und zur Berechtigung ihres gesamten Daseins.

Das Heiligen-Image. HelferInnen werden von anderen wegen ihrer Großzügigkeit bewundert. Man nennt sie manchmal »lebende Heilige«. Still pflichten sie bei, denn HelferInnen sind stolz darauf, anderen ständig zur Verfügung zu stehen. Das heiligmäßige Image des Sorgens und Dienens kaschiert die unausgesprochene Erwartung der HelferInnen, daß all ihre Fehler und Schwächen am besten vergessen werden sollten.

Fallen andere auf diese subtile Art der Manipulation herein, so werden sie sich schuldig fühlen wegen ihrer harten Urteile über diesen guten Menschen. Die HelferInnen können dann mit großzügiger Geste dieser undankbaren Person ihre Schuld vergeben und dem bereits glänzenden Heiligenschein einen weiteren Schimmer hinzufügen.

Einseitige Intimität. Für HelferInnen sind zwischenmenschliche Beziehungen am wichtigsten. Aber sie allein sind es auch, die das Recht haben, Zwischenmenschlichkeit zu definieren. Ihrer Definition nach teilen die anderen alles von sich mit, und sie, die HelferInnen, unterstützen sie auf dem Weg durch die Schwierigkeiten des Lebens. Sie bringen sich also in persönliche Beziehungen nicht im gleichen Maße ein, sondern bewahren eine distanzierte, wenn auch freundliche Haltung. Sie ermutigen zwar andere, alles über sich zu enthüllen, erzählen jedoch wenig über sich selbst. Eiserne Regel für ihre zwischenmenschliche Beziehung ist die einseitige Intimität.

Und da HelferInnen Experten für das Wohlbefinden anderer sind, wird den meisten Menschen niemals klar, daß HelferInnen sich nicht wirklich einbringen. Hierbei können sie die Tatsache ausnutzen, daß die meisten Menschen aus Gedankenlosigkeit oder Egoismus davon begeistert sind, ständig im Scheinwerferlicht zu stehen.

Ratgeben. Häufig kommen HelferInnen in Situationen, in denen sie Rat geben können, und sie tun dies auch, ohne zu zögern. Sie nehmen gern Einfluß auf das Leben anderer, was ihrem Ego starken Auftrieb verleiht. In Gruppen sind sie Mitläufer, nicht Anführer, wollen jedoch im individuellen Leben im Mittelpunkt stehen. Durch ihre stets hilfreich beratende Art schaffen sie Abhängigkeiten. Und indem sie ständig um das Wohlbefinden anderer bemüht sind, können HelferInnen gerade andere Menschen und sich selbst am persönlichen Wachstum hindern.

Manipulation. Um bei anderen Abhängigkeit zu erzeugen, können HelferInnen äußerst subtile Mittel anwenden. Sie nutzen sozial akzeptierte Wege, um die Leistungen und Begabungen anderer herabzusetzen. Werden sie deshalb zur Rede gestellt, so werden sie sehr sanft behaupten, daß es doch nur zum Wohle des oder der Betreffenden gewesen sei – zum Beispiel als nützlicher Hinweis, um Selbstbetrug zu vermeiden oder um die Tatsachen klar zu stellen.

Sie werden ihre ganze Sensibilität darauf verwenden, andere Menschen an sich zu ziehen und persönliche Kontakte herzustellen oder was sie dafür halten. Bald verlieren sie jedoch das Interesse an ihnen, um sie dann wieder an sich zurückzuziehen, wenn es ihnen hinreichend schlecht geht oder sie verzweifelt genug sind, um auf Aufmerksamkeit angewiesen zu sein. Dieses Wechselspiel vergrößert die Abhängigkeit der anderen und hebt das Selbstwertgefühl der HelferInnen.

Identität und Selbstwertgefühl. Das Selbstwertgefühl von HelferInnen beruht auf der Anzahl der Menschen, die von ihrem Dienst abhängen, und auf der Intensität, mit der ihre Dienste in Anspruch genommen werden. Als Gegenleistung für ihre Großzügigkeit brauchen HelferInnen Anerkennung und Dankbarkeit. Nur Worte oder Zeichen der Anerkennung geben den HelferInnen das Gefühl, etwas wert zu sein. Nur in diesem ständigen Tauziehen können sie ihre Identität und ihren Wert bestätigt finden.

Der Schatten des Helfens. HelferInnen sind bekannt dafür, daß sie andere mit Schmeicheleien und Komplimenten oder mit überschwenglichen Gefühlsbezeugungen überschütten. Sie tun dies, weil sie selbst ständig auf der Suche nach jemandem sind, der ihnen gleiches Interesse und Zuneigung entgegenbringt. Um Liebe zu gewinnen, wenden sie die unbewußte Taktik an, auf die Bedürfnisse anderer zu reagieren.

Wird ihnen dafür jedoch kein Dank geleistet, so fühlen HelferInnen sich, als würden sie nicht existieren. Nach einem derart verheerenden Schlag gegen ihr Selbstwertgefühl rutschen sie leicht in Märtyrertum ab oder in Feindseligkeit gegen jene, denen sie gedient haben. Solche Feindseligkeit nimmt häufig die Form von Nachrede und Tratsch an. Für solche Nachrede haben HelferInnen oft mehr als genug Munition, weil die anderen diesen Tröstern gern ihre dunkelsten Wünsche und geheimsten Fehler beichten.

Konzentration auf andere. Sie haben das Bedürfnis zu gefallen und sind tief verletzt, wenn es ihnen nicht gelingt. Andererseits sind sie auch tief verletzt, wenn andere ihre Hilfe nicht beachten und ihnen nicht dafür danken. Obwohl sie ungern als selbstverständlich hingenommen werden, mögen sie doch auch keine zu offensichtlichen oder überschäumenden Dankesbezeugungen. Am besten ist für sie ein stiller, vertraulicher Satz. HelferInnen konzentrieren sich fast völlig auf andere und verhalten sich hierbei beschützend und sogar besitzergreifend. Diese intensive Bindung an andere schafft ein so starkes Band, daß selbst Entfernung oder Zeit es nicht trennen können.

Positive Eigenschaften

Wenn HelferInnen reifen und Wandlungsprozesse durchlaufen, entwickeln sie viele liebenswerte Qualitäten. Durch ihre Freundlichkeit und Sensibilität haben sie ein tiefes Verständnis für das menschliche Wesen. Ihr Taktgefühl und ihre Begabung für Kooperation und offene Kommunikation, sowie ihre Einsicht in die menschliche Natur geben ihnen außergewöhnliche Fähigkeiten beim Schlichten, Vermitteln und in der Diplomatie.

Können sie Liebe frei geben, so werden sie zu hervorragenden Beratern und loyalen Freunden. Sie sind sanfte, von Natur aus gewaltlose Menschen, die nicht urteilen oder verdammen, die die Nöte und Bedürfnisse anderer Menschen sehr fein wahrnehmen und um ihr Wohlbefinden bemüht sind. Als warmherzige Menschen mögen sie Berührung und sprechen sanft, wobei sie anderen ein Gefühl der Wärme und Nähe vermitteln.

So schwer persönliches Wachstum für sie bei fehlgeleiteter Motivation erreichbar ist, so sehr kann es ihre große Stärke werden, wenn sie auf die innere Führung, die sie anderen zur Verfügung stellen, selbst hören und ihr folgen. Da sie bewußt reifen, können sie ihr sanftes Wesen am besten durch liebevolle Achtung für die innere Arbeit des menschlichen Geistes ausdrücken. Dadurch können sie zu Visionären werden, die andere Menschen meisterlich auf ihrer inneren Reise begleiten.

Denken wir daran: Alle negativen Eigenschaften der HelferInnen sind nichts als Verzerrungen der Stärken und positiven Qualitäten dieses Musters.

Drei: Die GewinnerInnen

> Mache ich einen Fehler, so kann es jeder sehen;
> nicht jedoch, wenn ich lüge.
>
> (nach *Johann Wolfgang von Goethe*)

Fragen

1. Halten Sie sich manchmal für zu zynisch oder argwöhnisch, weil Sie intuitiv die verborgenen Motive anderer zu kennen scheinen, besonders ihre dunklen, manipulierenden Absichten?
2. Können Sie anderen gegenüber positiv, optimistisch und fröhlich erscheinen, auch wenn Sie pessimistisch und verzweifelt über ihr eigenes Leben sind?
3. Schützen Sie sich aus Angst, manipuliert zu werden, gegen ihre Verletzlichkeit oder Gefühlsabhängigkeit selbst jenen gegenüber, die Ihnen am nächsten stehen?
4. Verlieren Sie Ihre Kraft und finden Sie das Leben plötzlich öde und langweilig, wenn Ihre Ziele unklar sind oder Sie keine Ziele haben?
5. Müssen Sie häufig Interesse an einem Gespräch vortäuschen, um nicht grob oder verletzend zu erscheinen, wenn Ihnen gerade eine neue Idee oder ein wichtiges Projekt im Kopf herumzugehen beginnt?
6. Schätzen Sie freie und unverbindliche Beziehungen und brechen Sie Beziehungen ab, die zu kompliziert oder zeitraubend werden?
7. Sind Sie in der Lage, Gefühle des Erschreckens, der Enttäuschung, der Wut und der Peinlichkeit sofort zu verstecken, bis Sie sich allein damit auseinandersetzen können?
8. Neigen Sie eher dazu, Fehler zu machen, indem Sie zu wenig, als indem Sie zu viel sagen?
9. Fällt es Ihnen schwer, sich Zeit für sich selbst zu nehmen, sich zu entspannen oder »nichts zu tun«, wenn es noch unerledigte Projekte gibt?

Innere Situation

GewinnerInnen unterdrücken ihre persönlichen Bedürfnisse nach Beziehungen, damit sie eine harmonische Beziehung zwischen sich und der Welt aufrechterhalten können. Sie betrachten das Leben als ein Spiel und wollen auf der Gewinnerseite stehen. Sie sind MeisterInnen der Maskierung, die das »Pokerface« zur hohen Kunst erhoben haben. Mit Hilfe ihrer inneren Kleiderkammer, die mit derjenigen eines Filmstudios konkurrieren könnte, unterdrücken sie ihre persönlichen Gefühle und legen die Maske an, die das von ihnen beabsichtigte Image projiziert. Niemand, besonders niemand in gehobener Stellung, wird sie ohne Maske sehen, weil sie Angst haben, verletzt zu werden.

GewinnerInnen fühlen sich leicht als Versager und wollen dieses Gefühl vermeiden. Ihre fehlgeleitete Motivation bringt sie dazu, um das Gefühl des Erfolges zu kämpfen. Ihr Hauptlebensthema ist die Produktivität und ihre seelische Hauptabhängigkeit die Täuschung.

Lebenshaltung

GewinnerInnen achten ständig darauf, wie andere sie wahrnehmen. Als imageorientierte Menschen wissen sie, daß ein gepflegtes, charakteristisches Outfit der Schlüssel zum Erfolg sein kann. Mehr als alles andere fürchten sie das Versagen, und das größte Versagen wäre es, den Respekt und die Anerkennung anderer zu verlieren. Erfolg liegt für sie im Anschein des Erfolges und definiert sich deshalb letztlich durch die Bewunderung und den Respekt anderer.

Flair. Da sie Wert auf ihr Erscheinungsbild legen, kleiden GewinnerInnen sich so, daß sie beachtet oder bewundert werden. Sind sie Männer, so versuchen sie, besonders männlich zu wirken, als Frauen dementsprechend besonders weiblich. Sie haben oft einen guten Geschmack.

Selbst die introvertiertesten GewinnerInnen verfügen über eine Maske extrovertierter Geselligkeit, mit der sie die Illusion hervorrufen können, sie gehörten zu denjenigen, die alles mit Flair und Stil zu handhaben wissen. Ständig kehren sie das Selbstvertrauen der »oberen Zehntausend« heraus und sorgen damit für eine Unnahbarkeit, die andere auf Armeslänge entfernt hält. Deshalb sind sie auch als die Aristokraten des Enneagramms bekannt. Diese Aura der Unnahbarkeit bildet ihren Schutz gegen alle, die ihnen zu nahe kommen wollen.

Politisches Geschick. GewinnerInnen sind politische Menschen, die davon überzeugt sind, daß es ebenso wichtig ist zu wissen, wann man nicht zu reden hat, wie zu wissen, wann man etwas sagen muß. Niemals sagen sie zuviel, besonders nicht gegenüber Autoritätspersonen. Und sie verfügen über die außergewöhnliche Fähigkeit, verborgene Motive und Absichten anderer zu lesen. Zusammen mit ihrer angeborenen Gerissenheit verschafft dieses Talent ihnen in fast jeder Situation einen Vorteil, da sie immer eine passende, mehrdeutige politische Antwort parat haben.

GewinnerInnen sind im allgemeinen liebenswürdig gegen jedermann. Wenn sich jemand töricht verhält, werden GewinnerInnen weiterhin seine Persönlichkeit und Entscheidungsfreiheit achten, jedoch seine Wichtigkeit geringer schätzen. Denn ihnen fehlt die Geduld, die Vorurteile oder Schwächen anderer zu tolerieren.

Produktivität. GewinnerInnen nehmen die Welt in Form zu erreichender Ziele und auszuführender Arbeiten wahr. Obwohl sie ständig in die Zukunft schauen und sich neue Ziele setzen, beruht die Motivation zur Erreichung dieser Ziele für sie auf einem System unmittelbarer Belohnung durch andere, die ihre Leistungen anerkennen und bestätigen. Nach Erreichen eines Zieles, ganz gleich wie außergewöhnlich, scheint ihr Erfolg ihnen nach kurzer Zeit schon leer und hohl. Und sie werden sich fragen: »Ist das schon alles?«

Verbal oder nonverbal, bewußt oder unbewußt listen sie ihre kurz- und langfristigen Ziele auf. Dem Erreichen dieser Ziele persönliche Opfer zu bringen, sogar ihre Gesundheit, erscheint ihnen ganz normal.

Diese energischen Leistungstypen passen nur zu gut z. B. in die amerikanische Gesellschaft, wo Produktivität alles bedeutet. Sie produzieren, damit sie während ihrer Lebenszeit bewundert und geachtet werden; die Vorstellung einer posthumen Anerkennung hat für sie wenig Bedeutung. Da ihre Identität in ihren Handlungen liegt, bedeutet eine Kritik an ihren Leistungen eine Zurückweisung ihrer Persönlichkeit.

Effektivität. GewinnerInnen sind Organisatoren. Bevor sie ein Projekt beginnen, bringen sie alles in Ordnung und organisieren und reorganisieren ständig, weil sie eine natürliche Fähigkeit besitzen, bessere Systeme zu entdecken. So ungewöhnlich effektiv sie selbst sind, so niedrig ist ihre Toleranz für die Ineffektivität anderer.

Führungsstil. Zu führen ist für GewinnerInnen ein natürlicher Bestandteil ihrer Sehnsucht nach Erfolg. Sie haben die Fähigkeit, mit Gruppen besonders viel zu leisten und können hervorragend ein Gefühl der Einheit schaffen. Aufgrund ihrer Erfolgsorientiertheit übersehen sie jedoch leicht die Beiträge anderer zu einem Projekt oder die besonderen Begabungen anderer. Wird ihnen dies bewußt, so setzen sie schnell ihren ganzen Charme und ihre Ausstrahlung ein, um die aufgewühlten Wellen wieder zu glätten.

GewinnerInnen sind freie Denker, die eine besondere Begabung für Ideen und Kommunikation besitzen. Sie verfügen über ein intuitives Know-how, wie eine Idee ausgearbeitet und zu einem Erfolg gemacht werden kann. Sie sind risikofreudig und können sich finanziell und persönlich leicht übernehmen. Da sie sehr schöpferische Menschen mit fast zu vielen Interessen sind, verzetteln sie ihre Kräfte leicht und werden dadurch ineffektiv.

Ihre Fähigkeit, anderen ein Projekt oder eine Idee zu verkaufen, beruht auf ihrer ansteckenden Begeisterung für das entsprechende Produkt. Mit ihrem Enthusiasmus, ihrer Kreativität und ihrem Bedürfnis nach Selbstdarstellung sind sie besonders geeignet für die Werbung und die Promotion. Sie sind überzeugt, daß das, wofür auch immer sie sich einsetzen mögen, hervorragend ist und strahlen damit die Haltung »alles ist möglich« aus, mit der sie andere inspirieren und alle eventuellen Widerstände überwinden.

GewinnerInnen haben es schwer mit Routinearbeit und können dann ihr Bestes geben, wenn sie großen Freiraum bekommen. Deshalb verrichten sie ihre kreativste Arbeit am liebsten allein. Werden sie in einer kreativen Phase unterbrochen, so werden sie ungeduldig und reizbar, ganz gleich wie wichtig die Angelegenheit ist.

GewinnerInnen stellen an sich und andere hohe Ansprüche und sind gegenüber Ineffektivität, Nachlässigkeit oder Faulheit intolerant. Obwohl sie selbständige, kreative und produktive Menschen sehr bewundern, bringen sie ihre Achtung diesen Menschen gegenüber leider nur selten zum Ausdruck. Wegen ihres glatten Äußeren scheinen sie zunächst einen gemäßigten, entspannten Führungsstil zu haben; doch wer für sie arbeitet, entdeckt sehr schnell, daß diese erfolgsorientierten Menschen einen beständigen, intensiven Produktivitätsdruck ausüben. Der Führungsstil von GewinnerInnen fördert günstigenfalls Selbstdarstellung, Freiheit, Produktivität und Wachstum. Im ungünstigen Fall sind sie fordernd, kalt, unpersönlich und extravagant bis zum Ruin einer Organisation.

Entscheidungen treffen. Da GewinnerInnen stets ein Ziel vor Augen haben, fällt ihnen das Treffen von Entscheidungen nicht nur leicht, sondern ist für sie ganz natürlich. Sie betrachten ihre Entscheidungen als logische Konsequenzen aus den waltenden Umständen. In Wirklichkeit treffen sie Entscheidungen jedoch oft impulsiv. Offene Möglichkeiten sind für GewinnerInnen aufregend, so daß sie im Glauben, die Dame Fortuna bliebe ihnen immer gewogen, manchmal zu viel riskieren. Sehr häufig haben sie dann auch Glück.

Sie zeigen ebenfalls eine Vorliebe für schnelle Entscheidungen, da sie alles am liebsten gestern schon erledigt hätten. Sie hassen es, Dinge aufzuschieben, weil sie sich nicht gern in Einzelheiten verstricken lassen, denn ihre Freiheit ist ihnen sehr wertvoll. GewinnerInnen sind der Überzeugung, daß man sehr beweglich sein sollte, sobald sich eine Gelegenheit bietet, damit niemand anderes die Chance ergreift. Als wettbewerbsorientierte Menschen wissen sie, daß Nachzügler schnell vergessen werden. Und sie wollen aber in Erinnerung bleiben.

Allzu oft müssen GewinnerInnen feststellen, daß sie einen großen Berg von Problemen in persönlichen Beziehungen vor sich hergeschoben haben. Weil sie so sehr mit ihrer Kreativität, Produktivität und Freiheit beschäftigt sind, entgeht ihnen der Ärger und die Frustration, die sich unter Angestellten und Kollegen ausgebreitet haben kann. Es fällt ihnen schwer, sich Zeit zu nehmen und sich damit auseinanderzusetzen, denn sie unterbrechen ihr

Vorwärtsstreben nur ungern, um sich persönlichen Gefühlen zu stellen. Darüber hinaus hören sie in jeder Kritik ein »Du hast versagt«. Auf der anderen Seite zögern GewinnerInnen aber nicht, andere auf deren Fehler hinzuweisen. Wenn sie glauben, einen besseren Weg zu wissen, übergehen sie die Entscheidungen anderer Menschen. Solange GewinnerInnen in ihren Beziehungen keine echten emotionalen Reaktionen entwickeln, werden sie ständig selbst Leid und Spannungen in ihrem Leben produzieren.

Effektive Kommunikatoren. GewinnerInnen sind gesprächige, optimistische Menschen, die ihre neuen Ideen gerne wortgewandt vorstellen. Als ständige VerkäuferInnen vermitteln sie ein derartiges Vertrauen in ihre Produkte, daß selbst die größten Skeptiker zu Gläubigen werden können.

Dient es ihren Zweck, können GewinnerInnen auch meisterhaft mit Sarkasmus und Mehrdeutigkeiten umgehen. Mit Lächeln und freundlichen Worten strahlen sie dann Wärme und Vernunft aus, um jemanden subtil in die sprichwörtliche Ecke zu drängen und ihm oder ihr nur noch die Wahl der Kapitulation zu lassen.

GewinnerInnen sind sehr wettbewerbsorientiert; Worte bilden ihre größte Stärke und ihre erste Verteidigungslinie. Als gute öffentliche Redner kennen sie ihre Themen durch und durch, durchdenken das Material intensiv und stellen es charmant und mit einer natürlichen Bühnenausstrahlung dar, die für das Publikum unwiderstehlich sein kann.

Familienleben und Freundeskreis

GewinnerInnen fühlen zwar tief, unterdrücken ihre privaten Gefühle jedoch, weil sie Ablehnung fürchten, die sich als Hindernis für den Erfolg erweisen könnte. In Beziehungen sind sie deshalb komplizierte Menschen. Erst wenn andere sich verletzlich gezeigt haben, wagen sie, auch sich ein wenig zu öffnen. Selbst in Liebesbeziehungen halten sie sich bedeckt aus Angst, ihre Verletzlichkeit könnte gegen sie verwandt werden. Sie selbst nehmen sich als liebevoll, warm, ruhig, nachdenklich und bestätigend wahr; gleichzeitig können andere sie jedoch als aggressiv, laut oder heftig empfinden.

Das private Gefühlsleben. Da es GewinnerInnen schwer fällt, ihre tieferen Gefühle auszudrücken, werden sie diesen Versuch gewöhnlich aufgeben, falls sie nicht ausdrücklich dazu ermutigt werden und Bestätigung bekommen. Die Angst vor Mißbilligung, für sie eine weitere Form des Versagens, veranlaßt sie, in Beziehungen zu schauspielern und die jeweils akzeptabelste Maske aufzusetzen.

Werden sie von Gefühlen des Verletztseins, der Ablehnung oder Wut überwältigt, so ziehen sie sich emotional zurück und steigern ihre Aktivitäten, um mit Schmerz oder Frustration fertig zu werden. Auf diese Weise halten sie andere Menschen auf größere Distanz und bestätigen sich in ihrem Glauben, daß niemand sich wirklich um sie sorgt.

Leben in der Illusion des Erfolges. Weil sie großen Wert darauf legen zu wissen, wie andere sie wahrnehmen, können GewinnerInnen der Illusion verfallen, daß ihr Leben tatsächlich so ist, wie es erscheint. Sind sie selbst einmal von der Wahrheit einer Illusion überzeugt, so können sie diese anderen gegenüber mühelos als Wirklichkeit verkaufen.

Wenn sie ihre natürlichen und vielfältigen Talente zur Kommunikation, ihre Begeisterungsfähigkeit, ihren Optimismus und ihre Geselligkeit einsetzen, können sie andere leicht davon überzeugen, daß ihre Ehe, ihr Familienleben und ihre Arbeit phantastisch erfolgreich sind. Tatsächlich jedoch haben sie nichts weiter als eine Fassade des Erfolges aufgebaut. Die Demaskierung dieser Illusion bildet deshalb für GewinnerInnen den ersten Schritt zur Ganzheit.

Sachbezug. GewinnerInnen ziehen sachliche Beziehungen vor. Sie vermischen Privatleben und Beruf, indem sie Arbeit mit nach Hause nehmen und ständig abrufbar bleiben. Da sie vor ihrer eigenen Persönlichkeit nicht genügend Achtung haben, setzen sie sich ganz für ihre öffentliche Rolle, Position oder ihr Image ein. Es fällt ihnen deshalb schwer, sich um ihre persönlichen Bedürfnisse zu kümmern und meinen oft, nicht wichtig genug genommen zu werden.

Als wettbewerbsorientierte und ehrgeizige Menschen gewinnen sie Freunde durch gemeinsame Aufgaben, nicht durch Gefühle. GewinnerInnen haben viele nette Bekannte, aber nur wenige enge Freunde, falls überhaupt. Manche GewinnerInnen sehen selbst die Entspannung als eine weitere Gelegenheit, diejenigen beruflichen Projekte zu diskutieren, für die sie unter dem Druck ihrer Tagesordnungen und Termine sonst keine Zeit finden.

Angst vor Versagen. Während GewinnerInnen ein zuversichtliches und kompetentes Image ausstrahlen, werden sie von tiefen Ängsten geplagt, menschlich unrettbare Versager zu sein. Persönliche Kritik können sie nur sehr schwer annehmen, weil dadurch ihr dunkles Mißtrauen gegen sich selbst bestätigt wird. Sie haben deshalb den Drang, ihre Fehler entweder zu vergessen oder sie irgendwie in Erfolge umzumünzen. Und darüber hinaus sähen sie es gerne, wenn andere das ebenfalls täten.

Maßstäbe in der Familie. Der Zwang der GewinnerInnen, Ziele zu setzen, erstreckt sich auch auf die eigene Familie. Sie haben klare Vorstellungen davon, was andere tun oder lassen sollten, sagen oder nicht sagen sollten, um dadurch die Ziele zu erreichen, welche die GewinnerInnen für sie bestimmt haben. Grobheit, schlechten Manieren, Engstirnigkeit oder Faulheit gegenüber sind sie intolerant. Sie reagieren deshalb peinlich berührt, weil solche Verhaltensweisen das Image der ganzen Familie verderben könnten, wovon sie selbst natürlich ebenfalls betroffen wären. GewinnerInnen sind auch stolz auf die Errungenschaften derer, die ihnen nahestehen, und beziehen diese auf sich.

Maßstäbe in Freundschaften. GewinnerInnen suchen und schätzen Freundschaften, die frei und wenig anspruchsvoll sind. Am liebsten sind ihnen Freundschaften, die sich um Arbeitsinteressen herum gebildet haben, oder Freundschaften, in denen sie auch nach Monaten oder Jahren noch »genau da anknüpfen können, wo man aufgehört hat«. Sie werden niemanden auf ein Podest stellen, sondern behandeln andere gleichrangig.

Sie fühlen sich in Beziehungen selten schuldig, denn die erste Regel für sie ist, daß eine Beziehung fraglos und respektvoll zu sein hat. Werden andere aufgeregt oder wütend, so betrachten GewinnerInnen sie als launisch oder theatralisch. Sie schaffen sich dann innerlich Distanz in der Hoffnung, daß die andere Person schnell wieder zur Vernunft kommen wird.

Positive Eigenschaften

Wenn GewinnerInnen reifen und Wandlungsprozesse durchlaufen, entwickeln sie bewundernswerte Qualitäten. Aufgrund ihres liebevollen Wesens und ihres idealistischen Optimismus werden sie zu starken Führergestalten, die andere Menschen zu Einigkeit und hohen Zielen motivieren können. Mit ihrer Gabe für Organisation und Effektivität beharren sie auf klaren Zielen, genauen Anweisungen und Maßstäben.

Durch ihre begeisterungsfähige, unterhaltsame Persönlichkeit und ihre vielschichtigen Interessen und Leistungen sind sie angenehme Gesellschafter. Gewöhnlich vergessen sie nicht, was das Leben sie gelehrt hat, und erreichen dadurch innere Stärke und Weisheit. Bleiben sie ihrem emotionalen und geistigen Leben treu, so können sie wahre Freiheit und Unabhängigkeit finden und die tiefe Achtung anderer erwecken.

Ihr Einsatz und ihre Großzügigkeit kann andere erfreuen, überraschen und glücklich machen. Dadurch geben sie ihren Erfolg an die Welt zurück. GewinnerInnen haben eine angeborene Neigung zu spirituellen Philosophien, zu Kunst, Schönheit und Romantik, die sie dazu motivieren können, sich intensiv auf das Leben einzulassen. Als schöpferische und phantasievolle Menschen, die sich nicht gern um Details sorgen, setzen sie ihre Energie am besten bei weitläufigen und vielfältigen Projekten ein.

Denken wir daran: Alle negativen Eigenschaften der GewinnerInnen sind nichts als Verzerrungen der Stärken und positiven Qualitäten dieses Musters.

Vier: Die IndividualistInnen

> Angesichts herausragender Verdienste anderer
> können wir unser Ich nur durch die Liebe retten.
> (nach *Johann Wolfgang von Goethe*)

Fragen

1. Würden Sie sagen, daß das Zusammensein mit Menschen, daß nährende, persönliche Beziehungen und tiefe Loyalität gegenüber geliebten Menschen die wesentlichen Gaben sind, die Ihrem Leben die größte Freude bringen und seinen Sinn ausmachen?
2. Zwingen die Angst vor Verlust oder Verlassenwerden Sie auch in Ihren engsten Beziehungen dazu, gegen Gefühle der Eifersucht oder Besitzansprüche anzukämpfen?
3. Meiden oder verschieben Sie gern Aufgaben, bei denen Sie sich auf Details oder Schreibarbeit konzentrieren müßten, weil Sie sie als ermüdend und deprimierend empfinden?
4. Finden Sie es gegenüber neuen Plänen, Ideen oder Projekten wichtig, zuerst die Schwächen zu kennen, damit Sie die Möglichkeiten nicht überschätzen und nicht enttäuscht werden?
5. Können Sie die Bedeutung und den Sinn des Lebens am besten durch die Geschichten, Symbole und Traditionen ausdrücken, die Sie mit Menschen, mit Ihrem Glauben oder dem Leben im allgemeinen verbinden?
6. Haben Sie, in der Hoffnung, den Sinn Ihres Daseins auf dieser Erde zu verstehen, viel Zeit und Energie auf die Betrachtung und das Verständnis Ihres eigenen Lebens und Ihrer Geschichte verwendet?
7. Bekommen Sie Verbindung mit Geistigem oder haben Sie manchmal das Gefühl, Ihr Herz würde dem Wunder der Schöpfung gegenüber bersten, wenn Sie Schönheit in der Natur erleben, einen Sonnenuntergang oder eine Blütenknospe zum Beispiel?
8. Fühlen Sie oft soviel auf einmal, daß Sie ganz verwirrt davon sind, und nicht wissen, was Sie zuerst ausdrücken und wie Sie ihre Gedanken sortieren sollen?
9. Fühlen Sie sich von den dramatischen oder ungewöhnlichen Dingen des Lebens angezogen, was Kleidung, Nahrung, Freunde, Kunst oder Schmuck angeht?

Innere Situation

IndividualistInnen sind Gefühlsmenschen, die ihre Sensibilität auf ihre eigenen Bedürfnisse und Gefühle konzentrieren. Sie lieben ihre tiefen Gefühle und nähren sie ständig als Mittel, sich ihre Besonderheit zu bestätigen. Dadurch geraten sie jedoch oft in emotionale Zwickmühlen. Sie gleichen einem Gewächshaus, das mit überdüngten und zu wenig beschnittenen exotischen Pflanzen gefüllt ist. Sie haben so viel kultiviert, daß schließlich für sie oder andere kein Raum mehr bleibt, die Blüten zu bewundern oder den Duft wahrzunehmen. Die Pflanzen wachsen wild, und das exzessive Grün entzieht den Blüten das Leben. Auf ähnliche Weise können IndividualistInnen in ihren überdüngten und zu wenig beschnittenen Gefühlen so eingeschränkt werden, daß sie schließlich nicht mehr in der Lage sind, ihrer Einzigartigkeit Ausdruck zu verleihen.

IndividualistInnen fühlen sich in ihrer Gewöhnlichkeit gefangen und wollen sie vermeiden. Ihre fehlgeleitete Motivation zwingt sie zum ständigen Kampf, sich als etwas Besonderes zu erkennen. Ihr wichtigstes Lebensthema ist es, Einsicht zu gewinnen; und ihre seelische Hauptabhängigkeit ist der Neid.

Lebenshaltung

Um sich gegen den Druck und die Forderungen der Welt aufzulehnen, stützen sich IndividualistInnen auf ihre Fähigkeit, mit anderen Menschen Beziehungen aufzunehmen – die Tiefe ihrer Gefühle, die Vielfalt ihrer Emotionen und die Fähigkeit, menschliche Situationen schnell zu analysieren. Die Verstärkung und übermäßige Inanspruchnahme der Gefühlswelt hält sie von der Entwicklung ihrer anderen natürlichen Qualitäten ab, wie der Selbstdisziplin, des praktischen Sinnes und der Stabilität. IndividualistInnen überbetonen ihr Gefühlsleben und zwingen ihre angeborene Charakterstärke in die Form eines ruhigen, aber sturen Unabhängigkeitsstrebens.

Faszination des Ungewöhnlichen. IndividualistInnen besitzen klare Werte und Maßstäbe und versuchen, die Welt umzukrempeln, in dem sie ihr den eigenen Entwurf aufdrängen. Drastische Veränderungen finden sie aufregend, Veränderungen, die einen Neubeginn ermöglichen. Sie hängen daran die Hoffnung nach besserer Lebensqualität und nach einer besseren Welt. IndividualistInnen schätzen das Neue und Ungewöhnliche und fühlen sich oft von Menschen, Stilrichtungen und Erfahrungen angezogen, die andere nur als abwegig ansehen würden.

Sensibilität. IndividualistInnen verfügen über eine enorme Sensibilität, die sie hauptsächlich auf sich selbst und erst in zweiter Linie auf andere richten. Sensibilität ist eine seltene Begabung und bedeutet in ihrer gesunden und richtigen Form, vernünftig, aufnahmefähig und bewußt zu sein. Bei fehlmotivierten IndividualistInnen jedoch ist die Sensibilität dick verschleiert durch Eigenschaften, mit denen die Sensibilität üblicherweise, aber zu flach definiert wird: heikel, empfindlich, überdreht und leicht reizbar. Diese flache Seite der Sensibilität entwickelt sich, wenn IndividualistInnen sich nur auf ihre eigene Bedürftigkeit konzentrieren und anderen einreden, sie müßten mit Glacéhandschuhen angefaßt werden.

Tragödie. IndividualistInnen können endlos über ihre tragische Vergangenheit reflektieren. Da sie ihr Leben als eine Folge von Enttäuschungen und Täuschungen sehen, sind sie überempfindlich gegenüber Situationen, in denen ihre Bedürfnisse und Wünsche nicht erfüllt wurden. Diese Wahrnehmung zwingt IndividualistInnen dazu, ständig nach ihrem Selbstverständnis zu suchen und vergangene Ereignisse in eine logische Form und Ordnung zu bringen.

Da sie ihre wahre Identität verloren haben, suchen sie nach etwas oder jemandem, der oder die ihnen das Gefühl gibt, etwas Besonderes zu sein. Ihrer eigenen Stärke nicht bewußt, gestehen sie sich wenig oder keine Kraft zu, Situationen zu verändern oder zu beeinflussen. Sie erleben sich als von äußeren Kräften kontrolliert und besitzen wenig Glauben an sich selbst, an andere oder die Zukunft. Infolgedessen schlüpfen sie leicht in die Opferrolle.

Ständiges Analysieren. Sie vergeuden ihre Energie, indem sie ständig in ihrer Vergangenheit suchen und sich ganz um sich selbst drehen. Selbst wenn IndividualistInnen eine Lösung für ihre Gefühlsverwirrung finden und dadurch ihre Vergangenheit ordnen, lebt diese immer noch weiter als ein Bezugspunkt für die Gegenwart. Der in dieser unablässigen Suche verborgene Schatz besteht in der Entwicklung äußerst komplexer schöpferischer Geistesprozesse.

Sehnsüchtige Innenwelt. Wenn IndividualistInnen die Traurigkeit aus der Bearbeitung vergangener Tragödien ausgleichen müssen, fliehen sie vor dem Schmerz in eine sehnsüchtige Phantasiewelt. Die Wirklichkeit schafft ja nur Enttäuschungen und wirft sie daher in die vertrautere und tröstlichere Umgebung ihrer Innenwelt. Im Hin und Her zwischen Tragödie und Phantasie fällt es ihnen schwer, in der Gegenwart zu leben.

Schauspielen. Da IndividualistInnen sich schmerzhaft dessen bewußt sind, wie leicht sie zu beschämen sind und wie sehr sie ihre Spontaneität erstickt haben, lernen sie schnell die Kunst des inneren Dialogs.

Sie untersuchen Situationen nach möglichen verborgenen Konflikten und entwickeln daraus mehrere alternative Pläne, um sich vor den Anforderungen eines Lebens in der Gegenwart zu schützen. Diese wohlgeplante »Spontaneität« kann dazu führen, daß sie etwas vorspielen, statt wirklich Beziehung aufzunehmen.

Die meiste Zeit über fühlen IndividualistInnen sich wie auf der Bühne, doch sind sie SchauspielerInnen und Publikum in einem. Nur eine perfekte

Vorstellung gibt ihnen die Illusion zu genügen und ermöglicht es ihnen, sich als liebenswert zu empfinden. Sie kleiden sich mit viel Gefühl für Kreativität oder sind sorgfältig darauf bedacht, einer bestimmten Rolle zu entsprechen, immer geben sie aber ihrem inneren Drang nach, ihr persönliches Unzulänglichkeitsgefühl zu überdecken.

Pessimismus. Aufgrund der Tragödien, die sie erlebt haben, schützen IndividualistInnen sich durch Pessimismus: Sie denken fatalistisch und haben anderen und dem Leben gegenüber nur düstere Erwartungen. Geschieht etwas Unangenehmes, so sind sie darauf vorbereitet; geschieht aber etwas Gutes, so sind sie angenehm überrascht. Leider machen sich IndividualistInnen nicht bewußt, in welchem Ausmaß der Pessimismus ihre Gedanken und Worte bereits durchdrungen hat, und wären deshalb niedergeschmettert, wenn sie erfahren würden, daß sie wegen ihrer Negativität bekannt sind.

Schwierigkeiten mit der Akzeptanz in Gruppen. Die Zugehörigkeit zu Gruppen fällt IndividualistInnen schwer, weil sie dort nicht die verschiedenen Reaktionen kontrollieren können. Ohne es zu bemerken, setzen sie manchmal ihre natürliche Schutzstrategie ein und dämpfen dadurch die Begeisterung der gesamten Gruppe.

Gerade diese Menschen, die sich so sehr danach sehnen, von anderen angenommen zu werden, sorgen ironischerweise für die gegenteilige Wirkung. Sie scheuen sich davor, neutral zu sein – was andere als normal bezeichnen würden – und geraten dadurch in ein Stimmungsdilemma zwischen ekstatischer Freude und entsetzlicher Trauer. In einer entspannten Gruppensituation kann sich aber auch ihre beste Seite zeigen. Aufgrund ihrer vielfältigen Interessen entpuppen sie sich als faszinierende Gesprächspartner.

Künstlerisches Temperament. Da IndividualistInnen ihre tiefen Gefühle selten direkt ausdrücken können, greifen sie zu indirekter oder symbolischer Darstellung. Diese Vorliebe führt sie häufig zur Kunst. Viele IndividualistInnen üben einen künstlerischen Beruf aus oder folgen einer künstlerischen Berufung: Schreiben, Schauspielen, Malen, Musik. Doch nicht alle KünstlerInnen sind IndividualistInnen, und nicht alle IndividualistInnen sind KünstlerInnen.

Entscheidungen treffen. IndividualistInnen verwenden ihre kommunikativen Fähigkeiten und ihre Sensibilität, um die Bedürfnisse und Ansichten derjenigen herauszufinden, denen ihre Entscheidungen gelten. Sie locken die Meinungen anderer hervor, weil sie vom Wert und der Wichtigkeit des Individuellen überzeugt sind und weil sie Unterstützung für ihre Entscheidungen brauchen.

Der Mangel an Spontaneität hat sie zu bedächtigen Menschen gemacht, die alle Wahlmöglichkeiten untersuchen müssen. Deshalb treffen sie Entscheidungen weder leicht noch schnell, aber sie treffen sie. Fühlen sie sich bedroht, so werden sie ihre Entscheidungen auf eine Analyse der eigenen Gefühle und Bedürfnisse gründen. Fühlen sie sich sicher, so werden ihre Entscheidungen die Interessen der Mehrheit respektieren.

Haben sie eine Entscheidung gefällt, so sind sie für gewisse Zeit bereit, ihre Gründe zu erläutern. Auf längere Meinungsverschiedenheiten jedoch reagieren IndividualistInnen mit großem Zorn, werden ungeduldig, fühlen sich abgelehnt und mißverstanden. IndividualistInnen stehen hinter den Entscheidungen, die sie einmal getroffen haben. Selbst Widerständen treten sie zuversichtlich gegenüber, weil sie der Meinung sind, ihre Entschiedenheit beruhe auf Objektivität und auf Achtung vor dem Individuum.

Führungsstil. IndividualistInnen ringen stets um einen eigenen Führungsstil. Meist wird dieser eine Mischung aus persönlicher Beziehung, Sensibilität, Kreativität und explosivem Temperament sein. Wenn ihre Untergebenen lernen, die jeweilige Tagesstimmung zu erkennen und sich darauf einzustellen, kann die Zusammenarbeit herausfordernd, anregend und erfüllend sein. Lernen sie es nicht, so werden sie das Leben unter der Führung von IndividualistInnen ziemlich schwierig finden.

IndividualistInnen beschäftigen sich nicht allzu sehr mit Einzelheiten und delegieren deshalb Verantwortung schnell, manchmal zu schnell. Wenn jemand den hohen Anforderungen der IndividualistInnen entspricht, haben sie das Gefühl, die betreffende Person mache ihnen ein persönliches Kompliment, zolle ihrer Führungsrolle Respekt. Wehe aber demjenigen, der Verantwortung übernimmt, dabei aber versagt oder nicht durchhalten kann. Da IndividualistInnen alles persönlich nehmen, erleben sie Inkompetenz, Sorglosigkeit oder Schlampigkeit anderer als persönliche Beleidigung.

Da IndividualistInnen in bezug auf Sachkenntnis und Geschick übergenau sind, wollen sie wegen ihrer Fähigkeiten anerkannt und respektiert werden. Aber im gleichen Maße respektieren sie auch andere in ihrem jeweiligen Spezialisierungsbereich. Schwierig wird es nur, wenn die eigenen Fähigkeiten nicht anerkannt werden oder wenn andere, denen der nötige Hintergrund fehlt, sich mit ihnen auf gleicher Ebene auseinandersetzen wollen.

IndividualistInnen neigen dazu, Tatsachen durch Gefühle zu deuten. Für jemanden, der am besten auf einer unpersönlichen Ebene arbeitet, stellt dieser personalisierte Zugang eine beträchtliche Quelle des Ärgers dar. Der scharfe Sinn für eine bestimmte Gefühlsatmosphäre in ihrer Umgebung kann IndividualistInnen helfen, potentiell explosive Situationen zu entschärfen. Wollen sie andererseits ihre Führungsqualitäten voll ausnutzen, so müssen sie lernen, Dinge nicht persönlich zu nehmen.

Familienleben und Freundeskreis

Am meisten sehnen IndividualistInnen sich danach, erkannt und verstanden zu werden, fürchten andererseits aber auch die Verantwortung für und die Anforderungen in persönlichen Beziehungen. Deshalb zeigen sie anderen

Menschen nur bestimmte Bereiche ihres Wesens. Anschließend sind sie traurig, daß niemand sie wirklich gut kennt. Sie haben selten den Eindruck, daß ein Gespräch wirklich gelungen ist oder daß jemand sie wirklich verstanden hat.

Beziehungen unter ihresgleichen. Ein seltener und magischer Augenblick der Einheit mit einem anderen Menschen kann IndividualistInnen mit derartiger Dankbarkeit erfüllen, daß sich daraus eine lange und loyale Freundschaft entwickeln läßt.

Beziehungen unter ihresgleichen behandeln sie deshalb als heilig. Die Gelegenheit, Zeit mit einem Freund, einer Freundin zu verbringen, hat höchste Priorität, auch wenn sie sich plötzlich ergibt, und kann mühelos alle anderen Pläne und Aufgaben des Tages beiseite wischen.

Maßstäbe in Freundschaften. Aufgrund ihrer starken Abwehrhaltung, die sich aus der Angst vor Ablehnung oder Lächerlichkeit ergibt, setzen IndividualistInnen die Maßstäbe für Freundschaften so hoch an, daß nur wenige ihnen je genügen können. Ihre Sehnsucht, Freunde oder Freundinnen nach ihrem eigenen Bilde neu zu schaffen, mit den gleichen tiefen Gefühlen, kann zu schweren Problemen führen, die für eine Beziehung eine Prüfung oder sogar das Ende sein können.

Zerbricht eine Freundschaft, so entlasten IndividualistInnen sich, indem sie denken oder sagen: »Hättest Du nur verstanden, wie ich fühle, so hättest Du mir zugestimmt.« Da IndividualistInnen glauben, daß das Leben ohnehin zu hart für sie ist und daß die Welt ohnehin zu viel von ihnen erwartet, gehen sie davon aus, daß die anderen die nötigen Veränderungen vornehmen müßten. Widersetzt sich eine andere Person dieser Forderung, so denken IndividualistInnen, die Beziehung sei wahrscheinlich sowieso nicht wert, fortgeführt zu werden. Sie trösten sich mit der Sicherheit, daß die andere Person ihren großen Verlust später einsehen und noch lange nach Abbruch der Verbindung bedauern wird.

Wichtigkeit der Tradition. Aus der Fähigkeit und dem Bedürfnis von IndividualistInnen, Vergangenheit und Gegenwart zu verbinden, ergibt sich der Respekt und die Wichtigkeit, die sie Traditionen beimessen. Traditionen werden ihnen zum lebenden Beweis und Mahnmal der eigenen Stabilität und Stärke. Ihre Liebe und ihr Verständnis für Geschichte drückt sich deutlich in einem Wertesystem aus, daß zur Quelle von Gesetz, Ordnung und Sicherheit wird. Kommt es zu einer Fehlinterpretation, so erleben diejenigen, die den IndividualistInnen nahestehen, deren Traditionsliebe als Forderung nach unbeirrbarem Gehorsam und Loyalität.

Glaubensüberlieferungen, Geschichten, Kunst, Musik und Symbole werden auf der persönlichen Lebensreise von IndividualistInnen häufig zur Kraftquelle. Ihre große Intoleranz für ein mittelmäßiges Leben sorgt dafür, daß ihr Leben intensiv wird.

Stilgefühl. Die Privatsphäre von IndividualistInnen wird im Rahmen ihres jeweiligen Stils oder Geschmacks stets elegant und stilvoll sein. Ihre persönlichen Räume gestalten sie ungewöhnlich und schön, als sicheren Hafen vor der Welt. Es ist ihnen wichtig, bei anderen als niveauvoll, vornehm und elegant zu gelten. Leider erscheinen sie dabei häufig hochtrabend, spröde und unnahbar.

Mittelpunkt der Aufmerksamkeit. Am sichersten und am meisten geliebt fühlen IndividualistInnen sich, wenn ihnen längere Zeit hindurch die ungeteilte Aufmerksamkeit einer anderen Person zuteil wird. Erst wenn sie von Beschränkungen durch Pläne und Termine frei sind, können sie die Feinheiten ihres inneren Selbst offenbaren. Sie müssen mit einem Menschen sehr viel Zeit verbringen, bevor sie sich überzeugen lassen, daß er oder sie sie versteht. Ihr zwanghafter Drang, verstanden zu werden, läßt sie all ihre Gefühle und Vorstellungen vom Leben erklären, wieder erklären und noch einmal erklären. Diese ständige Sucht, verstanden zu werden, kann anderen sehr auf die Nerven fallen. Außerdem erwarten sie von anderen ständige Bewunderung für ihre Gaben und Talente. Da sich dieses Verlangen nach Aufmerksamkeit aus Minderwertigkeitsgefühlen speist, kann es für IndividualistInnen zum größten Stolperstein werden.

Positive Eigenschaften

Wenn IndividualistInnen reifen und Wandlungsprozesse durchlaufen, entwickeln sie viele bemerkenswerte Fähigkeiten. Sie haben ein feines Gespür und Urteilsvermögen für das Schöne und Elegante. Sie können charmant sein, aber auch loyal in Freundschaften und tiefes Mitgefühl für andere empfinden. Wenn sie die für die Entwicklung von Spiritualität notwendige Zeit aufbringen, können sie sich sehr genau in andere einfühlen und dadurch Leid verstehen, das weniger empfindsame Menschen übersehen würden.

Durch ihre Fähigkeit, Gefühle und Gedanken von Menschen zu klären, die verwirrt sind und ihrem Innenleben keinen Sinn mehr abgewinnen können, können sie andere inspirieren, neue Bewußtseinstiefen zu erreichen. Sie sind originelle, klare DenkerInnen, die weise und wirksame LehrerInnen werden können. Andere können sich auf ihr strukturiertes Denken, ihre Stabilität und Selbstdisziplin stützen.

IndividualistInnen sind zuverlässige Menschen, die die Vielfalt des Lebens lieben. Gemeinsam mit ihrem Bedürfnis nach Fortschritt können diese Qualitäten ihnen finanziellen Erfolg einbringen. Ihre intuitive und praktische Begabung sowie ihre Urteilskraft ermöglicht es ihnen, auf den verschiedensten Wegen ins Geschäftsleben einzutreten. Lernen sie, von sich abzusehen, so können sie ihre persönlichen Gaben dafür einsetzen, greifbare, praktische Produkte zu entwickeln, die der Menschheit dienlich sind. Um eine ausgewogene Lebenseinstellung zu behalten, müssen diese gefühlvollen Menschen genügend Zeit allein und entspannt verbringen können.

Denken wir daran: Alle negativen Eigenschaften der IndividualistInnen sind nichts als Verzerrungen der Stärken und positiven Qualitäten dieses Musters.

Fünf: Die BeobachterInnen

> Wir verstellen uns meist nicht deshalb, um das Böse und Häßliche in uns zu verbergen, sondern unsere Leere. Am schwersten läßt sich verbergen, was gar nicht da ist.
>
> Eric Hoffer

Fragen

1. Wünschen Sie sich oder brauchen Sie sogar viel Zeit, um allein zu sein und die wichtigen Fragen des Lebens zu bedenken und zu sortieren?
2. Haben Sie einen unersättlichen Durst nach neuen Erfahrungen, Abenteuern oder neuem Wissen, und sind Sie durch Wiederholungen schnell gelangweilt?
3. Unterscheidet sich Ihre Meinung häufig von der Meinung anderer, und sind Sie oft erstaunt über den Mangel an Rationalität hinter den Schlußfolgerungen anderer?
4. Genießen Sie es, monatelang, sogar jahrelang über ein Projekt zu sprechen und es zu planen, verlieren jedoch ihre Begeisterung bei der Aussicht, mit der harten Arbeit der tatsächlichen Durchführung zu beginnen?
5. Fühlen Sie sich in persönlichen Beziehungen häufig frustriert und ziehen Sie sich zurück, weil andere Ihre Absichten mißdeutet haben?
6. Sind Sie bei Entscheidungsprozessen in Gruppen meistens ungeduldig, werden unruhig und gereizt, wenn andere über unzusammenhängende und unwesentliche Fragen reden und reden können?
7. Neigen Sie dazu, das Absurde am Leben zu sehen, und genießen Sie es, andere damit aus der Fassung zu bringen, daß Sie geistreich und humorvoll auf das Lächerliche hinweisen?
8. Legen Sie großen Wert auf Individualismus, persönliche Freiheit und Abstand, und sind Sie leicht für alles Neue, Unerwartete und Unerforschte zu interessieren?
9. Sind es hauptsächlich andere, die Ihre sozialen Beziehungen einleiten, selbst wenn Sie dabei sein wollen oder Kommunikation in irgendeiner Form wünschen?

Innere Situation

BeobachterInnen sind sachorientierte Menschen, deren Denken und Rechnen auf die äußere Welt gerichtet ist. Ihr Ziel ist die Objektivität, und ihre Methode ist, in einer Welt der Vorstellungen zu leben, als sei es die äußere Welt.

Aus ihrem geheiligten Elfenbeinturm schauen BeobachterInnen kühl und leidenschaftslos auf die Welt. Sie glauben, daß nur Abstand eine Objektivität ermöglicht, mit der sie die wahre Bedeutung aller Fragen, Menschen oder Situationen erfassen können. Diese Trennung von der Welt trennt sie auch von ihren wahren inneren Stärken der Kommunikation, der Sensibilität und Vielseitigkeit. Nachdem sie Daten gesammelt haben, ziehen sie sich in innere Klausur zurück, um nachzudenken, zu rechnen und schließlich alles Beobachtete in einem Muster neu anzuordnen, das ihnen logisch erscheint.

BeobachterInnen fühlen sich in einer inneren Leere gefangen und wollen diese vermeiden. Ihre fehlgeleitete Motivation führt zu einem Ringen um Wissen. Ihr Hauptlebensthema ist das Wissen, und ihre seelische Hauptabhängigkeit die Gier.

Lebenshaltung

BeobachterInnen erleben die Welt als faszinierend und interessant, und neigen deshalb dazu, die Wirklichkeit zu beobachten, ohne sich darauf einzulassen. Sie möchten beobachten, wissen und verstehen, wie alles zusammenpaßt. Ihre Identität ziehen sie aus Wissen und Assimilieren, deshalb sind auch Verwirrung und Ungenauigkeit ihre Feinde.

Bedürfnis nach Privatsphäre. BeobachterInnen glauben ihre Zeit am besten mit Beobachten, Denken, Berechnen und dem Finden von bedeutungsvollen Strukturen verbringen zu können. Anderen erscheinen sie als geizig mit Zeit und Energie, weil sie sich nur sehr langsam auf etwas einlassen können und eine scheinbar unangemessen lange Zeit brauchen, um im voraus alle denkbaren Folgen abzuwägen.

BeobachterInnen haben Angst, daß Verpflichtungen sie von ihrer Leidenschaft dafür abhalten, allein zu sein und nachzudenken oder sich auf ein Projekt zu konzentrieren, das sie nicht nur interessiert, sondern auch ihre Kreativität freisetzt. Da Zeit und Energie ihnen kostbar ist, gehen sie sparsam damit um und vergeuden sie nicht töricht. Sie sind der Ansicht, daß sie verwirrt und energielos werden, wenn sie nicht genügend Zeit allein verbringen können.

Trennung von der Welt. BeobachterInnen sind von der Welt abgelöste Einzelgänger. Sie haben wenig Respekt für Erkenntniszugänge, die nicht logisch und analytisch sind, und verwenden sie deshalb selten.

Sie neigen dazu, jeden einzelnen Augenblick vom anderen zu isolieren und die gesamte Wirklichkeit aufzuteilen. Ihre Beziehung zur Welt verläuft im wesentlichen nicht direkt, sondern durch ein ausgefeiltes Wahrnehmungssystem, das sie selbst aufgebaut haben. Dieses System besteht aus einem Kategorienraster, das sie zum leichteren Verstehen über die Wirklichkeit legen. Keine zwei BeobachterInnen werden das gleiche System entwickelt haben, und doch sind sie alle der Überzeugung, daß ihr jeweiliges System das beste ist.

Bedürfnis nach Klarheit. BeobachterInnen sind sorgfältige Planer, die eine Vorliebe dafür haben, Probleme immer neu zu definieren, um dabei zu größerer Klarheit und Einfachheit zu gelangen. Auf der ständigen, geistigen Suche nach Genauigkeit steht BeobachterInnen das Potential ihres Einfallsreichtums zur Verfügung, mit Hilfe dessen sie auftretende Hindernisse schöpferisch umgehen können. Durch ihre ständige Suche nach Klarheit werden sie zu Erfindern und originellen DenkerInnen.

Wissensdurst. BeobachterInnen freuen sich, wenn sie als weise bekannt sind. Sie speichern Wissen und teilen es nur mit, wenn jemand die richtigen Fragen stellt. Unreife Informationen abzugeben wäre für sie, wie ein teures Parfüm an die Wüstenluft zu verschwenden. Wahrnehmungen und Wissen haben für sie Selbstwert, und sie sehen keine Veranlassung, sie sofort in praktischen Nutzen umzusetzen.

BeobachterInnen werden von einem Gefühl der inneren Leere geplagt. Und Wissen ist der Stoff, mit dem sie den Hohlraum füllen. In ihrer Suche nach mehr Wissen stellen sie häufig riesige Bibliotheken mit Büchern und anderem Lehrmaterial zusammen. Sie fühlen sich oft dazu gedrängt, in einem bestimmten Bereich zu ExpertInnen zu werden und sammeln in diesem gewählten Sachbereich eine vollständige Bibliothek an. Sie lieben den Realismus und sammeln in vielen Interessensbereichen Fakten.

Entscheidungen treffen. Obwohl BeobachterInnen dauernd Entscheidungen fällen, betrachten sie sich selbst nicht unbedingt als Entscheidungsträger. Statt dessen haben sie den Eindruck, nichts weiter zu tun, als die einzig logische Lösung zu einer vorliegenden Frage zu liefern.

In Beziehungsangelegenheiten neigen BeobachterInnen jedoch dazu, Entscheidungen zu meiden, und überlassen sie gern denen, die sie für qualifizierter halten. Ihr Zugang ist eher unpersönlich, und sie übersehen leicht die Gefühle anderer, während sie die hervorstechenden Fakten untersuchen. Werden BeobachterInnen gefragt, so gehen bei Entscheidungsprozessen Tatsachen immer vor Gefühl.

Sie erforschen Fakten gründlich, ordnen die Informationen methodisch und kommen zu logischen Schlußfolgerungen. Da sie Entscheidungen schnell treffen können, sind sie häufig ungeduldig mit dem Entscheidungsprozeß innerhalb einer Gruppe. In Komitees z.B. haben sie oft den Eindruck, daß andere nicht ausreichend vorbereitet sind und deshalb wertvolle Zeit verschwenden, indem sie bereits erledigte Punkte aufwärmen oder Details, die nicht weiterbringen, in den Mittelpunkt stellen. BeobachterInnen fällt es am schwersten, sich für die Untersuchung und Einschätzung alternativer Gesichtspunkte zu öffnen.

Sind Sie für Entscheidungen verantwortlich, planen sie alle möglichen Hindernisse bereits im voraus ein. Deshalb können sie bei anderen den Eindruck erwecken, zuviel Zeit für die Planungsphase zu verwenden. Beginnen sie jedoch einmal mit einem Projekt, so wird es schnell vonstatten gehen und spätere Korrekturmaßnahmen sind selten nötig. Mit einer Präzision, die andere verblüfft, sind alle Einzelheiten in Betracht gezogen worden.

Führungsstil. BeobachterInnen sind eigenwillige Menschen, die in einer Organisation oder in einem Projekt gern die Führung übernehmen. Sie sind davon überzeugt, daß sie die benötigten Informationen, das Wissen und den Einfallsreichtum zur Leitung entweder besitzen, sich leicht aneignen können oder jemanden finden, der die erforderlichen Qualifikationen besitzt. Diese Selbstüberzeugung können sie anderen gegenüber auch auf taktlose und überhebliche Weise vertreten.

Schlüssel zu den Führungsqualitäten von BeobachterInnen ist ihre Offenheit, ihre Fähigkeit sich auf Neues einzulassen. Obwohl sie keineswegs rebellische Typen sind, sind sie sich doch der Folgen bewußt, die durch ein zu enges Festhalten an der Vergangenheit entstehen können. Sie fördern den Fortschritt mit Logik und Humor, indem sie andere animieren, alte und überholte Vorstellungen oder Praktiken abzulegen.

Die schwierigsten und frustrierendsten Probleme entstehen für BeobachterInnen bei Führungsaufgaben infolge ihrer unterentwickelten zwischenmenschlichen Fähigkeiten. Im allgemeinen teilen sie sich nämlich zu wenig mit. Und wenn sie es tun, benutzen sie dabei häufig einen herablassenden und bestimmenden Ton, der andere beleidigen und verärgern kann.

BeobachterInnen sind sich sicher, daß ihr System des Wissenserwerbs den anderen überlegen ist. Da sie sich zur Informationsverarbeitung zurückziehen, widersprechen ihre Wahrnehmungen häufig denen aller anderen Beteiligten; und sie finden gewöhnlich in allen ihnen vorgelegten Plänen oder Vorstellungen Fehler. Für diejenigen, die mit oder für BeobachterInnen arbeiten, kann diese Eigenschaft sich als nervenaufreibend erweisen.

MitarbeiterInnen oder Angestellte von BeobachterInnen unterbreiten z. B. einen Vorschlag im Glauben, daß die anstehenden Fragen damit geklärt seien, und erhalten ihn kurz darauf mit Anmerkungen und Streichungen zurück, die tiefgreifende Änderungen nach sich ziehen. Kommt dies wiederholt vor, so verlieren Mitarbeiter natürlich ihre Begeisterung und die Freude an der Arbeit, wie auch die Fähigkeit, Eigeninitiative und Kreativität zu entwickeln.

Die Führungsqualitäten von BeobachterInnen lassen sich nur soweit verwirklichen, wie sie ihre Fähigkeit zu zwischenmenschlichen Beziehungen ausbauen.

Familienleben und Freundeskreis

BeobachterInnen halten dem täglichen Familienleben gegenüber innerlich Distanz. Obwohl sie körperlich anwesend sind, versuchen sie doch eine Position als objektive Dritte gegenüber allen Verwirrungen oder Meinungsverschiedenheiten einzunehmen, die auftauchen könnten. Die Energie, die andere auf widerstreitende Gefühle verwenden können, bringt sie aus der Fassung und macht es ihnen unmöglich, ein rationales Verhalten an den Tag zu legen. Darum erscheint es ihnen als einzig vernünftige Lösung, weiterhin über den Dingen zu stehen.

Lernerfahrungen in der Familie. Verbringen BeobachterInnen mit Familienmitgliedern oder der ganzen Familie ihre Zeit, so planen sie dafür interessante und lehrreiche Unternehmungen. Dabei geht es häufig nach draußen oder auf Reisen, denn mit solchen Unternehmungen regen sie auch ihren eigenen Abenteuergeist an. Durch gemeinsame Erlebnisse drückt sich die Verbindung und die Liebe der BeobachterInnen für ihre Familie am deutlichsten aus.

Unpersönliche Begegnung. Weil BeobachterInnen die Ebene von Fakten und Informationen überbetonen, erscheinen sie in persönlichen Beziehungen häufig abwesend, gedankenverloren, für andere nicht greifbar oder unsozial. Es fällt ihnen schwer, Gefühle auszudrücken, weshalb sie sich auf oberflächliche Begegnungen zurückziehen. Obwohl ihnen solche Begegnungen sehr wichtig werden können, bezieht sich ihre Begeisterung nicht auf den persönlichen Kontakt, sondern das dadurch gewonnene Wissen.

Geringschätzung von Gefühlen. Fragt man BeobachterInnen, was sie fühlen, so neigen sie dazu zu berichten, was sie über ihre Gefühle *denken*. Sie halten ihre Gefühle für unwichtig und lassen andere darüber im unklaren. Bemerken BeobachterInnen die zögernden oder negativen Reaktionen anderer Menschen, so ziehen sie sich in ihr Inneres zurück in der Meinung, daß ihnen die sozialen Gaben fehlen, um sich mit anderen wirklich verständigen zu können.

BeobachterInnen leben in einer von Gedanken, Nachdenken und Inspiration bestimmten Welt, die sie davon abhält, den Wert einer tieferen emotionalen Begegnung zu erkennen. Das Gefühl der emotionalen Unzulänglichkeit kompensieren sie durch sporadische, sinnliche Exzesse. Auf derartige Gelage können dann kurzlebige Ausbrüche strenger Selbstdisziplin folgen.

Kommunikationsaufnahme. BeobachterInnen lassen ihre Bedürfnisse oder Wünsche in Beziehungen nicht erkennbar werden. Da sie ihrer selbst unsicher sind und zögern, sich in persönliche Beziehungen zu entwickeln, meiden sie ein mögliches Verletztwerden, indem sie die soziale Initiative einfach anderen überlassen. Viele BeobachterInnen kämen nie auf die Idee, einen Freund anzurufen, jemanden einzuladen oder ein geselliges Treffen zu initiieren. Häufig vermitteln sie sogar den Eindruck, es sei ihnen nicht wichtig, mit dabeizusein, obwohl das doch der Fall ist.

Karge Kommunikation. BeobachterInnen reden nicht leicht, und wenn, so sagen sie etwas nur einmal. Wiederholungen halten sie für langweilig und unnötig. Wenn sie reden, wirken sie bestimmend und penetrant. Sie verschärfen ihre Probleme mit anderen, indem sie ihre Meinung über ein Thema gedanklich genau festlegen und auf sehr knappe Weise mitteilen. Ihre Logik gleicht in ihrer Endgültigkeit einem mit einer Schlußfolgerung abgeschlossenen Traktat. Nehmen andere diese Weisheit nicht an, so schätzen BeobachterInnen sie einfach als oberflächlich ein.

Unwohlsein in Gesellschaft. Da sich BeobachterInnen in Gesellschaft unzulänglich und unwohl fühlen, halten sie sich für nicht liebenswert. Ihr Verhaltensrhythmus in dem sich lange Phasen des Schweigens mit ernsten Aussagen abwechseln, ihre emotionale Zurückhaltung und Unverbindlichkeit können andere verärgern. Schweigen sie, so fühlen andere sich nicht wohl, weil BeobachterInnen absichtlich den Eindruck vermitteln, sie wüßten mehr, als sie sagen.

Selbständigkeit. BeobachterInnen sind der Auffassung, daß jeder Mensch mit Hilfe genauer Planung und korrekter Durchführung sein Leben im Griff haben könnte. Verlaufen die Dinge anders als geplant, denken sie oft sehr schnell, daß die Unfähigkeit anderer die Sache verdorben hat. Fühlen BeobachterInnen sich von anderen im Stich gelassen, so versuchen sie, selbständiger zu werden und Stabilität ausschließlich bei sich selbst zu finden.

Da BeobachterInnen nur schwer zugeben können, daß sie etwas nicht wissen, ist es für sie fast undenkbar, andere um Hilfe zu bitten. Weil sie vermeiden möchten, anderen etwas schuldig zu sein, versuchen sie vorhandene Hindernisse selbst zu beseitigen. Das macht sie einfallsreicher. Obwohl sie es aus Angst vor Ablehnung nicht riskieren werden, sich in das Leben anderer einzumischen, kennen doch die Angehörigen des engeren Familien- oder Freundeskreises ihre starke und liebevolle Fürsorge und wissen, daß sie um alles bitten können.

Positive Eigenschaften

Wenn BeobachterInnen reifen und Wandlungsprozesse durchlaufen, entwickeln sie viele attraktive Eigenschaften. Ihr Wissensdurst, ihr Interesse an Menschen und der Welt ist nicht zu unterdrücken; deshalb sind sie auch gute Zuhörer. Von neuen Vorstellungen oder Ideen fühlen sie sich nicht bedroht und sind daher die idealen KandidatInnen, um Wachstum und Wandel zu vertreten. Sie können Fortschritte auf clevere und humorvolle Weise in logischen und leicht annehmbaren Begriffen darstellen.

BeobachterInnen lieben das Abenteuer und die Freiheit. Sie sind sehr mutig. Mit neuen Möglichkeiten zu experimentieren regt sie an und stimuliert sie. Dennoch sind sie selten rebellisch, denn sie haben vor der Vergangenheit große Achtung. Als spirituelle Menschen können sie andere mit wertfreier Haltung akzeptieren und dadurch zu Übermittlern von Unabhängigkeit und Verantwortlichkeit werden. Sie versetzen dadurch andere in die Lage, ihre eigene, innere Weisheit zu entdecken und aus ihr zu handeln.

Der Absurdität des Lebens gegenübergestellt bezaubern BeobachterInnen andere Menschen durch trockenen Witz oder erfreuen sie mit direktem, derbem Humor. Entwickeln sie sich weiter, so werden sie zu gefragten Gefährten und erleben sich, zu ihrer großen Überraschung und Freude, als sehr attraktiv für das andere Geschlecht.

Denken wir daran: Alle negativen Eigenschaften der BeobachterInnen sind nichts als Verzerrungen der Stärken und positiven Qualitäten dieses Musters.

Sechs: Die MitstreiterInnen

> Der größte Fehler, den man im Leben machen kann,
> ist, ständig Angst davor zu haben, einen Fehler zu
> machen.
>
> *Elbert Green Hubbard*

Fragen

1. Gibt es Ihnen Kraft, wenn Sie morgens aufstehen und einen Tagesplan voll verschiedener Aktivitäten vor sich haben?
2. Haben Sie Gäste am liebsten in Ihrer vertrauten Umgebung, auch wenn Ihnen das mehr Arbeit macht?
3. Würden Sie sagen, daß die Hingabe an Heim, Familie, Ehe und Gemeinschaft die Hauptwerte sind, aus denen sie leben?
4. Fühlen Sie sich, da Sie Verantwortung sehr ernst nehmen, von den vielen Menschen überlastet, die ein unverantwortliches Leben führen, oder lehnen Sie solche Menschen ab?
5. Müssen Sie im allgemeinen, bevor Sie eine Entscheidung fällen, die Meinungen der anderen – der Familie, der Freunde und MitarbeiterInnen – einholen?
6. Mißtrauen oder ärgern Sie sich über Menschen, die versuchen, die »Grauzonen« des Lebens zu rechtfertigen oder gar auszudehnen, da Sie selbst sehr klare Weltanschauungen vertreten?

7. Fühlen Sie sich den Menschen, die Ihnen wichtig sind, stärker verbunden, wenn Sie über die Einzelheiten ihres Lebens regelmäßig Bescheid wissen?
8. Arbeiten Sie hart und organisieren Sie alles ganz genau – so weit, daß Sie sogar Ihre Freizeit und Ihre Urlaubszeiten durchplanen?
9. Hätten Sie mehr Vertrauen und größere Loyalität gegenüber einer Autoritätsperson, die genaue Regeln niederlegt, als in eine, die sich flexibel zeigt und sich dem Fluß der Dinge anpaßt?

Innere Situation

MitstreiterInnen sind sachorientierte Menschen, die ihre eigene Entscheidungsfähigkeit unterdrücken, um eine harmonische Beziehung zu anderen aufrechterhalten zu können. Sie sind aber auch gesellige Menschen, die ständig Kontakt zu einer stabilen Gruppe mit klar definierten Werten suchen. Dieses Bedürfnis rührt bei ihnen aus dem Erlebnis einer alles durchdringenden Unsicherheit her. Sie verlassen sich gern auf die Stabilität und die Werte einer Gruppe, um diesen Mangel an Selbstbewußtsein und innerer Autorität zu kompensieren.

Die MitstreiterInnen fühlen sich, wie Bürokraten, am sichersten, wenn sie mit Gesetzen, Regeln und Bestimmungen in Einklang sind. Der Preis für diese Anpassung wird in ihrer Unfähigkeit deutlich, Entscheidungen zu fällen oder schöpferische Lösungen zu entwickeln.

MitstreiterInnen fühlen sich in einer ständigen Abweichung vom Gesetz gefangen und möchten diese vermeiden. Ihre fehlgeleitete Motivation führt zu einem starken Sicherheitsdrang, der sie zwingt, Regeln genau einzuhalten. Ihr Hauptlebensthema ist das Risiko und ihre seelische Hauptabhängigkeit die Angst. Besonders die Angst, nicht zu passen, etwas falsch zu machen, oder diejenigen, die ihnen wichtig sind, nicht zufriedenzustellen.

Lebenshaltung

MitstreiterInnen betrachten die Welt unter der Perspektive des Risikos. Aufgrund ihres Bedürfnisses, sich durch eine Gruppe vor dem Leben zu schützen, nehmen sie deren Maßstäbe an, ob sie nun mit ihnen übereinstimmen oder nicht. Gelingt es ihnen nicht, innere Werte oder einen Punkt innerer Festigkeit im Leben zu finden, so wird ihnen schließlich jede Situation zu einem subtilen Auslöser der Angst.

Bedürfnis nach einem Programm. MitstreiterInnen sind aktiv, um sich vom Nachdenken über ihre Ängste und Befürchtungen abzuhalten. Freizeit liegt ihnen schwer auf der Seele und wird gern durch sorgfältige Verplanung des Lebens vermieden. Doch kann ihre Freude an Aktion auch zu Verwicklungen und übermäßigem Engagement führen. Angesichts einer scheinbar offenen Stelle im Kalender werden manche MitstreiterInnen ihr Programm sogar verdoppeln, um für eine mögliche Absage in letzter Minute noch vorzusorgen.

Verantwortung und Überengagiertheit. MitstreiterInnen begegnen ihrer ständigen unterschwelligen Angst auf zweierlei Weise. Ohne nachzudenken, übernehmen sie Verantwortung für Menschen und Situationen und gewinnen dadurch das Gefühl, ein notwendiger und wesentlicher Bestandteil einer Organisation oder Gruppe zu sein. Sie sind sich dann sicher, nicht ausgeschlossen zu werden. Außerdem brauchen sie, solange sie eine Angelegenheit selbst in der Hand halten, keine Angst zu haben, daß eine wichtige Sache nicht erledigt wird. Im weiteren versuchen MitstreiterInnen die Dinge, vor denen sie Angst haben, zu erobern. Täten sie es nicht, würden sie sehr bald völlig ineffektiv und schließlich zu einsamen Einsiedlern werden – der Zustand, den sie am meisten fürchten. MitstreiterInnen werden häufig als Bedrohung wahrnehmen, was andere für eine erfreuliche Herausforderung halten. Doch müssen sie sich diesen inneren Dämonen stellen und ihre Ängste überwinden, damit sie nicht ausgeschlossen oder als inkompetent betrachtet werden.

Vorsicht. MitstreiterInnen gehen nur berechenbare Risiken ein. Bevor sie sich auf ein Projekt einlassen, überzeugen sie sich davon, daß sie gute Aussichten haben, es zu vollenden. Wenn sie neues Wissen annehmen sollen, zeigen sie sich häufig vorsichtig und oft auch skeptisch. Da sie ihrer eigenen Entscheidungsfähigkeit nicht vertrauen, verlassen sie sich lieber auf das Bekannte und wiederholen, was sie schon einmal gemacht haben.

Wird eine neue Idee vorgeschlagen, so werden sie dazu bemerken, daß die betreffende Angelegenheit noch nie auf diese Weise behandelt worden sei, oder sie werden fragen, warum das flicken sollte, wo kein Loch ist. Wissen kann jedoch Autorität und Verantwortung steigern, weshalb die Suche nach neuen Kenntnissen für diese gewissenhaften Menschen eine ernsthafte Angelegenheit ist.

Mangel an innerer Autorität. Mit dem Gesetz, einer Regel, einer Tradition oder im Umgang mit ihrer Verantwortung im familiären Umkreis können MitstreiterInnen unerschütterlich sein. Doch fühlen sie sich ohne solche Rückendeckung schwach und unentschieden. Ihnen fehlt das Selbstvertrauen, ihre persönlichen Beobachtungen und Meinungen frei zu äußern. Sie verlassen sich statt dessen lieber auf den Glauben an die Autorität als auf den Glauben an sich selbst.

Es fällt ihnen schwer, mit plötzlichen oder schnell auftretenden Problemen umzugehen, da sie keiner Vorgabe folgen können. Ihre Ausdrucksweise kann in solchen Situationen stockend werden, weil sie sich innerlich fragen, ob das nächste Wort, die nächste Aussage auch passend genug ist.

Zwiespältige Beziehung zur Autorität. Zu Autoritätspersonen haben MitstreiterInnen ambivalente Beziehungen. Sie brauchen die Richtlinien, Anweisungen und Vorgaben einer Autorität, um sich sicher zu fühlen. Sie suchen sich eine dementsprechende Autoritätsquelle und blicken dann bei allen Entscheidungen auf diese Person. Eine solche »Autorität« kann manchmal der Partner oder die Partnerin in einer Beziehung sein.

Haben die MitstreiterInnen aber einmal eine Autoritätsperson gefunden, so können sie eine sture, widerspenstige Ader entwickeln. Sie behalten sich dann nämlich die Entscheidung darüber vor, welche Gesetze sie einhalten, welche sie beugen und welche sie brechen werden. Sie wollen den Schutz, den die Autorität zu geben vermag, ärgern sich aber darüber, durch bestimmte Forderungen und Erwartungen eingeschränkt zu werden. Diese ärgerliche Abwehr kann auch verdeckt ausbrechen; und doch erwarten sie von der Autorität, daß sie ihr Problem errät und Maßnahmen ergreift.

Übersieht die Autorität diese Hinweise oder reagiert einfach nicht, so können MitstreiterInnen damit beginnen, die Autorität durch Gerüchte zu unterminieren oder Untergruppen zu schaffen, die von der anerkannten Führungsmacht abweichen. Oft wählen MitstreiterInnen auch die Lösung, sich einfach einer Konfliktsituation abrupt zu entziehen, ohne eine Erklärung zu geben oder zu diskutieren.

Entscheidungen treffen. MitstreiterInnen haben eine natürliche Neigung zur Teamarbeit. Im Privatbereich wie auch in der Öffentlichkeit werden MitstreiterInnen die Meinungen anderer erfragen und Entscheidungen im Dialog klären. Obwohl sie das Urteil anderer Menschen achten, ist das Erfragen ihrer Vorstellungen noch keine Garantie dafür, daß die abschließende Entscheidung auch auf demokratische Weise zustandekommen wird. Sind sich die Gruppenmitglieder nicht einig, so können MitstreiterInnen auch dazu übergehen, Abweichende zu ihrer eigenen Denkweise zu überreden. Im allgemeinen ziehen sie Einstimmigkeit vor, denn dadurch erhalten sie die Sicherheit und den Schutz einer von allen getragenen Verantwortung.

Die Stärke der dialogischen Haltung von MitstreiterInnen liegt in dem Gefühl der Mitwirkung und gemeinsamen Verantwortung, das sich aus persönlicher Beteiligung ergibt. Die Schwäche liegt im zwanghaften Bedürfnis der MitstreiterInnen, sich dadurch persönlichen Schutz zu verschaffen, daß alle Entscheidungen offen oder verdeckt im Dialog gefunden werden. Dieses Bedürfnis zeigt die Unsicherheit und den Mangel an innerer Autorität, der die MitstreiterInnen dazu bringt, auf persönliche Verantwortung für ihre Entscheidungen zu verzichten.

Von der Gruppe oder unabhängig getroffene Entscheidungen werden von den MitstreiterInnen langsam, sorgfältig und verantwortlich ausgeführt. Sie lassen sich Zeit dabei, sich zu informieren, zu erklären und auftretende Schwierigkeiten zu diskutieren.

Führungsstil. Die Führungsqualitäten der MitstreiterInnen finden den besten Ausdruck, wenn ihre Verantwortung klar definiert ist und sie bewährten Vorgehensweisen folgen können. Regelmäßige, geplante Kommunikation mit Vorgesetzten und Untergebenen ist hierbei sehr förderlich. Bricht das Kommunikationssystem zusammen, werden MitstreiterInnen frustriert und wütend. Ein Mangel an Verbundenheitsgefühl fördert ihre Unsicherheit und ihre Angst, daß sie etwas falsch gemacht haben oder daß die Organisation Sinn und Richtung verloren hat.

Obwohl sich mehrere Persönlichkeitsmuster im Enneagramm durch standardisierte Systeme eingeschränkt fühlen, ist das Erleben der MitstreiterInnen genau umgekehrt. Systeme geben ihnen die Freiheit, flexibel, objektiv und beziehungsfähig zu werden. Innerhalb klarer Parameter können MitstreiterInnen ihre beträchtliche Energie dazu verwenden, andere zu bestätigen, zu unterstützen und zu hohen Leistungen zu ermutigen. In einer solchen Umgebung sind sie wegen ihres Einsatzes, ihrer Gerechtigkeit und Ehrenhaftigkeit bekannt. Doch selbst in idealen Situationen können MitstreiterInnen schnell starr und unflexibel werden, sobald plötzliche Veränderungen, unerwartete Probleme oder Hindernisse auftreten.

Als überverantwortliche Traditionalisten verlassen sie sich auf das Bekannte. Sie passen lieber bewährte Techniken an, als nach neuen Zugangsweisen zu suchen. Stoßen MitstreiterInnen auf Widerstand, so werden sie stur und feindselig und erläutern allen, die es hören wollen, wie effektiv ihr Ansatz gewesen ist.

In diese selbstgerechten Verkündigungen flechten sie Klagen darüber ein, wie sehr die anderen es versäumt haben, ihren Verantwortlichkeiten oder Verpflichtungen gerecht zu werden. Werden MitstreiterInnen von Unsicherheit oder Angst ergriffen, so hindert diese negative Haltung sie daran, neue Möglichkeiten zu erkennen oder nach schöpferischen Lösungen zu suchen. Gerät diese selbstzerstörerische Haltung außer Kontrolle, so kann sie gerade das unterminieren oder zerstören, was die MitstreiterInnen am meisten schätzen: Kommunikation, wechselseitiges Vertrauen und Verbundenheit.

Familienleben und Freundeskreis

Die Mitgliedschaft in einer Gruppe oder einem Gesellschaftskreis vermittelt MitstreiterInnen das Sicherheitsgefühl, nach dem sie suchen, das sie aber selbst nicht finden zu können glauben. Fühlen sie sich mit einer Person oder in einer Gruppe nicht fest genug verankert, so werden sie ängstlich und unsicher. Aufgrund solcher Gefühle können sie hektische Aktivität entwickeln, um den Ort zu finden, an den sie gehören. MitstreiterInnen glauben, auf einen solchen festen Bezugspunkt angewiesen zu sein, um inneren Frieden zu finden.

Aus diesem Grunde sind Freundschaft, Ehe, Heim und Familie im Leben von MitstreiterInnen wichtige Elemente. Haben sie kein Familienleben, so müssen sie sich in einer stabilen Gruppe oder Institution verankern.

Regeln für die Gruppenzugehörigkeit. MitstreiterInnen benutzen Gruppenregeln und Gesetze, um andere auf Linie zu halten. Sie genießen Insidergruppen und Cliquen, da sie in der Anpassung Sicherheit finden. Sind sie in einer Gruppe anerkannt, so aktivieren sie ihre sozialen Fähigkeiten und ihre natürliche Liebenswürdigkeit und stellen sie in den Dienst der Gruppe. Sie wenden sich den Personen am Rande der Gruppe zu und ziehen sie in den inneren Kreis. Doch ist andererseits das Vertrauen in die eigene Gruppe so wichtig, daß sie andere Gruppen mit abweichenden oder gegensätzlichen Normen als Feinde betrachten können. Da sie Gesetze als absolut ansehen, können sie ebenso Personen ausschließen, die von diesen wichtigen Normen abweichen.

Bestätigung. MitstreiterInnen kann man gar nicht oft genug sagen, wie sehr sie akzeptiert und geschätzt werden. Manche haben sogar eine Vorliebe für schriftliche Bestätigungen, die sie immer wieder lesen können. Die mutigeren unter den MitstreiterInnen stellen regelmäßig Fragen, die andere dazu bringen sollen, ihr Verhalten in einer bestimmten Situation oder einem Lebensbereich zu würdigen. In Wirklichkeit haben sie selbst ihre Reaktion oder ihr Verhalten schon als positiv beurteilt, möchten jedoch von einer von ihnen respektierten Person noch einmal eine Bestätigung und Anerkennung bekommen.

Argwohn. Da MitstreiterInnen enge Verbundenheit in der Gruppe brauchen und die Harmonie aufrechterhalten wollen, tun sie sich in Vertrauenssachen schwer. Den wenigen aber, die ihnen Treue bewiesen haben, vertrauen sie völlig. Geselligkeit und Charme überdecken ihren tieferliegenden Argwohn, bis sie überzeugt davon sind, daß sie die Reaktionen des anderen korrekt deuten können. Ihre ständige Sehnsucht nach Bestätigung und ihre Angst vor Ablehnung können sie aus dem Gleichgewicht bringen.

Wichtige Verpflichtungen. Gegenüber ihrer »Familie« sind MitstreiterInnen sehr treu, sei es eine traditionelle Kleinfamilie, eine Gemeinschaft oder eine enge soziale Gruppe, eine Organisation oder eine Firma. In der Familie sind sie getreue LehrerInnen, die hohe Maßstäbe und moralische Werte weitergeben und ausbilden können. Ihre Hingabe an die Familie und ihr Bedürfnis nach Zugehörigkeit machen sie häufig zu den Hütern der Familientradition und -geschichte.

Weil sie sehr auf die Verbindung zur Familie angewiesen sind, erwarten sie auch von anderen Familienmitgliedern, daß sie engen Kontakt halten. Um zum gewünschten Ergebnis zu kommen, zögern sie nicht, bestimmte Druckmittel einzusetzen, wie z.B. Klagen, Nörgeln, Überreden oder Übertragen von Schuldgefühlen. Dadurch werden sie häufig zu den »Anlaufpunkten« in einer Gruppe, zu den Initiatoren von familiären Versöhnungen, von Ferientreffs oder Geselligkeiten. Und schließlich verteilen sie auch die Informationen, die es allen ermöglichen, sich weiterhin verbunden zu fühlen.

Wichtigkeit von Informationen. MitstreiterInnen lieben »Insider-Informationen« über alle, denen sie nahe sind, und können sehr empört sein, wenn ihnen wichtige Informationen vorenthalten werden. Wenn sie alle wirklichen oder vermeintlichen Fakten kennen, haben sie das Gefühl, den Status einer Vertrauensperson zu verdienen. Dagegen sind sie von Selbstzweifeln erfüllt und fühlen sich unsicher, wenn sie nicht den nötigen Informationsstand haben.

Klagen. Obwohl MitstreiterInnen sich in der festen Bindung zu einer Gruppe von ihrer Unsicherheit befreit fühlen und ihrem Bedürfnis entsprechend alles im Dialog austragen können, werden sie oft zu chronischen Kritikern der Gruppe. Gewöhnlich entstehen ihre Klagen aus dem Verdacht, daß sie nicht die Bestätigung und Anerkennung erhalten, die sie zu verdienen glauben. Kommt ihnen jemand in die Quere, so können sie unglaublich nachtragend sein und ihr Schweigen oder ihre sozialen Kontakte als Waffen einsetzen. Über eine wirkliche oder imaginäre Ungerechtigkeit beschweren sich MitstreiterInnen sich bei allen außer der Person, die den Fehler korrigieren könnte. Indem sie ihre Unzufriedenheit nähren, können sie gerade zu ihrem eigenen Schaden zur Quelle von Auseinandersetzungen werden.

Positive Eigenschaften

Wenn MitstreiterInnen reifen und Wandlungsprozesse durchlaufen, entwickeln sie viele liebenswerte Eigenschaften. Sie sind treue und enge Freunde, mutig, enthusiastisch, von ganzem Herzen aufgeschlossen und bereit, für einzelne oder für die Gruppe Opfer zu bringen. Sie setzen ihre beträchtlichen Kräfte zum größeren Wohl der anderen ein.

Sie sind moralisch gute und achtbare Menschen, die ihren Status schätzen. Sie arbeiten hart und erreichen schnell den Kern einer Gemeinschaft, um sich dort sehr stark für das Wohlergehen der anderen einzusetzen. Ihre echte Liebe und ihr Mitgefühl für andere läßt sie im sozialen Bereich, in Lehrberufen oder im mittleren Management arbeiten, wo sie ihre Begabung für Teamarbeit und den Aufbau von Balance und Harmonie anwenden können. Sie können die Werte entdecken und ausdrücken, die auch die zersplittertsten Gemeinschaften zu einem gemeinsamen Ziel zusammenbringen.

MitstreiterInnen haben häufig einen gut entwickelten Humor und ein ansteckendes Lachen; sie übertragen auf ihre Umgebung Wärme und guten Geschmack. Durch diese Vorzüge und ihre Menschenliebe sind sie die meistbesuchten und charmantesten GastgeberInnen. Auch wenn sie künstlerisch begabt sind, sind sie oft bis in ihr mittleres Lebensalter hinein zu sehr an Verantwortlichkeiten oder an bestimmte Gruppenwerte gebunden, um ihr schöpferisches Potential freisetzen zu können.

Denken wir daran: Alle negativen Eigenschaften der MitstreiterInnen sind nichts als Verzerrungen der Stärken und positiven Qualitäten dieses Musters.

Sieben: Die TräumerInnen

> Ernsthafte Dinge können nicht ohne lustige verstanden werden, so wie auch andere Dinge nicht ohne ihr jeweiliges Gegenteil.
>
> *Platon*

Fragen

1. Verspüren Sie in eher ernsten Situationen einen kaum kontrollierbaren Drang, zu lachen oder die Absurdität eines Vorganges hervorheben?
2. Fangen Sie fast automatisch an, über Lösungen nachzudenken, wenn Sie die Probleme in der Welt oder im Leben anderer Menschen sehen?
3. Geht es Ihnen auf die Nerven, wenn Ihnen jemand sagt, wie begabt Sie seien oder was für großartige Möglichkeiten in Ihnen steckten, wo Sie eher spüren, daß dahinter die Erwartung steckt, Sie sollten mit Ihrem Leben etwas Sinnvolleres oder Produktiveres anfangen?
4. Finden Sie intellektuelle Wortgefechte, neue Erfahrungen oder die Möglichkeit, in vorderster Reihe an einer neuen Entwicklung teilzuhaben, anregend, sind jedoch von der Vorstellung eines stabilen, sicheren und routinierten Lebens abgeschreckt?
5. Schätzen Sie die Flexibilität und meiden Sie langfristige Verpflichtungen oder »in Stein gemeißelte« Planungen?
6. Mögen andere Menschen im allgemeinen Ihre Gesellschaft, geben Ihnen jedoch zur gleichen Zeit das Gefühl, daß sie Ihre tiefere, intelligentere und beständigere Seite nicht wahrnehmen?
7. Halten Sie sich für einen guten Gesprächspartner mit einem so breiten Interessensspielraum, daß er Ihnen eine Konversation mit fast jedem Menschen ermöglicht?
8. Gehören Sie zu den Menschen, die noch in vielem, was andere als Müll fortwerfen, weitere Verwendungsmöglichkeiten sehen?
9. Lieben Sie geistige Herausforderungen und suchen Sie danach, um das Leben interessant zu machen und die Langeweile von sich fernzuhalten?

Innere Situation

TräumerInnen sind sachorientierte Menschen, die ihr Denken und Rechnen darauf konzentrieren, sich ihr Leben zu erleichtern. Ihr Geist ist in ständiger Bewegung und fügt die Bausteine des Lebens in unzähligen Varianten zusammen. Es handelt sich um Menschen von hoher Energie, die in ständiger Bewegung sind und manchmal etwas sprunghaft wirken.

TräumerInnen sind sehr intuitive Menschen, die ihrer Zeit durch ihre Ideen häufig voraus sind und ihre persönlichen EPCOT-Zentren und Disney-Welten als Bereich der Träume, Möglichkeiten und Phantasien erschaffen. Unablässig suchen TräumerInnen nach dem Goldschatz am Ende des Regenbogens – nach der makellosen Lösung zur Beendigung des leidvollen menschlichen Daseins.

TräumerInnen fühlen sich in jeder Art von Unwohlsein oder Leid gefangen und versuchen beides zu vermeiden. Ihre fehlgeleitete Motivation führt sie zu einem Ringen um inneres Wohlbefinden und Zufriedenheit. Ihr Hauptlebensthema ist, das Leben zu verbessern; und ihre seelische Hauptabhängigkeit ist die Ummäßigkeit in allem, was ihnen ein gutes Gefühl geben kann.

Lebenshaltung

TräumerInnen erscheint die Welt als ein Ort, an dem man Unwohlsein und Leid erfährt. Deshalb ziehen sie es vor, in ihrem Kopf zu leben. Auf diese Weise schützen sie sich davor, in den Streß des Alltagslebens verwickelt zu werden. Statt dessen machen sie Pläne, um zu retten, zu erlösen und zu verbessern. In dieser Flucht in Bereiche, die andere für Illusion halten, finden sie die Saat des Bewußtseins. Ihr Geist wird rege und kann nach einem Zugang zu den Geheimnissen des Lebens suchen. In übersteigerter Form bewahren die Phantasien sie jedoch davor, innerhalb der Grenzen der Wirklichkeit leben zu müssen.

Liebe zu Planungen. TräumerInnen sind keine Realisten, sondern extreme Optimisten. Gibt es ein Problem, so muß es auch eine Lösung geben. Tritt ein Schmerz auf, so muß es ein Heilmittel geben. In ihrer Sehnsucht nach einem angenehmen Leben lassen sie ihren analytischen Geist Überstunden machen, um sich einen neuen Plan auszudenken.

Fast zwanghaft bringen sie neue Ideen ein und sind der festen Überzeugung, daß der richtige Plan die Dinge von selbst verbessern wird. Diese Besessenheit von Plänen entsteht aus ihrem Verlangen, die Fesseln der Wirklichkeit abzustreifen, und aus dem Glauben, daß es einen perfekten Plan zum Glück geben muß. Diesen Plan zu entdecken, halten sie für ihre vordringliche Aufgabe.

Unrealistische Einstellung. TräumerInnen können von anderen als unbeständige und unrealistische Menschen eingeschätzt werden, die sich mit Visionen vom Schlaraffenland unterhalten, während ihre Schränke leer bleiben. Doch niemand ist sich stärker bewußt, beim Entwurf einer utopischen Lösung versagt zu haben, als die TräumerInnen selbst. Der dadurch ausgelöste Schmerz drückt sie aber nur tiefer in ihre Welt der Phantasie und der Planung, und läßt sie die Entwicklung ihres Charakters aufschieben.

Freude am Abenteuer. So sehr TräumerInnen vor Unbequemlichkeiten zurückschrecken, so sehr blühen sie bei positiven Herausforderungen auf. Sie können das ganze Leben als Abenteuer betrachten, besonders seine schmerzhafte Seite. Wirft man ihnen den Fehdehandschuh hin, so steigt ihr Adrenalinspiegel. Ihr Geist ist mit Visionen gefüllt, wie sie alle in einer Herausforderung steckenden Anforderungen überbieten können.

Ebenso schnell jedoch taucht die nächste Herausforderung auf: Wie sie andere dazu bringen können, ihre Pläne auszuführen. Denn der Gedanke an die harte Arbeit, die zur Ausführung ihrer frisch entworfenen Lösung nötig wäre, schickt sie wieder in die Einsamkeit ihrer Phantasiewelt zurück.

Maßlosigkeit. Die Lebensführung der TräumerInnen wird zu einem gierigen Verzehrer der eigenen Selbstachtung, der nur durch Maßlosigkeit zu befriedigen ist. TräumerInnen können nie genug von dem bekommen, was ihnen Vergnügen bereitet. Ob dies aus Aktivitäten entsteht, die auch andere erfreulich und nun unterhaltsam finden, oder nicht.

Ihr Vergnügen können sie zum Beispiel in ihrer Arbeit ebenso leicht finden wie in ihren sinnlichen Gelüsten. Sie sind der Auffassung, daß es nur wenig im Leben gibt, das sich nicht genießen läßt, wenn man nur will. Läßt sich andererseits etwas nicht genießen, warum sollte man sich darum kümmern? Aufgrund dieser Haltung fällt ihnen der Reifungsprozeß schwer.

Die Anziehungskraft neuer Ideen. Das Verlangen der TräumerInnen nach Vergnügen zeigt sich oft in der Bereitschaft, Neues zu lernen. Die neuesten Ideen ziehen sie gewöhnlich an, doch erweisen sie sich häufig als unfähig, ihr neu erworbenes Wissen im Alltag umzusetzen.

Diese Begeisterung für Neues und Interessantes führt zu einem breiten Interessensspektrum. Sie werden zu MeisterInnen des Trivialen und Hans Dampf in allen Gassen, doch hindert ihre mangelnde Beständigkeit sie daran, die Früchte des für sie so leicht erzielbaren Erfolges zu ernten. Das Leben scheint ihnen häufig durch die Finger zu rinnen, während sie ihre vielfältigen Interessen zärtlich pflegen, statt bei einer davon zu bleiben und sie zu vertiefen.

Hartnäckigkeit. Haben TräumerInnen einen Plan, von dessen Richtigkeit sie überzeugt sind, können sie bei seiner Durchsetzung subtil sein wie ein Elefant im Porzellanladen. Weisen andere Personen den Plan der TräumerInnen weiterhin zurück, so sehen sie ihre Herausforderung darin, ihn zu verfeinern und auf neue Weise so darzustellen, daß die anderen dessen Weisheit schließlich entdecken und übernehmen können. Führt alles nicht zum Ziel, so haben die TräumerInnen noch mehrere andere Pläne auf Lager. Zweifellos wird aber in diesen Plänen der ursprüngliche Plan versteckt sein.

Bei allen Plänen, in die andere Menschen mit einbezogen sind, erwarten TräumerInnen genaue Beschreibungen der Details. Die anderen brauchen, wie in einem Spiel, nur die Leerstellen auszufüllen und den Plan bis zur Vollendung durchzuführen.

Führungsstil. TräumerInnen überlassen die Führerschaft in sozialen oder politischen Organisationen gern anderen, mit den dazugehörigen Verantwortlichkeiten und Kopfschmerzen. Mit ihrem Humor, ihrer Kreativität und ihrer Teamfähigkeit bestätigen und unterstützen sie jedoch die FührerInnen.

Aus mehreren Gründen sind sie in der Geschäftswelt für das Konzept eines Führungsgremiums. Erstens haben sie Schwierigkeiten mit langfristigen Zielen und dem Umgang mit schwierigen Situationen, und verlassen sich für diese Aufgaben gern auf ein Team. Zweitens haben TräumerInnen das große Bedürfnis, von allen gemocht zu werden, und werden deshalb unter Druck eher unmöglichen oder undurchführbaren Dingen zustimmen, als Ablehnung oder Konflikten zu begegnen. In der Teamarbeit übernimmt jedoch das Team die Verantwortung für schwierige Entscheidungen, und die TräumerInnen sind aus dem Schneider. Drittens suchen TräumerInnen ständig nach Möglichkeiten, die Organisation zu verbessern. Im Glauben, daß Veränderungen gleichbedeutend mit Wachstum sind, befürworten TräumerInnen unentwegt Veränderungen, was für andere sehr beunruhigend sein kann. Da sie sich dieser Neigung bewußt sind, erwarten TräumerInnen vom Team, daß es sie bremst, falls sie auf zu schnelle Veränderungen dringen, und ihnen bei der Ausführung von Veränderungen hilft, sofern sie akzeptabel sind.

Mit ihrer Soziabilität, ihrer hohen Energie, ihrer Kreativität und ihrem Bedürfnis nach persönlicher Flexibilität werden TräumerInnen häufig zu Unternehmern. Dabei müssen sie oft andere anstellen, um die von ihnen eingegangenen Verpflichtungen auszuführen. Aufgrund ihrer Menschenliebe und ihrer Fähigkeit, sich mit allen zu verständigen, sind sie für alle vorausdenkenden Organisationen die idealen VertreterInnen.

Entscheidungen treffen. Bevor TräumerInnen eine Entscheidung treffen, untersuchen sie gern alle Seiten des Problems. Deshalb ziehen sie es vor, Entscheidungen im Dialog zu fällen. Wenn sie die Situation gründlich untersucht haben, sind sie sich vorher schon ziemlich sicher, wie die abschließende Entscheidung ausfallen sollte. Trotzdem bleiben sie aber offen für neue Einflüsse oder von anderen angebotene, unerwartete Ansätze.

Bevor eine Entscheidung getroffen wird, führen TräumerInnen gern rege Sachdiskussionen, aus denen sich Verhandlungen und Kompromisse ergeben. Außerdem bekommt ihr Selbstbewußtsein starken Auftrieb, wenn die von ihnen bereits erreichte Entscheidung auch von anderen unterstützt wird.

Wird dieser Prozeß jedoch für andere zu persönlich oder verletzend, so brechen TräumerInnen die gesamte Prozedur entweder ab oder treffen, falls sie die Macht dazu haben, eine unmittelbare Entscheidung, die die Angelegenheit regelt. Mit ihrer indirekten Art, Probleme anzugehen, und ihrem Bedürfnis, alle zufriedenzustellen, lassen sie vieles offen und machen das Ende einer Debatte schwierig. Da TräumerInnen sich nicht gern festlegen lassen, besteht ihr bevorzugter Stil in kurzfristigen Entscheidungen, die ihre Flexibilität erhalten.

Familienleben und Freundeskreis

Mehr als alles andere schätzen TräumerInnen ihre Beziehungen zur Familie und zu engen Freunden; und besonders wertvoll sind ihnen langdauernde Freundschaften. Sie lassen alles stehen und liegen und überwinden jedes Hindernis, um etwas Interessantes mit einer Person zu unternehmen, die ihnen teuer ist.

Naivität. Aufgrund ihres zwanghaften Bedürfnisses, Schmerz zu umgehen, wollen TräumerInnen die tieferen Motive bei sich und anderen ungern anerkennen. Selbst wenn ihnen bewußt ist, daß andere absichtlich verletzend sind oder sie ausnutzen, erklären TräumerInnen dies durch eine Ausrede oder übersehen es. Sie setzen lieber ihren unwiderstehlichen Charme ein und hoffen darauf, daß ein freundlicher Wind die Wolken der Uneinigkeit fortblasen wird.

Da TräumerInnen an das beste in jedem Menschen glauben, können sie durch betrügerische Berechnung oder absichtlich zerstörerisches Verhalten leicht irritiert werden, besonders wenn der Betrüger ein Familienmitglied oder enger Freund ist. Ja, die von ihnen ausgestrahlte Naivität kann hinterhältige Charaktere dazu verleiten, sie auszunutzen.

Großzügigkeit. TräumerInnen neigen dazu, übermäßig großzügig zu sein. Gewöhnlich reagieren sie auf Unglücksgeschichten, selbst wenn sie an die Geschichte nicht glauben und wissen, daß die betreffende Person nur etwas umsonst haben möchte. TräumerInnen wissen mehr, als sie sich anmerken lassen, so daß man ihnen nur sehr schwer wirklich etwas vormachen kann. Doch ist im allgemeinen ihr Bedürfnis nach Konfrontation lange nicht so groß wie ihre Wertschätzung einer guten Geschichte, weshalb andere sie für weitherzig und leichtgläubig halten können.

Stets fröhliche Art. TräumerInnen sind gesellige und angenehme Menschen. Andere fühlen sich von ihrer optimistischen Art schnell angezogen. Sie lieben es, über die Vorzüge anderer Menschen zu reden. In jedem Gespräch sehen sie eine Gelegenheit, Menschen miteinander in Verbindung zu bringen, indem sie ihre wundervollen Eigenschaften hervorheben.

Ihnen ist aber nicht bewußt, daß diese stets frohsinnige Haltung denjenigen Menschen Schwierigkeiten bereiten kann, die gerade Probleme haben und sich nicht immer glücklich fühlen. Letztlich sind TräumerInnen dann erstaunt und betrübt, wenn alle ihre Beziehungen auf der Ebene freundlicher Bekanntschaften bleiben und zu keinem engeren Miteinander vordringen.

Schwierigkeiten mit Gefühlen. Da sie über einen hochentwickelten analytischen Geist verfügen, genießen und schätzen sie Freundschaften mit denen, deren Intelligenz der ihren entspricht. Ihr Leben verläuft auf der geselligen, aber unpersönlichen Ebene der Ideen und Meinungen; es ist für sie harte Arbeit, ihre Emotionen und Gefühle lebendig zu machen.

Auch wenn ihre Gefühle ernsthaft sind, sind sie nicht immer in der Lage, sie in Worten oder sinnvollen Handlungen auszudrücken. Die daraus entstehende Frustration kann TräumerInnen dazu bringen, beispielsweise stundenlang nach einem richtigen Geschenk oder einer Glückwunschkarte zu suchen. Da es sie verlegen macht, intime Gefühle auszudrücken, werden sie wahrscheinlich eine eher lustige Karte oder ein symbolisches Geschenk aussuchen, das ihnen mehr als ihrem Freund, ihrer Freundin bedeutet.

Unterhaltsamkeit. Da TräumerInnen sich in ernsthaften Gesprächen nicht wohl fühlen, bemühen sie sich darum, die Konversation locker und allgemein zu lassen. In ihrer Umgebung genießen sie Bequemlichkeit und Luxus; und ist dies in ihrem äußeren Lebensraum nicht möglich, so versuchen sie durch ihre Persönlichkeit eine luxuriöse Atmosphäre zu schaffen.

Sie gehören zu den Glücksfällen des Lebens, sind angenehme Gesellschafter, unterhaltsam, MeisterInnen von Small talk und Spaß. Doch kann ihr oftmals vergnügliches, redseliges Wesen auch schnell öde und langweilig werden, wenn sie nicht die Disziplin aufbringen können, um einen Teil ihrer Kraft auch auf das Zuhören zu konzentrieren.

Wichtigkeit des Optimismus. Sind TräumerInnen von Optimismus erfüllt, so bewegen sie sich mit dem Schwung und der Kraft von Jugendlichen. Sind sie jedoch deprimiert, so verlieren sie ihre Vitalität und werden lethargisch und grüblerisch. Kluge Gefährten können ihnen helfen und ihren Optimismus mit einer neuen Herausforderung zurückgewinnen. Doch sind TräumerInnen häufig mit all dem in ihrer Persönlichkeit zurückhaltend, was ihnen nicht als hinreichend fröhlich erscheint.

Verborgene Ernsthaftigkeit. TräumerInnen lieben und brauchen Menschen, die sie ernst nehmen und positiv auf sie reagieren, weil ihnen das Vertrauen in ihre eigenen Fähigkeiten mangelt. Da sie aber gern im Mittelpunkt der Aufmerksamkeit stehen und andere zum Lachen bringen, werden sie leicht als Clowns gesehen. Dadurch sinkt ihr Selbstvertrauen weiter, und ihre Frustration über die Schwierigkeit steigt, Menschen zu finden, die ihnen vertrauen und sie ernst nehmen.

Neigung zu indirekter Kommunikation. Die Unfähigkeit der TräumerInnen, das Negative anzunehmen, bringt sie dazu, sich in Beziehungen indirekt zu verhalten. Da zum Beispiel direkt ausgedrückte Wut eine unangenehme Situation herbeiführen würde, weigern TräumerInnen sich einfach, diese Wut zu bemerken.

Am liebsten drücken sie die Unzufriedenheit in einer Beziehung auf humorvolle Weise aus. Indem sie einen Stachel humorvoll verpacken, können sie Dampf ablassen, ohne den Schmerz einer offenen Konfrontation oder Zurückweisung zu riskieren. Unter extremem Druck handhaben sie ihren Ärger als Ironie oder Sarkasmus so knapp und geschickt wie ein Fechter sein Florett.

Sie korrigieren andere auch nicht direkt, sondern warten darauf, daß die betreffende Person das Gegenteil des von ihnen abgelehnten Verhaltens zeigt, und bestätigen dieses dann.

Positive Eigenschaften

Wenn TräumerInnen reifen und Wandlungsprozesse durchlaufen, entwikkeln sie bewundernswerte Eigenschaften. Als Visionäre und IdealistInnen öffnen sie anderen neue Möglichkeiten. Wird ihr sprühender Geist und die Tiefe ihres Charakters mit Bemühung und Entschiedenheit kombiniert, so haben sie das Potential, erfolgreiche und ethisch vertretbare Lösungen für langfristige globale Probleme zu entdecken.

Infolge ihres Optimismus können sie in jedem Menschen und jeder Situation das Gute entdecken. Sie sind loyale und vertrauenswürdige Freunde, die andere gern mit Spaß und Spiel glücklich machen. Als unbekümmerte Unterhalter zeigen sie ihr frohsinniges Naturell und helfen anderen, sich zu entspannen und zu lockern. Sie bleiben stets jung, oft ihrer körperlichen Erscheinung nach, immer aber in ihrer Haltung. Sie sind unkomplizierte Menschen, die sich bei einem Picknick genauso zu Hause fühlen wie bei einem Bankett.

Ihre vielschichtigen Interessen öffnen ihnen die Tür zu unzähligen Gelegenheiten. Sie haben eine natürliche Begabung als Philosophen, Wissenschaftlerinnen, Lehrer oder Mystikerinnen, können aber ebenso erfolgreich in einer geschäftlichen oder unternehmerischen Position sein, in der sie sich an der Macht erfreuen und die Herausforderung spüren, die Welt durch neue Ideen, Möglichkeiten und Produkte zu bereichern und die Lebensqualität aller zu heben.

Denken wir daran: Alle negativen Eigenschaften der TräumerInnen sind nichts als Verzerrungen der Stärken und positiven Qualitäten dieses Musters.

Acht: Die KämpferInnen

> Im Kriege der Ideen sind es Menschen, die getötet werden.
>
> Stanislaus Lec

Fragen

1. Haben Sie feste und deutliche Vorstellungen darüber, was in Situationen, die Ihnen wichtig sind, richtig oder falsch ist?
2. Haben Sie im allgemeinen das Gefühl, auf Leute achtgeben zu müssen, die verborgene Ziele verfolgen?
3. Finden Sie den Umgang mit denjenigen Menschen am ärgerlichsten und schwierigsten, die nur auf den Busch klopfen und niemals direkt sagen, worum es ihnen geht?
4. Würden Sie auch sagen, daß Unentschiedenheit die meisten Gelegenheiten verdirbt und daß dies ein Argument gegen die Zähigkeit von Gruppenentscheidungen ist?
5. Fühlen Sie sich in Führungspositionen wohl, und fallen diese Ihnen auf natürliche Weise in den Schoß?
6. Erleben Sie es oft, daß andere es einfach von Ihnen erwarten, daß Sie sich einer Sache annehmen?
7. Halten Sie sich für einen praktischen Menschen, der weiß, was es heißt, eine Sache zu erledigen?
8. Gehören Sie zu den Personen, die keine Angst davor haben, gegen Ungerechtigkeit aufzustehen, besonders gegen Ungerechtigkeit an Menschen, die sich selbst nicht wehren können?
9. Drücken Sie Ihre Ansichten im allgemeinen ebenso intensiv aus, wie Sie sie empfinden, und fühlen Sie sich in einer Diskussion, in der alle uneins sind, beflügelt?

Innere Situation

KämpferInnen konzentrieren ihren Antrieb, ihr Durchhaltevermögen und ihre Spontaneität auf die Welt. Die Herausforderungen des Lebens lassen sie aufblühen und geben ihnen Kraft in ihrer selbstgewählten Rolle als KämpferInnen gegen das Unrecht.

KämpferInnen leben in derselben Spannung wie ein mittelalterlicher Ritter der höfischen Tradition. Ein Ritter war ein harter Soldat, der große Kraft einsetzen und schweren Angriffen widerstehen konnte, um die Interessen seines Königs zu schützen. Doch verbarg der höfische Ritter unter dieser rauhen Schale einen sanften Mann: einen Liebhaber der Dichtung und Meister der Romanze. Es galt als eine mit Begeisterung verfolgte hohe Kunst, sich in diesen beiden Welten auszuzeichnen und sie zu verbinden.

KämpferInnen fühlen sich in persönlichen Schwächen gefangen und versuchen, sie zu vermeiden. Ihre fehlgeleitete Motivation führt zu dem Bemühen, sich stark zu fühlen. Ihr Hauptlebensthema ist die Kontrolle und ihre seelische Hauptabhängigkeit die Begierde – die Begierde nach Leben und die Begierde nach Macht.

Lebenshaltung

Für KämpferInnen ist die Welt eine Bühne. Sie verschleudern ihre Energie großzügig in jede Richtung. Das angeborene Machtgefühl von KämpferInnen läßt sich leicht identifizieren, und ihre Anwesenheit wird spürbar, sobald sie einen Raum betreten. Da sie keine Absicht haben, jemals ihre Ideen oder Ansichten zu rechtfertigen, haben sie eine befehlende Art. Mit dieser Haltung zeigen sie deutlicher als mit Worten: »Falls Du ein Problem mit mir hast, hier bin ich. Setz Dich mit mir auseinander.«

Machtgefühl. Die Welt der KämpferInnen ist ein Gewirr aus persönlichen Schwächen und trotziger Kraft. Sie bewundern Stärke, ihre eigene wie die von anderen, und verachten Schwäche. Da sie ihre Stärke für einen göttlichen Auftrag halten, alle Hindernisse zu überwinden, gehen sie alle Lebensfragen als Machtkämpfe an. KämpferInnen haben feste Vorstellungen von Gerechtigkeit und kämpfen, um ihre Gerechtigkeitsideale durchgesetzt zu sehen. Verlangt ihre Form der Gerechtigkeit nach Veränderungen, so führen sie Konflikte mit allen Autoritäten oder Institutionen herbei, je nachdem wen sie als Unterdrücker ansehen, um Reformen hervorzubringen.

Instinktiv schätzen KämpferInnen in Gruppensituationen jede Person ein und spüren sofort, wer in der Gruppe die Macht hat; dieser Person wenden sie sich so schnell zu wie ein Magnet dem Metall. Haben sie selbst kein Verlangen nach der Führungsrolle, so werden sie wahrscheinlich vor der Person auf dem Ehrenplatz große Achtung haben und sich darüber freuen, in ihr eine wertvolle Verbündete gefunden zu haben.

Begehren sie selbst jedoch diese Rolle, so bedeutet das Kampf. Denn haben sie einmal etwas ins Auge gefaßt, so besitzen sie das Durchhaltevermögen und Geschick, um durch nötigenfalls jahrelanges Warten und Beobachten den begehrten Preis zu gewinnen. Und ist dieser Preis einmal der ihre, so wird ihn ihnen niemand mehr abringen.

Angeborener Sinn für Taktik. KämpferInnen haben ein angeborenes Gefühl für Taktik, mit Hilfe dessen sie eine Machtposition erhalten können. Hat die Schlacht einmal begonnen und können sie sicher sein, daß sie auf der gerechten Seite stehen, ergreift sie die Begeisterung. Andere mögen an Konflikten ihre Kraft aufreiben, KämpferInnen fühlen sich dadurch belebt.

Als ehrgeizige Menschen, die Durchhaltevermögen zur Überwindung aller Hindernisse haben, werden sie in jedem von ihnen gewählten Bereich in die oberen Ränge aufsteigen. Ihre Lebenslust und ihre Intensität sind so groß, daß das gesetzte und würdige Leben eines Gutsherrn für sie wie eine Gefängnisstrafe wäre.

Manipulativer Einsatz von Krankheit. Da Krankheit für KämpferInnen ein Zustand der Schwäche ist, versuchen sie stets auf den Beinen und leistungsfähig zu bleiben und weigern sich oft einfach, krank oder müde zu sein. Unterliegen sie doch einer Krankheit, so werden sie versuchen, diese taktisch zur Kontrolle einzusetzen. Mit der lautstarken Selbstgewißheit des Hausherrn werden sie von ihrem Krankenbett aus Befehle bellen und natürlich erwarten, daß diese ausgeführt werden. Erscheint es ihnen jedoch vorteilhafter, eine offenkundig hilflose Haltung einzunehmen, um sich andere gefügig zu machen, so werden sie dies ohne Zögern tun.

Ehrgeiz und Konkurrenz. KämpferInnen verlangt es nach Macht, nicht unbedingt nach Prestige. Psychische Macht ziehen sie vor, die aber in ihren Händen ebenso bedrohlich wie körperliche Gewalt werden kann. Werden sie provoziert, so können sie andere schikanieren und schnell und genau zielen, um einen Gegner kampfunfähig zu machen, bei dem sie eine Schwäche entdeckt haben. Sie wissen sich instinktiv zu schützen und gehen aus fast jeder Begegnung relativ unversehrt hervor, während andere tödlich getroffen sein können. Verwenden sie ihre Kraft auf eigennützige Weise, so haben sie die Fähigkeit, viele zu vernichten.

Persönlicher Zugang zur Gerechtigkeit. Zunächst einmal interessieren KämpferInnen sich für Gerechtigkeit für sich selbst; und erst wenn sie diese erreicht haben, können andere vom Überfluß ernten. Aufgrund ihrer Neigung, Probleme schwarz und weiß zu sehen, alles oder nichts zu wollen und sich vor allem nicht ausnutzen zu lassen, glauben KämpferInnen nicht nur das Recht, sondern auch die Pflicht zu haben, sich Vorteile zu verschaffen.

Eigenwillige Kleidung. Auch in der Wahl ihrer Kleidung zeigen KämpferInnen ihren rauhen Individualismus und ihre Kraft. Sie kleiden sich bequem, in kräftige Farben oder einfach, wie es ihnen paßt. Mode ist ihnen häufig egal, und sie kleiden sich, um damit etwas auszusagen.

Entscheidungen treffen. Das Stehvermögen von KämpferInnen macht sie zu sehr harten Gegnern, die leicht Entscheidungen fällen. Am liebsten haben sie selbst das letzte Wort. Die Idee, alle Beteiligten in einen Entscheidungsprozeß einzubeziehen, damit sie sich wohl fühlen, erscheint ihnen als eine lächerliche Energie- und Zeitverschwendung. Falls nötig können sie mit ein oder zwei kompetenten Personen allein zusammenarbeiten.

KämpferInnen lieben Sitzungssäle und andere Orte, an denen sie sich im Zentrum des Geschehens fühlen. In intelligenten und aggressiven Verhandlungen werden sie lebendig, doch ist es eine ganz andere Sache, darin einen Kompromiß mit ihnen zu erreichen. Kompromisse empfinden sie als Verwässerung der ursprünglichen Planung. Man muß KämpferInnen davon überzeugen, daß Veränderungen den Plan stärken, statt ihn zu schwächen.

Wer KämpferInnen seine Ideen darstellen will, sollte besser so fest von seinen Vorschlägen überzeugt sein, daß er oder sie kraftvoll dafür einstehen kann. Wer seine Sache ohne nötiges Selbstvertrauen, schwach oder unsicher darzustellen versucht, hat kaum eine Chance, diese hartgesottenen Feilscher zu überzeugen. KämpferInnen werden Leute, die zögerlich oder unsicher in bezug auf sich oder ihr Produkt sind, einfach unterbrechen, überfahren oder überhaupt ignorieren. Es fällt ihnen im allgemeinen leicht, nein zu sagen, und schwerer, ja zu sagen; denn indem sie ja sagen, geben sie anderen Macht. Ihr Nein ist darüber hinaus häufig abschließend, beendet die Diskussion und schließt alle weiteren Erwähnungen neuer Ideen zu diesem Thema aus.

Anders gesinnte Menschen könnten es vielleicht für eine Frage guter Manieren halten, alle zu Wort kommen zu lassen. KämpferInnen dagegen würden sagen, daß es schlechte Manieren seien, wenn man Trottel weiterhin ihre Ignoranz darstellen läßt.

Führungsstil. Von der Wiege bis zur Bahre werden KämpferInnen sich dadurch auszeichnen, daß sie bei allem das Sagen haben. Ergibt sich eine Führungsrolle für sie nicht natürlich, so ist sie ihnen dennoch unvermeidlich. Sie sind profilierte FührerInnen, drücken sich direkt und unverblümt aus und erwarten auf ihre Fragen klare, abschließende Antworten.

Sie führen ihr Management mit straffen Zügeln, im positiven wie im negativen Extrem. Überwiegt der positive Faktor, so besitzen KämpferInnen die potentielle Größe eines Ghandi. Bei kultivierten negativen Faktoren kann daraus jemand mit der Zerstörungskraft eines Jim Jones werden.

Sie können mit der Macht der Worte gut umgehen. Positiv eingesetzt gibt diese Sprachbeherrschung Bestätigung, Energie, Mut, baut Menschen auf und steigert sie zu fast übermenschlichem Einsatz und Leistung. Negativ eingesetzt hingegen kritisieren ihre Worte, demütigen, bedrohen und unterminieren das Selbstvertrauen anderer Menschen.

KämpferInnen sind sich nicht dessen bewußt, wie ihr anmaßendes Verhalten auf andere wirkt, und zahlen meist einen hohen Preis für dieses Unwissen in Form verlorener Beziehungen und eines Mangels an echter Zusammenarbeit. Arroganz ist für sie das größte Hindernis, wirksame FührerInnen zu werden. KämpferInnen können auf andere so einschüchternd wirken, daß diese nur noch über Mittelsleute Beziehung zu ihnen aufnehmen können. Deshalb müssen sie sich sehr um eine Entwicklung ihrer Beziehungsfähigkeit bemühen. Gelingt es ihnen, gesunde und respektvolle Beziehungen zu entwickeln, so können unter ihrer Führung Organisationen wachsen und erblühen.

Familienleben und Freundeskreis

Die feineren Eigenschaften der KämpferInnen kommen häufig gerade in familiären Situationen ans Licht. Kindern, älteren Menschen und Tieren gegenüber können sie sich sehr sanft zeigen und sind im allgemeinen auch naturverbunden. Sie haben enge Familienbande und werden diejenigen, für die sie zu sorgen haben, heftig verteidigen. Freunden gegenüber werden sie bis zum Ende treu bleiben.

Engagement. KämpferInnen werden sich am Leben derer, die ihnen nahe sind, aktiv beteiligen. Ihre große Lebenslust sorgt dafür, daß sie und ihre Umgebung ständig auf Trab sind. Sie lieben Gruppenereignisse wie Ferienfahrten und Sport. Für ihre Umgebung – Heim, Nachbarschaft und Gemeinschaft – arbeiten sie hart und sind stolz darauf.

Sie sind diejenigen, die sich in der Nachbarschaft oder Gemeinde um die Benachteiligten kümmern. Bei Alleinlebenden schauen sie mal herein, besuchen einmal das ältere Ehepaar, das nicht mehr so gut zurechtkommt wie früher, oder bringen Behinderte zum Geschäft oder in die Kirche. Sie haben Freude daran, andere mit ihrer enormen Energie praktisch zu unterstützen. Und wenn ein von ihnen bewundertes Mitglied der Gemeinschaft offen oder verdeckt fälschlich beschuldigt wird, so wird diese Person keine loyaleren Verteidiger finden als die KämpferInnen.

Einsatz für die Familie. Gern und großzügig setzen KämpferInnen sich in jeder Hinsicht ein, die der ganzen Familie zugute kommt. Ebenso wachsam sind sie jedoch, nicht den Launen eines einzelnen nachzugeben. Und sie halten auch nichts davon, irgendwem etwas umsonst zu geben. Statt dessen werden diese starken Menschen andere Familienmitglieder dazu ermutigen, selbst stark zu werden, indem sie Verantwortung übernehmen und sich den Schwierigkeiten des Lebens direkt stellen.

KämpferInnen werden innerhalb der Familie, auch schon bei den kleinsten Kindern, klare Maßstäbe der Gerechtigkeit erzwingen. Alle müssen für ihre Handlungen einstehen und die Konsequenzen von Fehlern tragen. Gleichermaßen werden sie es nicht zulassen, daß jemand zum Sündenbock wird, und in der Familie die höchste Autorität einnehmen, wenn es darum geht, die Gerechtigkeit durchzusetzen.

Mangelnde Sensibilität. Da KämpferInnen ihren eigenen Gefühlen gegenüber nicht sensibel sind, fällt ihnen Introspektion schwer. Sie begreifen den Wert von sensiblem, nährendem oder verständnissuchendem Verhalten für sich oder andere nicht. Sie sehen Sensibilität als Schwäche oder Unentschlossenheit und werden diese Ansicht auch deutlich zeigen. Wer das gerade gezeigt bekommt, kann sich leicht angegriffen, hilflos, manipuliert oder wütend fühlen. Ist die betroffene Person jedoch in der Lage, KämpferInnen zu widerstehen und unter Vermeidung persönlicher Angriffe logisch und objektiv zu bleiben, wird er oder sie angenehm überrascht sein. Denn KämpferInnen bewundern und achten Menschen, die für ihr Anliegen einstehen und ihre Gefühle beherrschen können.

Häufig projizieren KämpferInnen alle positiven, sensiblen und nährenden Eigenschaften auf eine Frau – ihre alte (oder tote) Mutter, eine bemerkenswerte Frau in der Geschichte, einen Filmstar, oder eine politische Führerin – und verleihen dieser einen Frau den Titel einer »Heiligen«. Da aber keine Frau, die sie kennen, den durch diese Heilige aufgestellten Maßstab genügen kann, fühlen KämpferInnen, ob männlich oder weiblich, sich berechtigt, den Wert weiblicher Eigenschaften – Sensibilität, Verletzlichkeit und Fürsorge – bei sich und anderen herabzusetzen und zu mißachten.

Ruhm und Wohlstand. Obwohl KämpferInnen enorme Energie gegen das Unrecht aufbringen können, erwarten sie auch, dabei Liebe, Ruhm und Besitz zu erwerben. Es handelt sich um materialistische Menschen, die konkrete Beweise dafür brauchen, daß sie die Spitze der Macht erreicht haben. Ihre spirituelle Seite nicht zu entwickeln ist für sie eine große Gefahr, denn nur der Weg des Geistes kann sie durch und über ihren Irrgarten der Egozentrik und fehlgeleiteten Motivation hinausführen.

Schwierigkeit einzugestehen, KämpferIn zu sein. Manchen Angehörigen dieses Musters mag es schwerfallen, diese Zahl des Enneagramms auf sich anzuwenden und zu schätzen, weil sie von anderen aufgrund ihrer Stärke, Wut und Macht negativ wahrgenommen werden. Indem Kirche und Gesellschaft Anpassung und Passivität überschätzen und den wachen Einsatz für individuelle Rechte unterschätzen, tragen sie noch zu dieser Schwierigkeit bei.

Positive Eigenschaften

Wenn KämpferInnen reifen und Wandlungsprozesse durchlaufen, entwickeln sie bewundernswerte Eigenschaften. Es sind einfallsreiche Menschen, die für andere, besonders für Unterdrückte, eintreten. Darüber hinaus besitzen sie die Fähigkeit, anderen beizubringen, für sich selber einzustehen. Allein in der Nähe von gesunden KämpferInnen zu sein, kann andere schon dazu ermutigen, an Selbstvertrauen und Stärke zuzunehmen. In ihrer Umgebung fühlen sich jene wohl, die vom Leben geschlagen worden sind.

KämpferInnen können schnell erkennen, wo Autorität um ihrer selbst willen eingesetzt wird. Als geistige Kraftwerke haben sie keine Angst davor, im Einsatz für Gerechtigkeit verletzt oder abgelehnt zu werden, und rechnen die Kosten dabei nicht auf. Solange sie ihre geistige Kraft nach außen richten und in den Dienst anderer stellen, können sie enorm viel Gutes erreichen. Wenn sie ihr Bewußtsein und ihr Mitgefühl entwickeln, können sie Fairneß, gutes Urteilsvermögen, Organisationsgeschick und Weitblick zeigen, Fähigkeiten, die fest in geistigen Werten verwurzelt sind.

In Organisationen werden sie unweigerlich an die Spitze aufsteigen, wo sie für Wachstum und Expansion sorgen. In politischen oder militärischen Arenen werden sie aufblühen und sowohl gefürchtet als auch geachtet sein. Sie sind aufrichtige und direkte Realisten, leidenschaftliche Menschen, die zu mitfühlenden FührerInnen werden können. Sie sind interessant, aufregend, direkt, bodenständig, schockierend und witzig. Sie sorgen dafür, daß das Leben nicht langweilig wird.

Denken wir daran: Alle negativen Eigenschaften der KämpferInnen sind nichts als Verzerrungen der Stärken und positiven Qualitäten dieses Musters.

Neun: Die BewahrerInnen

> Ich habe soviel zu tun, daß ich ins Bett gehe.
> *Savoyardisches Sprichwort*

Fragen

1. Sind Sie als eine lockere, umgängliche, vernünftige Person bekannt, auch wenn Sie sich innerlich oft ganz anders fühlen?
2. Gibt es bei Ihnen zu Hause einen Platz, an dem Sie sich wohl und entspannt fühlen und an den Sie gern gehen, um nachzudenken, zu lesen oder sich zu entspannen?
3. Sind Streitereien Ihnen so unangenehm, daß Sie sie am liebsten vermeiden, so daß Sie sogar aus dem Zimmer gehen, wenn sie anfangen?
4. Lieben Sie Unternehmungen im Freien, und empfinden Sie den Aufenthalt in der Natur als ein fast geheiligtes Erlebnis der Freiheit?
5. Meinen Sie Ärger am besten dadurch vermeiden zu können, daß Sie ihre Gedanken für sich behalten und die anderen reden lassen, selbst wenn Sie nicht der gleichen Meinung sind?
6. Empfinden Sie sich als einen unabhängigen Menschen, der tun kann, was er möchte, und sich durch Gruppendruck nicht beeinflussen läßt?
7. Sind Sie auch der Meinung, daß die Menschen im allgemeinen sich selbst Schwierigkeiten bereiten, indem sie das Leben zu ernst nehmen und sich über allzu kleine Dinge aufregen?
8. Genießen Sie es, sich die Lösung zu Rätselfragen auszudenken, und finden Sie häufig auf subtile Probleme praktische Antworten?
9. Würden Sie, wenn Sie wählen könnten, komplizierte politische oder gesellschaftliche Treffen meiden und statt dessen ruhigere und einfachere Freuden des Lebens bevorzugen?

Innere Situation

BewahrerInnen unterdrücken ihre Energie und ihre Kraft, um ein harmonisches Verhältnis zwischen sich und der Welt aufrechterhalten zu können. Das Leben erscheint ihnen als eine Bedrohnung ihres Bedürfnisses nach Ruhe, und sie schützen sich durch eine passive Haltung, die ausdrückt: »Mit mir kann man gut auskommen.«

In vieler Hinsicht leben BewahrerInnen wie MärchenkönigInnen, die behaupten können, ihr magisches Reich sei vollkommen ruhig und heiter. Ihr Gesetz lautet: »Spannung und Konflikt seien für alle Zeit aus diesem Lande verbannt.« Ihre Begründung für dieses Dekret ist einfach: Da es unmöglich ist, es allen recht zu machen, ist es nicht der Mühe wert, sich überhaupt darum zu bekümmern. Durch die bloße Kraft ihrer Persönlichkeit heischen sie Gehorsam von ihren Untertanen, die von keiner Unruhe flüstern, noch die leiseste Andeutung darauf machen werden.

BewahrerInnen fühlen sich in Konflikten gefangen und versuchen, sie zu vermeiden. Ihre fehlgeleitete Motivation führt zu dem Bemühen, Frieden zu finden. Ihr Hauptlebensthema ist die Abgabe von Energie und ihre seelische Hauptabhängigkeit ist die Trägheit oder Faulheit, hauptsächlich im persönlichen Bereich.

Lebenshaltung

BewahrerInnen sind beruflich häufig sehr kompetente Menschen, die die Welt in der Kategorie von Konflikten wahrnehmen. Eine zwanghafte Unterdrückung ihrer Hauptkraft und Spontanität verstellt ihnen den Zugang zu ihrer natürlichen Stärke und zur Fähigkeit, mit dem Leben umzugehen. Diese Giganten des Enneagramms sind sich ihrer Widerstandsfähigkeit nicht bewußt und erscheinen oft schwach und schutzlos. Sie verbringen ihr Leben, indem sie Fragen ausweichen, Probleme ignorieren und sich vor der Wirklichkeit verstecken.

Distanzierte Weltsicht. BewahrerInnen erleben andere Menschen als persönlich wenig an ihnen interessiert und gehen deshalb davon aus, daß diese ohne Zögern zuviel von ihrer Zeit und Energie fordern würden. Deshalb tun sie die meisten dieser Anforderungen, und den größten Teil des Lebens, als unwichtig ab. Sie leben lieber so, als würden die Dinge sich selbst regeln, wenn man ihnen nur genug Zeit und Raum läßt.

Durch diese Unterdrückung ihrer Stärke befinden sie sich ständig auf einem niedrigen Energieniveau. Emotionalen Ausdruck oder Bindung scheuen sie deshalb. Indem sie allen Erfahrungen den gleichen Wert beimessen, können sie ihre Bedürfnisse gut auf das einstellen, was jeweils verfügbar ist. Unerfüllte Bedürfnisse oder Sehnsüchte sind ihnen deshalb nicht wichtig genug, um sich darüber aufzuregen. Sie bevorzugen Distanz, Unverbindlichkeit, Resignation und sogar Apathie.

Passive Kraft. In allen möglichen Situationen gehen BewahrerInnen mit Konflikten dadurch um, daß sie sie ignorieren und sich in dem Glauben wiegen, daß das Nirwana schon durch ein paar kleinere Anpassungen erreicht werden kann. Sie können aber auch ein Gefühl der Verwurzelung, bis hin zur Sturheit, ausstrahlen, das sie zur Erhaltung des Status quo einsetzen. Durch diese Eigenschaften kontrollieren sie ihre Umgebung sicherer, als sie es durch das fordernde Erheben ihrer Stimme könnten. Sie sind in ihrem Schweigen starke und sture Menschen, die mit unbeweglicher Zähigkeit an den alten Wegen hängen.

Passive Aggression. Kommt ihnen etwas in die Quere oder wird von ihnen mehr gefordert, als sie zu geben bereit sind, so rutscht ihre passive Stärke zu einem passiv-aggressiven Verhalten ab, vor dem ihre nähere Umgebung nur noch in einen sicheren Hafen flüchten kann. Wenn die Zielperson der unterdrückten Wut von BewahrerInnen die Absichten hinter den spitzen Worten oder vorwurfsvollen Handlungen in Frage stellt, begegnet er oder sie häufig einem völlig unschuldigen Blick oder einer schützenden Mauer des Schweigens.

Gesunder Menschenverstand. BewahrerInnen sind häufig sehr erdverbundene Menschen, die in praktischen Dingen sehr einfallsreich sind. Als findige und schöpferische Leute regeln sie ihr Leben mit gesundem Menschenverstand und beschäftigen ihren Geist am liebsten mit den Feinheiten praktischer Probleme und deren Lösungen. Sie unterdrücken diese Begabungen aber auch leicht und versinken dann im Morast von Inaktivität und Uneffektivität.

Mißachtung wichtiger Probleme. BewahrerInnen scheinen einen magischen Trick zu kennen, um wesentliche Probleme verschwinden zu lassen. Dunkelheit können sie ebenso elegant mit einem Lachen vertreiben wie ein Magier mit seinem Zauberstab. Bei ihrem Versuch, den Wert der Lebensprobleme und -fragen zu negieren, negieren sie auch ihr Selbstwertgefühl und ihre persönliche Wichtigkeit. Dabei werden sie zu verschlossenen und zurückhaltenden Menschen.

Mangel an Selbstwertgefühl. BewahrerInnen verweilen gern in der Vergangenheit und schwelgen in dem, was war oder hätte sein können; und sie bringen durch solchen emotionalen Aufruhr ihre Gefühle in Konflikt mit ihrer Rationalität. Aus ihrer Unfähigkeit, einen solchen Konflikt zu lösen, entsteht eine schleichende innere Lähmung und Apathie, die sie verwirrt zurückläßt. Ihre Selbstbewußtheit wird immer geringer, so daß sie schließlich glauben, daß all ihr Denken und oder Tun wenig oder gar keine Bedeutung haben. Diese zwanghafte Leugnung von Wichtigkeit hindert sie daran, die ihnen verliehene Begabung des Dienens weiterzuentwickeln.

Mit der Ablehnung ihres eigenen Wertes rechtfertigen sie die Trägheit ihres Innenlebens und in ihren persönlichen Beziehungen. Durch ihren Mangel an Selbstwertschätzung können sie auch eine ganze Gruppe infizieren, so daß schließlich die Gruppe aufhört, sich um wirkliche Verbesserungen zu bemühen.

Prestige. So sehr BewahrerInnen die Wichtigkeit ihres persönlichen Lebens leugnen, so sehr überschätzen sie die Wichtigkeit ihrer öffentlichen Rolle. Da ihr Selbstwertgefühl gering ist, ist der auf einem guten Ruf beruhende Respekt für ihr Wohlbefinden wesentlich.

Sie meiden zwar ihre eigenen Probleme, genießen es jedoch, Problemlöser für andere Menschen zu sein und denen Rat zu geben, mit denen sie keine persönlichen Verbindungen haben. Sie stehen nicht gern im Mittelpunkt der Aufmerksamkeit und fördern ihren guten Ruf am liebsten durch das Image der bescheiden Dienenden oder der umgänglichen, freundlichen Gefährten, die vom Leben oder von Freunden niemals zuviel fordern.

Entspannte Lebensweise. BewahrerInnen lieben auch die Routine: Sie sehen gern ständig die gleichen Menschen und tun die gleichen Dinge. Indem sie sich an einem Ort einpflanzen, erlangen sie teilweise den Frieden, nach dem sie suchen. Triviale Zeitvertreibe wie Spiele, Sport, Handwerk und Hobbys machen ihnen das Leben interessant. Die Teilnahme an solchen Aktivitäten sorgt bei ihnen für die äußere Stimulation, die sie als Ablenkung von ihrer inneren Lähmung brauchen.

Die Maske der Zufriedenheit. BewahrerInnen sind stolze Menschen, die eine zufriedene Maske tragen, um eine Vergangenheit zu verbergen, an der sie nichts mehr ändern können, und eine Zukunft zu verschleiern, für die sie wenig Kraft haben. Allein im gegenwärtigen Augenblick finden sie eine Hoffnung auf Ruhe, so daß sie einfach mit dem Strom des Lebens mitschwimmen.

Die Zeit verfließt, während sie stundenlang dasitzen, sich an der Natur erfreuen oder einfach allein sind. Programme und Termine brauchen sie, lehnen sie aber gleichzeitig ab, weil sie Schwierigkeiten haben, Prioritäten zu setzen und sehr viel zögern.

Entscheidungen treffen. BewahrerInnen entscheiden sich nicht gern. Besonders in ihrem Privatleben denken sie nicht voraus und entscheiden nicht, sondern tun, was ihnen im Moment gefällt. Da sie für die Konsequenzen von Entscheidungen nicht gern verantwortlich sind, weichen sie Fragen aus, bis andere gezwungen sind, eine Position einzunehmen.

BewahrerInnen geben aber anderen auch nicht direkt die Entscheidungsbefugnis, sondern lassen sie die Verantwortung aus Mangel übernehmen. Stimmen BewahrerInnen mit von anderen getroffenen Entscheidungen nicht überein, so sagen sie dies selten direkt. Statt dessen fügen sie sich der Entscheidung, wo nötig, tun was sie wollen, wo möglich, und fühlen sich nicht bemüßigt, die Entscheidungen anderer zu unterstützen, weil sie ja nicht daran beteiligt waren. Im allgemeinen aber sind BewahrerInnen ganz zufrieden damit, auf von anderen getroffene Entscheidungen einzugehen. Sie werden diesen Entscheidungen so lange folgen, wie sie dabei ihre innere Ruhe erhalten können.

Führungsstil. In der Geschäftswelt neigen BewahrerInnen dem mittleren Management zu. Da sie beruflich häufig recht kompetent sind, werden sie eine relativ spannungsfreie Position wählen, statt sich dem Druck, den Konflikten und Verantwortlichkeiten des höheren Management auszusetzen. Positionen des mittleren Management sorgen für genügende Herausforderungen, Respekt und Sicherheit, die BewahrerInnen zum Leben brauchen, gestatten es ihnen aber, ihre innere Ruhe beizubehalten.

Vorgesetzte und Untergebene sehen die größten Hindernisse in der Zusammenarbeit mit diesen Menschen in ihrer anscheinenden Gleichgültigkeit und ihrem Mangel an Reaktionen. Sie sind so sehr entschlossen, jede mögliche Unbequemlichkeit zu vermeiden, daß sie sogar auf direkte Fragen, die sie bedrohlich finden, mit völligem Schweigen reagieren können, als würde der Fragende nicht existieren.

Die meisten werden ein derart ausgedehntes Schweigen als unangenehm empfinden und aufgrund dieses Unwohlseins anfangen, zu plaudern und ihre eigene Frage zu beantworten, indem sie den BewahrerInnen die Worte in den Mund legen. Schließlich gehen sie und fühlen sich zum Narren gehalten. Auf diese Weise setzen BewahrerInnen erfolgreich die Macht des Schweigens ein, um die Kontrolle und eine ungestörte Umgebung zu erhalten, die sie brauchen. Mit ihrem Schweigen zwingen sie andere, sich mit den Problemen und Konflikten zu beschäftigen.

In sozialen oder politischen Organisationen meiden BewahrerInnen die Spitzenplätze. Sie können aber auch begeistert die Leitung eines Komitees übernehmen oder ein Jahresprojekt leiten, besonders wenn es sich um die Hilfe für eine benachteiligte Gruppe dreht. Durch das Annehmen einer solchen zeitweiligen Position fördern sie ihr Gefühl der Wichtigkeit und verbessern ihr Prestige.

Sowohl im geschäftlichen als auch im gesellschaftlichen Bereich kann man mit BewahrerInnen gut umgehen, und sie sind allgemein beliebt. Gibt es jedoch Spannungen oder Unruhe, so ziehen sie sich in ihre unverbindliche Burg des Schweigens zurück und verlassen auch körperlich den Ort des Geschehens, falls möglich. Die schwierigste, aber auch lohnenswerteste Wachstumsrichtung für sie ist es, die ehrliche und direkte Kommunikation zu erlernen und einzusetzen.

Familienleben und Freundeskreis

Selbst in wichtigen Einzelbeziehungen zeigen BewahrerInnen wenig Enthusiasmus, können in einer Gruppe aber umgänglich und freundlich sein. Freunde haben deshalb Schwierigkeiten zu erkennen, daß sie den BewahrerInnen wichtig sind.

Sanfte Riesen. Im allgemeinen zeigen BewahrerInnen sich so freundlich, daß sie mit ihrer natürlichen Ruhe und Neigung zum Alleinsein leicht das Vertrauen anderer gewinnen. Sie erscheinen wie sanfte Riesen, die zwar groß und stark sind, doch keiner Fliege etwas zuleide tun können und deren passives, wohlwollendes Wesen sie gegen unberechtigte Angriffe schutzlos machen würde. Sie lösen damit bei anderen sogar das Bedürfnis aus, sie zu beschützen, weil sie den Schatz ihrer Kraft und Stärke so gut versteckt haben, daß sie verletzlich und schutzlos zu sein scheinen.

Leugnung ernsthafter Probleme. BewahrerInnen können sich schwer auf gewichtige Dinge konzentrieren, weil sie ihre Stärke und ihre Gefühle unterdrückt haben, um Konflikte zu vermeiden.

In wichtigen Gesprächen ist ihre Aufmerksamkeitsspanne absichtlich gering, denn sie empfinden die Diskussion wesentlicher Fragen als beunruhigend. Sie wenden häufig ihren Blick von der sprechenden Person ab und antworten mit einer Art entschuldigendem Lachen. Droht ein Streit oder beginnt er wirklich, so meiden sie ihn, indem sie einfach den Raum verlassen, obwohl sie eine natürliche Fähigkeit dazu haben, andere streiten zu lassen, während sie selbst friedlich dabei bleiben.

Gleichbleibende und anspruchslose Haltung. BewahrerInnen isolieren sich emotional, bleiben zurückhaltend und umgehen die emotionalen Höhen und Tiefen, die für andere Menschen normal sind. Aufgrund dieser Art werden sie von anderen als eindimensionale Menschen erlebt, die immer gleich zu sein scheinen: entweder immer fröhlich oder immer traurig; sie wirken langweilig, unemotional, resigniert, passiv oder apathisch; oder auch freundlich, nett, angenehm, sorglos und sanft. Welche Beschreibung man ihnen auch gibt, immer sind sie als gleichbleibend und anspruchslos gegenüber sich und anderen bekannt.

Unbewußtheit in Beziehungen. BewahrerInnen neigen zu Vergeßlichkeit, sie verpassen Verabredungen, sitzen im Auto und können sich an ihr Ziel nicht erinnern oder kommen irgendwo an und wissen nicht, warum sie dort sind. Jedes Vorhaben, das Planung oder Mühe erfordern würde, können sie vergessen.

Sie fühlen sich in solchen Situationen aber selten schuldig und rechtfertigen ihre Fehler, indem sie sagen: »Das habe ich vergessen« oder »Es tut mir leid«. Und sie glauben wirklich, daß solche Aussagen das Problem immer erledigen werden. Diese Art Egoismus ist ihre Haupteinschränkung beim Ausdruck ihrer natürlichen, universellen Liebe und Freundlichkeit. So leicht sie andere vergessen, so überrascht und erfreut sind sie, wenn man sich an sie erinnert.

Indirekte Kommunikation. BewahrerInnen meiden jedes Gespräch, daß sie zwingen könnte, das Vorhandensein von Schmerz oder Konflikten zuzugeben. Ihr Konfrontationsstil besteht darin, eine Frage zu stellen oder der betreffenden Person einen finstern oder bösen Blick zuzuwerfen, den die BewahrerInnen nicht zugeben müssen und dessen Deutung den Empfängern überlassen bleibt. Auch Abschiedsszenen sind ihnen sehr unangenehm, weil sie ihre Gefühle nur schwer ausdrücken können. Weil sie Gefühle, Energie und Wichtigkeit verleugnen und dazu neigen, allen Menschen oder Situationen gleichen Wert beizumessen, finden sie weder gebend noch empfangend zu wahrer Verzeihung.

Positive Eigenschaften

Wenn BewahrerInnen reifen und Wandlungsprozesse durchlaufen, entwickeln sie viele bewundernswerte Eigenschaften. Mit ihrem selbstlosen Mitgefühl und ihrer universellen Liebe können sie die Vorstellungen, Gesichtspunkte und Vorurteile anderer gut tolerieren. Aus den Jahren, die sie mit dem Nachdenken über die Geheimnisse des Lebens verbracht haben, geht nun ein Philosoph, eine Philosophin hervor, dankbar für jede Gelegenheit, andere lehren und inspirieren zu können. Im Laufe der Jahre sind sie in den Feuern des Lebens leidvoll geprüft worden und haben das wahre Gold der universellen Liebe und des Dienens entwickelt, das sie der Welt voll Wohlwollen und Geduld zurückgeben.

Ihre Natur ist ausgeglichen, nicht bedrohlich, maßvoll und freundlich. Da sie gerecht und unparteiisch sind, sind sie die natürlichen GebieterInnen. Sie können gut mit schwierigen Menschen arbeiten, da sie über tiefe, innere Kraft und eine gesunde Distanz verfügen, die anderen gestattet, sich zu ereifern. Die Natur gewährt ihnen stets einen Ort der Zurückgezogenheit und Stärkung für die Seele. Sie sind phantasievoll und empfindsam und können in einer anspruchslosen Umgebung ihr geistiges Potential aktivieren und ihre angeborene Heilungsgabe entfalten.

Da die BewahrerInnen die Kraft der Stille und Ruhe kennen, beruhigen sie andere durch ihren inneren Frieden. Es sind Menschen, die viel erreichen, ohne dabei viel zu tun. Weil sie in Gruppen die Harmonie hochschätzen, finden sie stets Frieden.

Denken wir daran: Alle negativen Eigenschaften der BewahrerInnen sind nichts als Verzerrungen der Stärken und positiven Qualitäten dieses Musters.

Spiegelungen im ruhigen Wasser

Sind Sie jemals an einem Geschäft vorbeigegangen, das für die neueste Videokamera Werbung machte, indem es sie auf die Straße gerichtet und eingeschaltet hatte? Von einer solchen Kamera beobachtet zu werden, ohne es zu merken, ist eine merkwürdige Erfahrung. Die meisten von uns sind durch

Die neun Hauptabhängigkeiten 87

solch einen Blick auf sich selbst unangenehm und peinlich berührt. »Bin ich wieder so viel dicker geworden?« – »Ich wußte gar nicht, daß meine neue Frisur so gut aussieht!« – »Ich brauche wieder neue Kleider.« – »Was war denn das für eine auffallende Gestalt dort auf dem Bildschirm?«

Unsere Einführung über die neun Muster des Enneagramms kann eine ähnliche Reaktion hervorrufen: »Habe ich mich wirklich darin gesehen?« – »So eine schlechte Person ist das gar nicht.« – »Wer würde schon gern so sein wollen?« – »Wer würde denn anders sein wollen?« – Der Reiz des Enneagramms besteht darin, daß es die menschliche Natur exakt beschreibt. Aus dem gleichen Grunde ist es auch peinlich. Doch sind beide Reaktionen unnötig. Objektiv gesehen ist nämlich keines der neun Muster gut oder schlecht, richtig oder falsch. Jedes bietet nämlich seine eigene Kombination von Stärken und Schwächen, von Schönheit und Häßlichkeit. Und jedes dieser Muster ist ein Gemisch und bietet keinen Anlaß zu Verurteilungen.

Auf jeden Fall paßt eines der Muster auf Sie. Das ist die Sachlage. Für ein jedes Individuum ist das Enneagramm-Muster Quelle der Begabung gewesen, aus der diese Person sich genährt hat, und auch ein Sumpf dunkler Motive, in dem zerbrochene Beziehungen und Fehlverhalten ihren Ursprung haben.

Keines der Muster ist besser oder am besten, schlechter oder am schlechtesten. Manchmal werden wir das Gefühl haben, unser Muster sei das beste, zu anderen Zeiten werden wir es am schlechtesten finden. In einem Augenblick sind wir in Berührung mit einer seiner Stärken, im nächsten mit einer Schwäche.

Statt in diesem ambivalenten Hin und Her uns selbst gegenüber ein Gleichgewicht zu finden, schlägt uns das Enneagramm eine simplere, doch auch schwierigere Aufgabe vor. Diese Aufgabe ist Akzeptanz, die Fähigkeit zu sagen: »Das ist richtig. Das bin ich. So reagiere und verhalte ich mich oft. Das ist die Motivation für viele meiner Gedanken, Gefühle und Reaktionen.« Aus einer solchen vorurteilsfreien Annahme entstehen viele Gaben. Eine der Gaben ist die Freiheit. Wenn Sie das Wissen über sich akzeptieren, können Sie ganz Sie selbst sein, brauchen nicht vor sich fortzulaufen, sich nicht zu verdammen, sich nicht zu rechtfertigen, sondern können sich einfach als gegeben annehmen.

Eine weitere Gabe ist das Verzeihen anderen gegenüber. Wenn wir uns bewußt machen, daß wir alle mit diesen inneren Widersprüchen leben müssen, fällt uns das Mitgefühl mit anderen leichter, und wir können Groll natürlicher loslassen. Und es wird zu einer Gabe, annehmen zu können, was andere zu geben haben.

Eine weitere Gabe ist die Liebe, nach der wir alle suchen. Doch resignieren viele von uns dabei und werden zynisch oder gehen Kompromisse mit ihren Idealen ein, um in der wirklichen Welt leben zu können. In den Beschreibungen der neun Muster sind die Geheimnisse verborgen, wie wir die Liebe annehmen können, die andere so unzureichend geben, und wie wir unsere eigenen unbeholfenen Versuche achten können, Zuneigung zu zeigen.

Alle Menschen sind füreinander Rätsel. Manchmal scheint es uns, als würden selbst unsere Familie und unsere engsten Freunde eine andere Sprache sprechen oder aus einem fremden Land kommen. In Wahrheit tragen wir alle ein Geheimnis in uns, das nicht einmal wir selbst verstehen. Das Enneagramm beginnt, dieses Geheimnis zu lüften und mit ihm auch die Geheimnisse der Kommunikation, des Erfolges und der Kreativität. Indem wir diese heiligen Geheimnisse erkennen, verstehen wir, welche Arbeit wir tun müssen, um die Kraft unseres wahren Selbst freizusetzen und das Gefängnis aufzuschließen, in dem andere ihr Geheimnis versteckt halten.

Das häßliche Entlein hatte sich versteckt, weil es überzeugt war, daß es weder schön noch liebenswert, sondern viel zu abstoßend sei, um jemals akzeptiert zu werden, geschweige denn geliebt. So sehr es sich auch darum bemühte, es konnte keinen Ort finden, an den es paßte und wo es akzeptiert wurde. Erst als es eines Tages zufällig in einen Teich schaute, entdeckte es in seinem eigenen Spiegelbild die Anmut und Eleganz des Schwanes.

Auch wir können unsere wahre Schönheit nur sehen, indem wir in das stille innere Gewässer schauen. Die Kenntnis unseres Enneagramm-Musters ist der Beginn der Freiheit vom Kreislauf des Todes und der Beginn eines neuen Lebens, das für Freiheit und Kreativität offen ist.

Kapitel 2

Jenseits bloßen Überlebens
Die drei Zentren

> In den Tiefen unserer Vielheit schlummert eine gewaltige geistige Kraft, die sich erst manifestieren wird, wenn wir es gelernt haben, die Barrieren unseres Egoismus zu zerbrechen und uns durch einen grundlegenden Neuentwurf unserer Sichtweise zu einer selbstverständlichen und praktischen Vision universeller Realitäten aufzuschwingen.
>
> *Pierre Teilhard de Chardin*

Der Komiker Danny Thomas erzählte eine Geschichte von einem Mann, der aus einem fremden Land nach New York City emigrierte. Da er nicht Englisch konnte, ließ er es sich von seinen Freunden beibringen. Ohne Schwierigkeiten fand er einen Job in einem Lagerhaus und lernte von seinen Freunden die paar Worte, die er für den Alltag brauchte. Essen zu gehen, war jedoch etwas anderes. Da er oft nicht wußte, wie er bestellen sollte, blieb er hungrig. Schließlich bat er seine Freunde um Hilfe.

»Was möchtest du denn morgen zu Mittag essen?« fragten sie.

»Apfelkuchen und Kaffee«, antwortete er in seiner Muttersprache.

So brachten seine Freunde ihm bei, wie man »apple pie and coffee« sagt; und das praktizierte er die ganze Nacht hindurch und den nächsten Morgen. Zur Mittagszeit ging er in das Café am Ort und setzte sich an einen Tisch.

»Sie wünschen?« fragte die Bedienung.

Langsam und deutlich sprach der Mann aus: »Apple pie and coffee.« Sofort bekam er, was er wollte, und war sehr zufrieden.

Den Rest der Woche ging er zur Mittagszeit in dasselbe Café, sprach jedesmal: »Apple pie and coffee« und bekam was er wollte, obwohl diese Worte für ihn bloße Laute waren.

Nach einiger Zeit war er Apfelkuchen und Kaffee leid und ging wieder zu seinen Freunden: »Was möchtest du denn statt dessen essen?« fragten sie ihn.

»Wie wäre es mit einem Schinkenbrötchen?« antwortete er. Sie brachten ihm also bei, wie man »ham sandwich« sagt; und das praktizierte er den ganzen Tag und den nächsten Vormittag.

Fröhlich ging er am nächsten Tag in das Café. »Sie wünschen?« fragte die Bedienung.

»Ham sandwich«, sagte er so deutlich wie jedesmal.

»Rye or white (Roggen oder weiß)?« antwortete die Bedienung.

»Apple pie and coffee«, platzte er heraus.

Manchmal kann es sich als schwieriger erweisen, etwas zu lernen, als es zu Anfang scheint. Wenn wir wachsen und uns verändern wollen, ist die Schwierigkeit, Neues zu lernen, jedoch unvermeidlich.

In diesem Kapitel wird ein neues Modell des menschlichen Wesens dargestellt. Es erklärt und erweitert das Verständnis der neun Muster, wie sie in Kapitel 1 dargelegt wurden. Wenn Sie anfangen sich zu fragen, ob das Enneagramm nicht zu kompliziert für Sie wird, so machen Sie sich keine Sorgen, das wird es nicht. Es wird Ihnen aber mehr über sich und andere erklären, als Sie jemals wissen zu können glaubten.

Ein neues Modell des Menschen

In uns allen gibt es drei Informationszentren, von denen jedes seinen *wahren Sinn* und seine eigene *Funktion* hat. Der wahre Sinn dieser Zentren ist Ganzheit, Vollständigkeit, objektives psychisches Bewußtsein und geistige Bewußtheit. Die Funktionen der Zentren beschreiben die niedere oder gewöhnliche Art, wie wir die Intelligenz eines jeden Zentrums einsetzen.

Da wir den größten Teil oder die Gesamtheit unseres Lebens mit dem bloß funktionellen Gebrauch unserer drei Intelligenzen verbringen, geschieht es nur selten, daß wir für die Wirklichkeit erwachen, zur Reife heranwachsen, bewußt werden oder unsere spirituelle Natur entwickeln. Wir leben und sterben, ohne daß es für irgend jemanden viel ausmacht, am wenigsten für uns selbst.

Darum ist es so wichtig, daß wir uns diese Informationszentren näher anschauen, ihren wahren Sinn und ihre Funktionen. Bei diesen Zentren handelt es sich um das *affektive* Zentrum, das *theoretische* Zentrum und das *effektive* Zentrum.

Der wahre Sinn der Intelligenz des affektiven Zentrums ist es, Beziehung herzustellen und uns auf gesunde Weise mit anderen Menschen, der Welt und Gott zu verbinden. Der wahre Sinn der Intelligenz des theoretischen Zentrums besteht darin, Vision und schöpferisches Bewußtsein zu entwickeln und uns einen klaren Einblick in den Sinn des Lebens zu ermöglichen. Der wahre Sinn der Intelligenz des effektiven Zentrums ist es, für Bewegung zu sorgen und uns zu helfen, die innere Kraft zu bändigen und die Mühe und Energie aufzubringen, die wir brauchen, um aufgrund der Vision und der Verbundenheit der anderen beiden Zentren handeln zu können.

Solange wir nicht erwachen und anfangen, an der Bewußtwerdung unseres Selbst und unserer verborgenen eigensüchtigen Motive zu arbeiten, werden wir weiterhin in der Illusion leben, daß wir ganz in Ordnung sind und daß immer die anderen die Probleme schaffen. Auf diese Weise aber benützen wir die drei Zentren nicht gemäß ihrer wahren Bedeutung, sondern arbeiten nur auf der Ebene mechanischer Funktionen.

Auf der funktionalen Ebene verwenden wir das affektive Zentrum zur Manipulation unserer kleinen Welt der Gefühle, Emotionen und Beziehungen. Das theoretische Zentrum verwenden wir, um in unserer eigenen Welt zu denken, zu berechnen und zu entscheiden. Das effektive Zentrum setzen wir ein, um unsere Sicherheit zu bewahren und uns auf unsere instinktiven Reaktionen und unser instinktives Wesen zu konzentrieren. Mit anderen Worten verwenden wir unsere Intelligenzen nur, um durchzukommen – um auf mechanische Weise zu funktionieren.

Diese Vorstellung von drei Zentren oder Intelligenzarten mag zunächst neu erscheinen. Die westliche Welt hat das Wort *Intelligenz* im allgemeinen mit dem Verstand, den Gedanken und der Logik identifiziert. Die Emotionen werden als eine andere Komponente des menschlichen Innenwesens betrachtet, die man jedoch für eher irrational als intelligent hält. Der Aspekt des Effektiven oder des Instinktes wird im Westen oft nicht einmal als Intelligenz angesehen.[1]

Aus diesem Blickwinkel erscheint die Vorstellung von drei Intelligenzzentren als ein völlig neuer Weg des Verständnisses der menschlichen Natur, der wie das Enneagramm selbst aus einer östlichen Weltanschauung stammt. Doch finden wir Relikte davon auch im Westen, wenn wir zum Beispiel einen Menschen mit der Phrase »Gedanken, Gefühle und Handlungen« beschreiben. Und es ist auch üblich, die menschliche Persönlichkeit in den Kategorien dessen zu analysieren, was jemand fühlt, was jemand denkt und was jemand sagt oder tut.

Die Vorstellung von drei Arten der Intelligenz ist sehr alt und durchdringt viele Gesellschaften und Überlieferungen. Die Bibel spricht z.B. vom menschlichen Wesen in Begriffen von Seele, Geist und Körper, und erinnert damit an den wahren Sinn des affektiven, theoretischen und effektiven Zentrums.

Wahrer Sinn und Schicksal

Beim Studium des Enneagramms ist es wichtig, sich des wahren Sinnes der Intelligenz in jedem Zentrum bewußt zu werden, denn gemeinsam enthalten sie das Schicksal, von welchem wir in unserer Suche nach Selbstliebe ständig abweichen.

Wird das affektive Zentrum auf gesunde und lebenspendende Weise eingesetzt, so wird es durch das Ohr symbolisiert, durch das wir persönliches Wissen voneinander aufnehmen, und durch das innere Ohr, welches die tiefen Bewegungen der menschlichen Seele hört. Es ist das Zentrum des Verstehens und der geistigen Intuition, das Zentrum der Sehnsucht. Seine Meisterschaft liegt im Prozeß: im Verstehen der menschlichen Entwicklungsstufen, die zu Reife und Ganzheit führen. Es ist das Heim der göttlichen Liebe.

Wird das theoretische Zentrum auf konstruktive und gesunde Weise eingesetzt, so ist sein symbolischer Ausdruck das Auge, durch welches wir Wissen und Information über die äußeren Dinge empfangen, wie auch das innere Auge, welches tief in das Selbst und in das wahre Wesen der Wirklichkeit schaut. Es ist das Zentrum der Ideen und der mystischen Offenbarung, das Zentrum der Objektivität. Seine Meisterschaft liegt im Bewußtsein: in der objektiven Bewußtheit des Selbst und des Universums. Es ist das Heim des göttlichen Lichtes.

Wird das effektive Zentrum auf gesunde Weise ausgedrückt, so können wir dadurch unser Werk in der Welt als volle Person vollenden. Sein Symbol ist deshalb der Mund, durch welchen wir Ziele feststellen und Veränderungen bewirken, sowie die innere Stimme, die die Motivation für den Einsatz von Energie schafft. Es ist das Zentrum des Ausdrucks und der direkten Wahrnehmung, das Zentrum der Freiheit. Seine Meisterschaft liegt in der Kreativität: in der Fähigkeit zu aktualisieren und zu produzieren. Es ist das Heim des göttlichen Lebens.

Da bei unserer Erschaffung alle drei Zentren der Intelligenz miteinander im Gleichgewicht sind, würde es als natürlich erscheinen, diese verfügbaren Lebensquellen auf bestmögliche Art und Weise einzusetzen. Zweifellos wäre eine ausgewogene Verwendung dieser Zentren ideal.

Gemäß der Lehre des Enneagramms beginnt die Bildung unserer Persönlichkeit jedoch auf *unausgewogene* Weise. In der Beziehung der drei Zentren untereinander entwickeln wir eine Vorliebe für die Verwendung eines der Zentren, und das selbst für die Zwecke, für die die anderen Zentren gedacht waren. Dieses Ungleichgewicht führt dazu, daß die Zentren nur auf der funktionellen Ebene und nicht entsprechend ihrem wahren Sinn eingesetzt werden.

Dadurch verlieren wir das Bewußtsein des wahren Sinnes und des Schicksals unseres Lebens. Wir können unser wahres Selbst nicht mehr frei ausdrücken und müssen uns ein falsches Selbst erschaffen, um in der Welt zu überleben.

Gurdjieff, der große Lehrer des Enneagramms, sagte, daß jeder Mensch mit einer Essenz erschaffen wird. Diese Essenz ist keine *Tabula rasa*, kein reiner Tisch, sondern eine wirkliche Identität, geprägt durch Vorlieben und Neigungen, aber auch mit Leerstellen. Diese Leerstellen werden im Reifeprozeß gefüllt, wenn die Essenz sich entwickeln darf und nicht erstickt oder ausgelöscht wird.

Während des Reifungsprozesses fallen wir jedoch, psychologisch und spirituell gesehen, in einen Schlaf und verbringen unser Leben wie schlafwandelnd. Diese innere Dumpfheit wird von den meisten Menschen als Normalbewußtsein angesehen und ist deshalb gefährlich. Um zu verstehen, wie und warum wir eingeschlafen sind, müssen wir in unsere Kindheit zurückkehren, zum »Tatort«.

Die drei Zentren

Der Ursprung des schlafwandelnden Zustandes vieler Erwachsener liegt im Sozialisationsprozeß ihrer Kindheit. Kleine Kinder handeln aufrichtig und ernsthaft und spiegeln, was in ihnen ist. Wachsen wir heran, müssen wir mit der Welt umgehen lernen und stellen fest, daß wir unser Wesen nicht frei ausdrücken können, sondern es um des Überlebens willen unterdrücken müssen. Auf diese Weise formt sich unsere Persönlichkeit. Die Persönlichkeit ist das Ergebnis von Erfahrungen, Beziehungen und Erziehung, und ist deshalb in der Lage, auf der weltlichen Ebene zu handeln. Als Kinder lernen wir, unser wahres inneres Selbst einzuschränken und zu verstellen, um uns an unsere Umwelt anzupassen.

Das ist die begangene »Tat«, der Mord an der Seele, der meist von anderen, zum Teil aber auch von uns selbst begangen wird. Da man von uns als Kindern erwartet, daß wir anders sind, da man uns nicht akzeptiert, wie wir sind, lassen wir die Wahrheit des Selbst einschlafen, und bemühen uns um Konformität. Bald schon kooperieren wir bereitwillig, denn für unsere Bemühungen werden wir belohnt. Immer mehr nehmen wir die Wirklichkeit nicht in unserem wahren Selbst wahr, welches schöpferisch, positiv und frei ist, sondern in dem niederen Selbst, das herausgefunden hat, wie es auf diejenigen, von denen unsere Existenz abhängt, akzeptabel reagieren kann.

Die destruktive Auswirkung solcher Anpassungen auf die Essenz, auf das wahre Selbst, wird durch die Abhängigkeit von Erwachsenen während der verlängerten Kindheit menschlicher Wesen noch gesteigert. Nicht daß die Essenz an sich schon gut und rein wäre, nein, auch sie muß sich entwickeln und reifen. Doch statt die Essenz zum Reifen zu bringen, sorgt der Erziehungsprozeß des Kindes dafür, daß das Kind die Essenz ignoriert und an ihrer Stelle einen äußeren Persönlichkeitskern und dann eine falsche Persönlichkeit entwickelt.

Das unausweichliche Ergebnis dieses Prozesses ist, daß wir Gewohnheiten, Eigenheiten, Vorlieben und Abneigungen, Vorurteile, Neigungen, Meinungen, falsche und richtige Selbstbilder, Sehnsüchte und Gefühlsbedürfnisse entwickeln, die eher unsere kindliche Umwelt spiegeln als unsere Essenz, unser wahres Wesen. Das Leben wird in eine Schale der Unwirklichkeit und Falschheit geschlossen. Von unserer Empfängnis an bis in unsere frühe Kindheit hinein erleben wir alle eine langsame Ermordung unserer Seele.

In vielerlei Hinsicht handelt es sich dabei um »das perfekte Verbrechen«. Das Opfer kooperiert nicht nur bei seiner eigenen Tötung und verschleiert damit die Verantwortung für die Tat, sondern es sieht alles auch so normal aus. Die Sonne geht auf und unter, alles scheint gut, es gibt kein Blut, keinen Leichnam. Und weil alle Beweise geheim, in der Seele verborgen sind, bleibt das Verbrechen unbemerkt. Die ganze Angelegenheit ist so typisch, daß es großenteils undenkbar erscheint, darauf hinzuweisen, daß alles eigentlich anders sein sollte.[2]

Bevorzugung eines Zentrums

Die Persönlichkeitsentwicklung beginnt, in der Sprache des Enneagramms, damit, daß wir ein Zentrum den anderen beiden gegenüber bevorzugen lernen. Dieses Ungleichgewicht empfinden wir zunächst als einen Vorteil, weil unsere Individualität darin eine fertige Form findet und es uns als Kindern ermöglicht, uns frei auszudrücken.

Das stärker benutzte Zentrum bezeichnen wir als das *Primärzentrum*. Wir lernen als Kinder sehr schnell, dieses Zentrum auf die oben beschriebene, unangemessene Weise einzusetzen. Uns sind die Vorteile angenehm, von denen wir fälschlich glauben, daß dieses Zentrum sie bietet, und wir setzen es weit über sein Maß hinaus ein. Auch ein zweites Zentrum benutzen wir zu stark, aber in geringerem Grade. Das dritte Zentrum wird ignoriert und als unwichtig abgelehnt. Durch diese ausgedehnte Überverwendung oder Unterverwendung unserer drei Intelligenzzentren wird unsere Fähigkeit, uns, andere und das Leben überhaupt wahrzunehmen und zu verstehen, beeinträchtigt.

Das *Sekundärzentrum*, das wir ebenfalls überverwenden, unterstützt das Primärzentrum und erweitert den Tätigkeitsbereich, in welchem wir kompetent sind. Da wir mit den Funktionen dieses Zentrums zurechtkommen, setzen wir seine Stärken ein, um unsere Persönlichkeit auszuweiten und zu kräftigen.

Die größten Schwierigkeiten entstehen mit dem dritten Zentrum. Es bleibt unentwickelt und wird zuwenig verwendet, weil wir primär die Funktionen des einen Zentrums einsetzen und diejenigen des anderen als Hilfestellung verwenden. Da wir den Einsatz dieses *Tertiärzentrums* weitgehend abgelehnt haben, gerät unser Leben aus dem Gleichgewicht.

Ein Leben ohne das dritte Intelligenzzentrum leben zu wollen, gleicht dem Versuch, auf zwei Beinen eines dreibeinigen Stuhles zu balancieren. Obwohl uns die Entwicklung dieses Tertiärzentrum schwer fällt, brauchen wir seinen Beitrag, um ausgewogen und ganz werden zu können.

Das dritte Zentrum bleibt schlafend und wirkt auf einer unbewußten Ebene, weshalb uns seine Funktionen rätselhaft bleiben. Begegnen wir einem Menschen, dessen Primärzentrum unserem schlafenden entspricht, so kann diese Person einerseits Gegenstand unserer Angst, Abscheu oder Aggression werden, andererseits auch der Anziehung oder des Verlangens. Indem wir einen Teil von uns auf die andere Person projizieren, lehnen wir ihre oder seine Gedanken, Gefühle und Verhaltensweisen automatisch als irrational und unpassend ab, oder wir sind davon fasziniert. Aus dieser Dynamik lassen sich viele negative Beziehungen wie auch romantische Anziehungen im Leben der Menschen erklären.

Das Diagramm mit dem Titel »Die Zentren« teilt die neun Muster des Enneagramms nach ihren drei Primärzentren ein. Die Zahlen Zwei, Drei und Vier bevorzugen das affektive Zentrum, dessen mechanischer Bereich die Gefühle, Emotionen und Beziehungen sind. Die Zahlen Fünf, Sechs und Sieben bevorzugen das theoretische Zentrum, das Gedanken, Berechnungen und Entscheidungen in vorhersehbaren Systemen produziert. Acht, Neun und Eins bevorzugen das effektive Zentrum, dessen egozentrisches Interesse sich auf das Dasein, die Sicherheit und instinktives Verhalten richtet, spontane Reaktionen, die unabhängig von Urteil oder Wille sind.

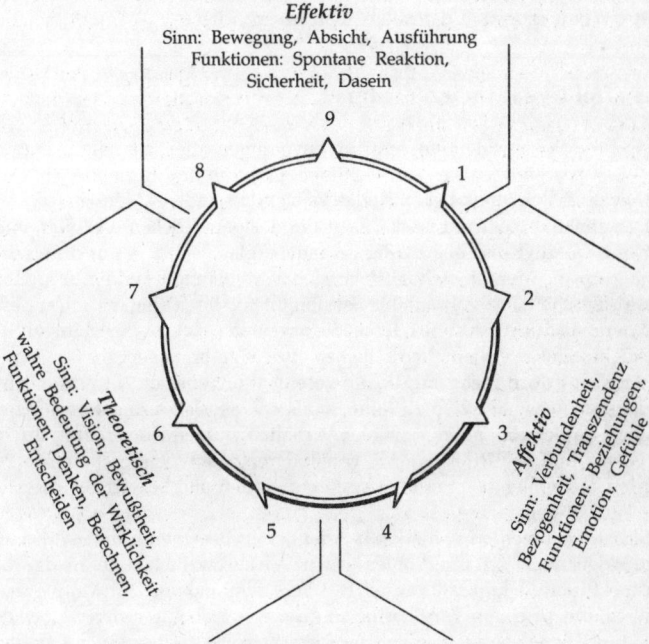

Die Vorstellung, daß die rechten und linken Flügel eines jeden Zentrums etwas gemein haben, stammt aus den Vorträgen von O'Leary und Beesing (Januar 1986 in Denver, Colorado). Urheber der besonderen Beschreibungen dieser Gemeinsamkeiten wie auch der Zentren sind aber Theodore E. Dobson und Kathleen V. Hurley.
© Copyright 1990 Theodore E. Dobson und Kathleen V. Hurley

Obwohl wir alle jeweils ein Zentrum bevorzugen und mit seinen Funktionen vertraut sind, bleiben wir doch für seinen wahren Sinn blind. Um diese wahre Bedeutung der Intelligenz eines jeden Zentrums entdecken zu können, müssen wir unser Bewußtsein steigern. Die bloßen Funktionen der Zentren sind mechanische Reaktionen auf das Leben, die zu Egozentrik führen; und unser schlafendes Selbst hält diese Funktionen deshalb für gut, weil es mit ihnen vertraut ist. Das Erwachen und die Erkenntnis, daß das Leben auf der egozentrischen Ebene der Funktionen unangemessen ist, bildet den Schock, den wir brauchen, um als Menschen wachsen zu können. Jeder scharfsinnige Detektiv erkennt, daß nur eine kritische, unvoreingenommene Untersuchung der Hinweise die Linse bilden kann, durch die wir als Illusion entlarven, was Wirklichkeit zu sein schien. In diesem Sinne können wir nun die Hauptcharakteristika der Menschen beschreiben, die ein bestimmtes Zentrum bevorzugen und deshalb überbeanspruchen.

Das affektive Primärzentrum

Menschen, die das affektive Zentrum bevorzugen (die Zwei, die Drei und die Vier), beschäftigen sich mit Gefühlen, Emotion und Beziehungen. Das wichtigste Ziel in ihrem Leben ist das Verständnis anderer Menschen.

Das affektive Zentrum ist das Zentrum der persönlichen Aktivität, und wer es bevorzugt und übermäßig gebraucht, glaubt, daß es nur durch die Interaktion mit Menschen möglich ist, sich wertvoll und lebendig zu fühlen. Diese Menschen sind stolz auf ihre Sensibilität und ihre Fähigkeit, auf andere und deren Bedürfnisse zu reagieren. Sie orientieren sich an Beziehungen.

Affektorientierte Menschen scheinen andere zu brauchen. Ihr Bedürfnis richtet sich jedoch mehr auf die Anwesenheit anderer, um in persönliche Beziehung zu ihnen treten zu können, als daß sie sich auf andere stützen müßten. Dieses auf andere bezogene Verhalten wurzelt jedoch oft in ihrem Verlangen und Bedürfnis danach, von anderen positiv wahrgenommen zu werden. Sie wollen von anderen bestätigt werden und bezeichnen dies als eine Herzensbegegnung.

Situationen werden von affektiv orientierten Personen in menschlichen Kategorien analysiert. Ein Problem versuchen sie dadurch zu lösen, daß sie sensibel für die Gefühle aller beteiligten Personen sind und ihre Motive analysieren, um zu einem Verständnis zu gelangen. Dabei ignorieren sie viele objektive Fakten wie auch Fragen der Sicherheit. Die Analyse einer Situation auf der menschlichen Ebene halten sie für das einzig Wichtige, sind jedoch in einer solchen Analyse selten methodisch. Sie können sich statt dessen meisterhaft alle Anteile einer Person oder einer persönlichen Situation unmittelbar bewußt machen und dann einfach »wissen«, wie sie darauf zu reagieren haben. Sie könnten dann allerdings nicht erklären, wie sie zu ihren Schlußfolgerungen gekommen sind, oder sie würden es auf sehr lange und umständliche Weise erklären und eher durch persönliche und emotionale Gründe als durch logische.

Diese Menschen können in bezug auf das Leben, auf menschliche Beziehungen und Werte sehr ernst sein, denn aus diesem Lebensaspekt ergibt sich ihre gesamte Selbstwahrnehmung, und sie stecken viel Zeit und Kraft in die Pflege menschlicher Beziehungen. Zeigen ihre Emotionen sich auf einer leichteren Schiene, so erweisen sie sich als sentimentale Freunde des Vergnügens, des Prunks und alles Sensationellen, denn dadurch werden ihre Emotionen genährt.

Menschen, die das affektive Zentrum bevorzugen und übermäßig verwenden, gehen auf typische Weise mit bestimmten Situationen um: Sie konzentrieren sich bewußt oder unbewußt auf die Menschen in dieser Situation; doch richtet sich ihr Interesse eher auf ihr Image als auf die tatsächlichen Vorgänge. Ihren Gesprächen und Handlungen unterliegt stets das Verlangen, anderen ein passendes äußeres Erscheinungsbild von sich zu vermitteln. Sie werden von der Frage getrieben, ob andere sie mögen, ob sie selbst wiederum diese anderen mögen, wie andere Menschen auf sie reagieren und was sie von ihnen wollen. Sie möchten gern mit den »richtigen« Leuten zusammensein, was auch immer dieser Ausdruck in einer bestimmten Situation für sie bedeutet, und erlangen dadurch zusätzliche Motivation und Antriebe.

Wirken jedoch all ihre Fähigkeiten zur menschlichen Analyse nicht, und haben sie eine Person oder Situation so gut analysiert, wie sie konnten, ohne angemessen mit ihr umgehen zu können, so ziehen sie sich in emotionalen Selbstschutz zurück. Aufgrund ihres Bedürfnisses, auf andere zu reagieren und ihre Reaktion zu erleben, ist eine solche Zurückgezogenheit für sie schmerzvoll und gefährlich. Und dennoch ziehen sie die Einsamkeit der Möglichkeit vor, eine Person oder Situation neu anzugehen.

Affektiv orientierte Menschen sind unbewußte Manipulatoren. Sie sind auf der Gefühlsebene äußerst bewußt, verwenden diese Information aber für sich, besonders um Menschen dazu zu manipulieren, sie zu mögen, auf sie zu reagieren und sich auf sie zu konzentrieren. Wie alle erfolgreichen Manipulatoren können sie in ihrer Taktik sehr subtil sein, so daß andere Menschen und sogar sie selbst meist die Motive hinter allem, was sie sagen und tun, nicht durchschauen. Sie sind tief fühlende Menschen, die ihre Gefühle für ihre eigenen Zwecke einsetzen.

Die Menschen, die das affektive Zentrum bevorzugen, kämpfen ihr Leben lang gegen das tiefe Gefühl, nicht liebenswert zu sein.

Das theoretische Primärzentrum

Menschen, die das theoretische Zentrum bevorzugen (die Fünf, die Sechs und die Sieben), beschäftigen sich mit Denken, Berechnen und Entscheiden. Ihnen ist es am wichtigsten, zu einem, wie sie es nennen, objektiven Bild zu kommen. Das theoretische Zentrum ist das Zentrum der sachbezogenen Aktivität.

Wer dieses Zentrum bevorzugt und übermäßig benutzt, glaubt, daß Informationen und Objektivität eine Person zu einem wertvollen und interessanten Individuum machen. Sie sind stolz auf die Breite und Tiefe ihres Wissens und orientieren sich sachlich.

Sie müssen alle Dinge im Zusammenhang sehen und strahlen deshalb oft das Gefühl aus, distanziert und hoch über einer Situation zu schweben, sie aus großem Abstand verstehen zu wollen, bevor sie sich einlassen oder etwas dazu sagen. Theorieorientierte Menschen nehmen häufig auf der intellektuellen Ebene Beziehung zu anderen auf, durch Ideen, die emotional nicht gebunden sind. Das heißt, daß sie die Erfahrungen anderer Menschen abstrakt verstehen, sich der beteiligten emotionalen Leiden aber nicht bewußt werden. Auf diese Weise können sie in Beziehungen das Gefühl der Objektivität aufrechterhalten und die Situation im Zusammenhang sehen. Emotionale Verwicklung oder spontane Reaktionen nehmen sie als Gefährdung ihrer reinen Objektivität wahr.

Theoretisch orientierte Menschen können nur echtem und unverfälschtem abstraktem Wissen vertrauen. Sie sind unter allen Persönlichkeitsmustern die unpersönlichsten, weil sie das Leben aus hypothetischer und ideeller Perspektive, statt aus praktischer oder menschlicher angehen. Menschen, die das theoretische Zentrum bevorzugen, fühlen sich von abstrakten Lernprozessen angezogen, zum Beispiel von Büchern, Kursen und Vorträgen. Aus diesen Quellen lernen sie Prinzipien und Methoden, im Gegensatz zum Lernen von praktischen Angelegenheiten durch Erfahrung und Verwicklung in menschliche Situationen.

Am sichersten fühlen sich diese Menschen, wenn sie am Objekt ihres Studiums oder ihrer Wahrnehmung verschiedene miteinander verbundene Aspekte sehen können. Sie haben erst das Gefühl, ein Thema verstanden zu haben, wenn sie die systematischen Beziehungen und zugrundeliegenden Prinzipien oder eine logische und nicht wandelbare Gleichförmigkeit in den Gedanken oder Ereignissen erkannt haben. Deshalb sind Systematisierungen für sie bedeutungsvoll. Auf einer leichteren Ebene sind sie sich der Absurdität des Lebens und der mangelnden Logik menschlichen Verhaltens bewußt und zeigen aufgrund dessen einen ausgeprägten Humor.

Eine typische Eigenschaft der Menschen, die das theoretische Zentrum bevorzugen, ist ihr tiefsitzender Mangel an Bereitschaft, Informationen von den anderen beiden Zentren zu akzeptieren. Die theorieorientierten Menschen sind mehr als die affektiven und effektiven darauf fixiert, sich allein auf die Funktionen ihres Zentrums – Denken, Berechnen, Entscheiden – zu verlassen. Sie klammern sich rücksichtslos an ihre eigenen Wahrnehmungen, Gedanken und Pläne, auch wenn für andere offensichtlich ist, daß diese nicht der Wirklichkeit entsprechen.

Die typische Art, wie sie an eine Situation herangehen, ist, daß sie sich zurückhalten, reflektieren und überlegt handeln. Sie wollen die Regeln kennenlernen und sich nicht auf Menschen, Gefühle oder andere äußere Wirklichkeiten beziehen, sondern statt dessen über Systeme, Prinzipien und Methoden spekulieren. Darin finden sie die Strukturen, die sie vor menschlicher Verwicklung schützen, von der sie eine Minderung ihrer Objektivität befürchten. Wenn sie sich einer Situation nähern, tun sie das mit dem unbewußten Verlangen, alle unpersönlichen Fakten herauszunehmen, die ihnen die reine Einsicht vermitteln werden, die sie zur Einschätzung und Bewertung ihrer Wahrnehmungen brauchen.

Versagen all ihre Bemühungen, eine Situation objektiv zu verstehen und hilft ihnen ihre intellektuelle Struktur nicht mehr, mit einer Person oder Situation umzugehen, so haften sie um so sturer an ihrer abstrakten Sichtweise. Das daraus folgende Gefühl der Beziehungslosigkeit ist oft schmerzhaft und verwirrend, scheint aber immer noch besser zu sein, als sich auf die vage Welt der Gefühle, Emotionen und instinktiven Reaktionen einzulassen.

Theorieorientierte Menschen fühlen sich anderen bewußt oder unbewußt überlegen. Und diese Illusion wird durch ihr Verhalten – über den Dingen zu schweben, um den Gesamtzusammenhang zu sehen – noch verstärkt. Sie haben das Gefühl, daß ihre objektive und desinteressierte Sichtweise ihnen anderen gegenüber im Umgang mit der Wirklichkeit einen Vorteil verschafft. Dieses Gefühl der Überlegenheit verstecken sie häufig unter Freundlichkeit oder falscher Bescheidenheit. Ihr Bedürfnis, einem überlegten und gut geplanten Handlungsverlauf zu folgen, und ihre Unfähigkeit, mit emotionalen oder Instinktreaktionen umzugehen, dienen als Schutz davor, sich auf die Welt einzulassen.

Menschen, die das theoretische Zentrum bevorzugen, kämpfen ihr Leben lang gegen ein tiefes Gefühl der Unfähigkeit.

Das effektive Primärzentrum

Menschen, die das effektive Zentrum bevorzugen (die Acht, die Neun und die Eins), haben mit Sicherheit, Instinktreaktionen und dem Dasein zu tun. Sie halten es für den wichtigsten Aspekt des Lebens, daß andere sich mit ihnen auseinandersetzen. Das effektive Zentrum ist das Zentrum der körperlichen Kraft, der Bewegung und der sexuellen Energie. Wer dieses Zentrum bevorzugt, hält es für wesentlich, in einer Situation Macht und Einfluß zu haben, denn dadurch werden Menschen erst wertvoll und lebendig. Weil ihr Interesse sich auf Sicherheit, Überleben und Energie richtet, sind sie stolz auf ihre Fähigkeit, in einer Situation einen festen Standpunkt zu haben und die Kontrolle nicht zu verlieren. Sie sind instinktorientierte Menschen.

Menschen, die dieses Zentrum bevorzugen und übermäßig verwenden, fordern von sich und anderen viel. Sie sind dem Leben und sich selbst gegenüber anspruchsvoll und setzen sich mehr Leistungsziele, wie sie handeln oder sein sollten, als VertreterInnen anderer Zentren. Als Folge übersehen sie leicht die Wichtigkeit von Beziehungen und Gefühlen, wie auch die Wichtigkeit von Objektivität und Überlegung. Ihre Ansprüche und Erwartungen entstehen aus einem Bewußtsein der eigenen Kraft, ihrer Beherrschung und der Fähigkeit, die Welt zu beeinflussen. Die Kontrolle können sie auf offensichtliche Weise übernehmen, tun es oft aber auch hinter den Kulissen oder auf passiv-aggressive Art und Weise.

Sie machen einen sicheren Eindruck und strahlen ein Gefühl der Verwurzelung aus, aber damit auch eine gewisse Unwilligkeit oder unbewußte Abwehr dagegen, sich zu bewegen. Unter der Oberfläche dieses stoischen Äußeren liegen Unsicherheit und ein beunruhigendes Gefühl unbekannter Bedrohung. Da sie ständig wissen müssen, ob sie mit den Anforderungen des Lebens fertig werden, müssen sie sich ständig bewußt oder unbewußt mit anderen vergleichen und sich ihrer relativen Kraft oder Autorität in einer

Situation vergewissern. Haben sie dies erreicht, so sind ihr Selbstvertrauen und ihre Sicherheit wieder intakt.

Effektorientierte Menschen reagieren instinktiv. Ihr Wissen kommt aus der Tiefe ihres Wesens; und wenn sie einmal eine Entscheidung gefaßt haben, scheinen sie oft unerschütterlich. Auf diese Weise üben sie Macht und Einfluß aus – für Menschen dieses Zentrums wichtige Begriffe. Indem sie zu sehr aus instinktiven Reaktionen heraus handeln, bauen sie eine derartige Autorität auf, daß andere sich von ihnen leicht bedroht fühlen können und deshalb Angst haben, ihnen entgegenzutreten oder zu widersprechen.

Indem sie sich übermäßig auf ihre instinktive Kraft verlassen, wird das spontane Reagieren für sie zu einer Lebensweise, die andere sehr überraschen und überrumpeln kann. Zeigt sich ihre Spontaneität jedoch auf leichterer Ebene, so können sie einem jeden Zusammensein Leben verleihen und für Spaß und Spiel sorgen.

Menschen, die das effektive Zentrum bevorzugen, gehen mit einem bewußten oder unbewußten Interesse an ihrer Sicherheit und Stärke gegenüber anderen in eine Situation. Da ihnen ihr Ruf sehr wichtig ist, sind die für sie entscheidenden Fragen in einer jeden Situation, wer recht und wer unrecht hat. In Konflikten wollen sie auf der Seite des Rechts sein, denn nur dieses garantiert ihnen eine Plattform, auf der sie ihren Einfluß ausweiten können. Ihr vergangenes Verhalten gibt ihnen das Recht, zu fordern und auch in der nächsten Situation Macht und Einfluß einzusetzen.

Versagen jedoch all ihre Versuche, Macht und Kontrolle zu gewinnen, weil sie in einer persönlichen Beziehung oder einer Situation ihren eigenen Erwartungen nicht gerecht werden, so fallen sie in tiefe Unsicherheit. Diese Unsicherheit kann sich äußerlich als Wut auf andere oder innerlich als Selbstkritik und Selbstzweifel ausdrücken. Glauben sie sich auf der anderen Seite im Recht, so weigern sie sich, von ihrer einmal gewählten Reaktion abzuweichen. Sie würden sich eher ein Bein abhacken, als einer vermeintlichen Schwäche nachzugeben. Auch wenn diese Gefühle sehr schmerzhaft sind, so werden effektorientierte Menschen lieber darin schwelgen, als sich für eine neue Weise zu öffnen, Menschen, Situationen oder dem Leben zu begegnen.

Menschen, die das effektive Zentrum bevorzugen, sind allem anderen gegenüber, einschließlich sich selbst, leicht feindselig eingestellt. Sie sind mit den Dingen, wie sie sind, selten zufrieden und wollen sie verändert und verbessert sehen. Sie nehmen das Leben in Kategorien des Gewinnens und Verlierens, von richtig und falsch, gut und schlecht wahr und benutzen ihre Energie zu ihrem eigenen Schutz. Es fällt ihnen schwer, die Welt anzunehmen, wie sie ist. Im effektiven Zentrum haben die Menschen einen lebenslangen Kampf gegen ein tiefes Gefühl der Unwichtigkeit zu kämpfen.

Die Gleichgewichtspunkte

Bei drei Mustern – der Drei, der Sechs und der Neun – muß noch eine Besonderheit angesprochen werden. Wir nennen diese drei die *Gleichgewichtspunkte*, die im Enneagramm einen besonderen Ort haben.[3] Da jede dieser drei sich in der Mitte oder im Herzen ihres jeweiligen Zentrums befinden, kann man sagen, daß diese Muster auf besonders intensive Weise die inneren Widersprüche zeigen, die durch die Bevorzugung und den übermäßigen Gebrauch dieses Zentrums entstehen.

Diese drei Muster weisen die sinnvolle Verwendung ihres Primärzentrums zurück, weil sie die Harmonie zwischen ihrem Inneren und Äußeren idealisieren. Sie unterdrücken die Energie ihres Zentrums und leben mit der Illusion, daß es am wichtigsten im Leben sei, es allen Menschen recht zu machen. Dazu verleugnen sie die Kraft der Funktionen ihres Primärzentrums. Wir nennen diese Punkte die Gleichgewichtspunkte, weil ihr Ziel darin liegt, alles im Leben im Gleichgewicht zu halten. Diese Muster gehen in ihren Reaktionen nie in Extreme.

Die Dreier oder GewinnerInnen (im affektiven Zentrum) unterdrücken ihre Sensibilität für die Gefühle und Bedürfnisse bei sich und anderen und verwenden sie statt dessen, um eine Aura des Erfolges, der Selbstgewißheit und Kompetenz aufzubauen. Dreier halten alle ihre Reaktionen sorgfältig im Gleichgewicht, um keine persönlichen Gedanken oder Vorlieben zu verraten, die andere verunsichern oder den eigenen Aufstiegschancen im Wege stehen könnten.

Sechser oder MitstreiterInnen (im theoretischen Zentrum) unterdrücken ihre Fähigkeit, zu berechnen und zu entscheiden; sie verlassen sich lieber auf andere und besonders auf Autoritätsfiguren und Institutionen, um sich Leitlinien und Lebensregeln geben zu lassen. Sechser benutzen ihre Vertrautheit mit abstraktem Denken, um alles im Kontext ihrer jeweiligen Gruppe zu betrachten, und halten ihre Reaktionen sorgfältig im Gleichgewicht, sofern es dem Wohle ihrer Gruppe dient.

Neuner oder BewahrerInnen (im effektiven Zentrum) unterdrücken ihre Energie, besonders im privaten Bereich, und setzen statt dessen passiv ihre Standhaftigkeit und Gegenwärtigkeit in bezug auf Trivialitäten ein. Neuner halten ihre Reaktionen sorgfältig im Gleichgewicht, um Spannungen oder Schwierigkeiten zu ignorieren und mit ihrer Energie eine Atmosphäre des Friedens und der Heiterkeit zu schaffen.

Das Hervorbringen geistiger Kraft

Wie eine ständige Ernährung von Apfelkuchen und Kaffee wird auch die Bevorzugung nur eines Intelligenzzentrums niemals die Erfüllung und Befriedigung bringen, die Menschen suchen. Einseitigkeit bedeutet für alle eine Verarmung. Nur ein Gleichgewicht aller drei Intelligenzzentren kann die gesunde Nahrung hervorbringen, die wir brauchen, um in all dem Glanz und Schutt unseres gegenwärtigen Lebens nach unserem wahren Schicksal zu suchen.

Dieses Gleichgewicht kann jedoch nur durch harte Bewußtseinsarbeit errungen werden, denn in unserer begrenzten Fähigkeit, die Wahrheit zu begreifen oder zu verstehen, sind wir innerlich nicht eins, sondern geteilt. Dieser zunächst oft beängstigende Kampf um die Bewußtwerdung ist eine geistige Suche, die Licht in die Dunkelheit bringt und unserem Leben Sinn gibt.

Niemand verstand diesen Kampf besser als der Psychologe Carl Gustav Jung, der sagte, daß wir zunächst nicht mehr als den abwärts zu dunklen und verhaßten Dingen führenden Pfad sehen können. Aber von denen, die diesen Anblick nicht ertragen können, könne auch nie Licht oder Schönheit ausgehen. Licht werde stets aus der Dunkelheit geboren, und die Sonne habe noch nie am Himmel stillgestanden, um eine Sehnsucht zu erfüllen oder eine Angst zu stillen.[4]

In bezug auf das, was er das Wunder des reflektierenden Bewußtseins nannte und die Suche nach dem Lebenssinn, sagte Jung: »Die Bedeutung des Bewußtseins ist so groß, daß man nicht umhin kann zu vermuten, es läge in all der ungeheuren, anscheinend sinnlosen biologischen Veranstaltung irgendwo das Element des Sinnes verborgen, welcher endlich den Weg zur Manifestation auf der Stufe der Warmblütigkeit und eines differenzierten Hirns wie zufällig gefunden hat, nicht beabsichtigt und vorgesehen, sondern aus dunklem Drange erahnt, erfühlt, ertastet.«[5]

Die Weisheit des Enneagramms, der Erkenntnisgewinn darüber, wie unser Tertiärzentrum, unser ungewohntes Intelligenzzentrum, funktioniert, wäre eine müßige Übung, sofern wir dieses Wissen in unserem Leben nicht anwendeten. Es wäre so, als würden wir »ham sandwich« auswendig lernen und wieder zu »apple pie and coffee« zurückkehren, sobald uns das Leben ein Hindernis in den Weg legt.

In uns allen existieren drei Intelligenzzentren. Alle drei können ihre richtige Arbeit nicht tun, weil zwei von ihnen übermäßig und eines zuwenig benutzt werden. Deshalb schlummert in der Tiefe eine gewaltige geistige Kraft, die darauf wartet, erweckt zu werden und bewußt werden zu können.

Anmerkungen

1 Maurice Nicoll lehrt in *Psychological Commentaries on the Teaching of Gurdjieff and Ouspensky* vier Zentren: emotional, intellektuell, bewegend und instinktiv (siehe Vol. 1, bes. Seite 68–87). Es heißt, Gurdjieff habe manchmal drei Zentren, manchmal vier und manchmal sieben gelehrt, indem er das emotionale Zentrum in ein höher emotionales und ein emotionales unterteilte, das intellektuelle in ein höher intellektuelles und ein intellektuelles und das instinktive in ein bewegendes, ein sexuelles und ein instinktives Zentrum.
2 Kathleen Riordan Speeth – *The Gurdjieff Work*, New York 1976, S. 80–83.
3 O'Leary, Beesing und Nogosek bezeichnen diese Punkte in ihrem Buch *The Enneagramm* (S. 146–55) als »Ablehnungspunkte«.
4 C. G. Jung – *Modern Man in Search of a Soul*, New York 1933, S. 215.
5 C. G. Jung – *Erinnerungen, Träume, Gedanken von C. G. Jung*, Olten 1971, S. 341 f.

Kapitel 3

Durch die Lupe betrachtet
Ein genauerer Blick auf die neun Muster

In dieses »Selbst« gekleidet, eine Schöpfung unverantwortlicher und unwissender Menschen, bedeutungslose Ehrungen und katalogisierte Handlungen – in die Zwangsjacke des Unmittelbaren gepreßt.
Aus all diesem herauszutreten, und nackt auf der Klippe zu stehen, unverletzlich, frei: im Licht, mit dem Licht, vom Licht. Ganz real im Ganzen.
Aus mir als einer Hürde, in mich als Erfüllung.

Dag Hammarskjöld

In den letzen Jahren hat sich ein Phänomen herausgebildet, das schnell den obersten Rang als Zeitvertreib der Nation erreicht hat. Das Privatleben aller öffentlichen Persönlichkeiten – PolitikerInnen, SportlerInnen, SchauspielerInnen, religiöse FührerInnen – kommt zur genauesten Untersuchung unter die mächtige Lupe des Fernsehens. Wir haben jetzt in unserem eigenen Wohnzimmer einen Logenplatz.

NachrichtensprecherInnen und andere haben das Gute dieser fast täglichen Enthüllungen darin zu finden versucht, daß die Bedrohung durch eine öffentliche Enthüllung bekannte Persönlichkeiten dazu anhalten könnte, in ihrem eigenen Leben Ordnung zu halten. Es wäre nur zu schön, wenn die Enthüllung privater Abwegigkeiten irgendwie dazu beitragen könnte, ein stabiles Volksgewissen zu entwickeln. Weniger schön, aber wohl zutreffender ist die Annahme, daß besagte Persönlichkeiten dadurch gezwungen werden, mit ihren Indiskretionen noch diskreter umzugehen.

So bemerkte Terry Kellogg: »*In unserer Kultur besteht die üblichste Heilung von einer Sucht in einer anderen Sucht. Wir springen von einer zur anderen und versuchen eine Sucht zu finden, die die Leute nicht so sehr verschreckt.*«[1]

Es ist eine Aufgabe des Individuums, Bewußtsein und Gewissen zu entwickeln. Solange wir diese Aufgabe nicht ernst nehmen, wird unser Leben weiterhin von unbewußten Motiven bestimmt werden und Fehlverhalten und Abhängigkeit als unweigerliche Folge nach sich ziehen. Der angenehme Gedanke, daß die Enthüllung der Eigenheiten öffentlicher Gestalten das allgemeine Gewissen irgendwie heben könnte, ist nur eine weitere Form der Illusion, des magischen Denkens schlafender Menschen.

Ein normales Volksgewissen wird sich nur dadurch entwickeln können, daß mehr Menschen persönlich die innere Arbeit des Wachstums und der Heilung auf sich nehmen, als daß auf der anderen Seite Menschen an den zerstörerischen Kräften des unbewußten Lebens hängen. Der richtige Ort, die Lupe zu verwenden, ist nicht bei anderen, sondern in unserem eigenen Leben.

Das Leben im Brennpunkt

Das Enneagramm bietet uns mehrere erhellende Werkzeuge zum Verständnis unseres Lebens, Werkzeuge in Gestalt von Kategorien der unbewußten Motive. Wir verstehen die Struktur, die unserem Unterbewußtsein zugrunde liegt, wenn wir diese Kategorien und ihre Anwendung auf die verschiedenen Muster des Enneagramms verstehen.

Jeder Zahl oder jedem Muster werden drei Kategorien zugeordnet. Ein Primärzentrum, ein Lebensbezug und ein Verfahren zur Problemlösung. Keine zwei Zahlen haben die gleiche Kombination von Kategorien. Die spezifische Abhängigkeit einer Zahl ergibt sich aus der besonderen Weise, wie bei ihr die Eigenschaften dieser Kategorien kombiniert sind.

In Kapitel 2 wurden die Intelligenzzentren besprochen, in diesem Kapitel konzentrieren wir uns auf den Lebensbezug der Menschen und auf die Art, wie sie Hindernisse überwinden. Im Enneagramm gibt es drei verschiedene Arten, Bezug zum Leben aufzunehmen, der Weg der *Unterwerfung*, bei dem die Begegnung mit dem Leben direkt gesucht wird; der Weg der *Vermittlung*, in dem mit dem Leben verhandelt wird; oder der Weg der *Reduktion*, durch bloße Reaktion auf das Leben. Es gibt auch drei verschiedene Wege, die Probleme des Lebens anzugehen: indem auf *aggressive* Weise expansive Lösungen gesucht werden, indem auf *abhängige* Weise gemäßigte Lösungen gesucht werden und indem auf *zurückgezogene* Weise aufgeklärte Lösungen gesucht werden.[2] Das folgende Diagramm »Lebensbezug und Problemlösungsverfahren« faßt diese Informationen für alle neun Zahlen des Enneagramms zusammen.

Alle diese Einstellungen sind automatisch, mechanisch und meistens beständig. Sie dienen deshalb dazu, uns gegenüber unserem wahren Selbst schlafend und unbewußt zu halten. Sie schaffen uns die bequemen Bereiche der Illusion, die wir als Wirklichkeit bezeichnen. Gerade in ihrer Beständigkeit entlarvt sich ihr illusionäres Wesen: Denn in keinem Leben ist z. B. die aggressive Beziehung immer angemessen. Und doch wählen viele Menschen ständig diese Haltung, weil sie der Wirklichkeit gegenüber blind sind.

Wir haben diese Gewohnheiten als ein Mittel zum Überleben entwickelt, als einen Weg, mit dem Leben und mit den Ansprüchen der Menschen an uns zurecht zu kommen. Idealerweise würden wir lernen, wie wir auf jedes Individuum und jede Situation angemessen reagieren könnten. Dies würde jedoch Bewußtheit und Reife erfordern, Qualitäten, die uns in den frühen Stadien einer normalen menschlichen Entwicklung nicht zur Verfügung stehen. Indem wir automatisch und mechanisch reagieren, verlieren wir das Wunder der Entscheidungsfähigkeit und der Entdeckungsfreude und schlafen auf diese Weise ein.

Lebensbezug und Problemlösungsverfahren

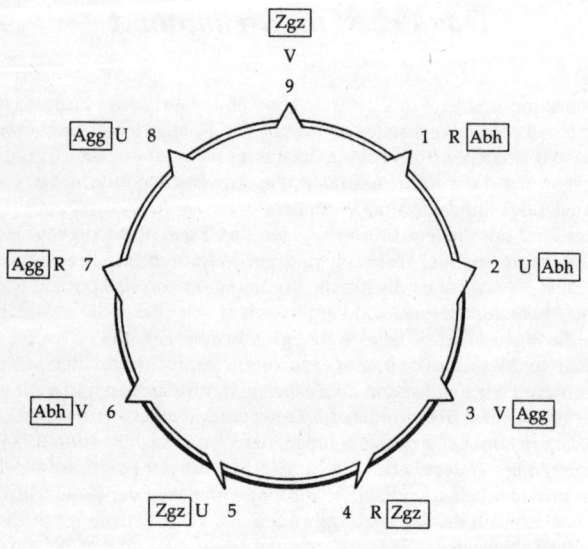

Lebensbezug
U – Weg der Unterwerfung
V – Weg der Vermittlung
R – Weg der Reduktion

Problemlösungsverfahren
Agg Aggressiv
Abh Abhängig
Zgz Zurückgezogen

Die Gruppenbildung der Muster in diesem Diagramm (2, 5, 8; 3, 6, 9; 4, 7, 1 und 3, 7, 8; 1, 2, 6; 4, 5, 9) ist von anderen Enneagrammlehrern vorgeschlagen worden. Urheber dieser spezifischen Erklärung der Gruppen sind aber Theodore E. Dobson und Kathleen V. Hurley.

© Copyright 1990 Theodore E. Dobson und Kathleen V. Hurley

Das einzige Gegenmittel, das uns aus dem Griff dieser Haltungen befreien kann, ist das Bewußtsein. Die Seele wird ins Bewußtsein geboren, indem wir uns dazu entscheiden, unsere Motive, Gedanken, Gefühle, Handlungen und Reaktionen zu untersuchen, ganz gleich wie schwierig oder schmerzhaft dies besonders am Anfang sein kann.

Lebensbezug

Die drei Lebensbezüge des Enneagramms sind: Unterwerfung, Vermittlung und Reduktion.

Der Weg der Unterwerfung

Drei Muster versuchen, das Leben mit den ihnen durch ihr Primärzentrum zur Verfügung stehenden Kräften zu unterwerfen: die Zwei, die Fünf und die Acht. Menschen mit dieser Haltung schauen in die Welt und sehen wenig, womit sie nicht fertig werden könnten, weil sie in sich die Fähigkeit spüren, sich mit allem auseinanderzusetzen, was die Welt ihnen bietet. Die Wirklichkeit überwältigt sie nicht, sondern sie finden einen Weg, damit fertig zu werden. Mit dieser Illusion versuchen sie die Interessen ihres Egos zu schützen.

Da die Außenwelt für diese Menschen keine Bedrohung darstellt, zeigen sie eine Art von Sicherheit, die es ihnen ermöglicht, auf sehr selbstbezogene Weise zu handeln. Diese Haltung hindert sie daran, die Wirklichkeit ihres Menschseins wahrzunehmen und sich auf einen Wandlungsprozeß einzulassen. Sie leben mit dem Gefühl, daß alles richtig ist, was sie tun, und stärken damit das Ego auf Kosten des wahren Selbst. Da sie sich in der Sicherheit, alles handhaben zu können, wohl fühlen, sehen sie keine Notwendigkeit, mit der harten Arbeit des persönlichen Wachstums zu beginnen.

Der Weg der Vermittlung

Drei Muster versuchen mit Hilfe der Kräfte ihres Primärzentrums mit dem Leben zu verhandeln: die Drei, die Sechs und die Neun. Menschen mit dieser Haltung schauen auf die Welt, sehen sich mit ihr auf gleicher Ebene und sind überzeugt, daß sie die kleinen Anpassungen vornehmen können, die nötig sind, um die passende Reaktion zu erbringen. Da ihnen ständig bewußt ist, was außerhalb von ihnen vorgeht, entscheiden sie über den nächsten Schritt auf der Basis dessen, was gerade geschehen ist oder was im Augenblick geschieht. Sie halten ihr Gleichgewicht, indem sie mit allem und jedem verhandeln, denn sie investieren ihr Ego in die Fähigkeit, die Welt in Schach halten zu können.

Ihre Illusion besteht darin, daß sie Zufriedenheit und Sinn im Leben zu finden versuchen, indem sie ihre Einstellung und ihre Reaktion ständig an das anpassen, was außen geschieht. Würden sie zugeben, daß sie ein Primärzentrum haben, und seine Funktionen angemessen einsetzen, so könnten sie nicht immer verhandeln, sondern müßten auch Stellung beziehen. Da sie ihr Ego aber dafür einsetzen, zwischen sich und der Welt ein Gleichgewicht zu halten, lehnen sie ihre wahren Fähigkeiten, die des Primärzentrums, ab und verleugnen damit ihre Einzigartigkeit und Individualität. Statt dessen werden sie zu dem, was andere in ihnen sehen wollen. Da sie sich auf diese Weise wohl fühlen, schieben sie die tiefsten Lebensfragen beiseite und damit den Wandlungsprozeß und das persönliche Wachstum auf.

Der Weg der Reduktion

Drei Muster versuchen mit Hilfe der Stärken ihres Primärzentrums, die Probleme des Lebens auf eine praktikable Größe zu reduzieren: die Eins, die Vier und die Sieben. Wer diese Haltung einnimmt, schaut in die Welt und nimmt die Wirklichkeit als überwältigend wahr. Aus Angst, ihre Eigeninteressen könnten bedroht werden, sind sie vorsichtig. Obwohl sie genau wissen, daß sie mit der großen Welt nicht zurecht kommen können, sind sie doch überzeugt, ihre eigene kleine Welt zu bewältigen. Sie reduzieren die Welt deshalb auf eine Liliput-Größe, um im Umgang mit dieser ihre Eigeninteressen schützen zu können.

Diese Menschen geben die Verantwortung für die Beherrschung und Erfüllung ihres Lebens an andere Menschen und äußere Situationen ab. Weil sie sich die Gestaltung ihres Lebens nicht vorstellen können, glauben sie, daß ein persönliches Wachstum nur stattfinden könnte, wenn die Dinge anders wären, oder wenn sie die richtige Anleitung dazu hätten, oder wenn... Mit solchen tröstenden Gedanken dämpfen sie den Schmerz des Lebens und schieben die harte Arbeit des persönlichen Wachstums von sich fort. Diese Einstellung hindert sie daran, ihre menschliche Wirklichkeit wahrzunehmen und sich auf den Wandlungsprozeß einzulassen.

Problemlösungsverfahren

Innerhalb des Enneagramm-Systems gibt es drei Arten, wie wir auf die vom Leben gestellten Situationen reagieren können. Wir können zu Problemen expansive Lösungen suchen und dabei aggressiv sein, wir können gemäßigte Lösungen suchen und dabei abhängig sein, oder wir können aufgeklärte Lösungen suchen und uns dazu zurückziehen.

Die aggressive Prägung

Die aggressiven Muster des Enneagramms sind die Drei, die Sieben und die Acht. Ihr Ziel ist es, die Welt umzustrukturieren. Sie orientieren sich an Projekten und haben das Ziel, sich einen immer größeren Freiheitsbereich zu schaffen. So erreichen sie viel, aber die Entwicklung menschlicher Beziehungen ist für sie nur ein Mittel zu diesem Zweck.

Ob sie soziale Begabungen haben oder nicht, ob sie mit Menschen auskommen oder nicht, ganz gleich wie ihr äußeres Ziel wirkt, ihr tiefstes Ziel ist es stets, Veränderungen zu bewirken, die sich nur an den Ergebnissen ablesen lassen. Sie wollen die Wirklichkeit nach ihren eigenen Vorstellungen formen und gestalten. Anderen können ihre ständigen Bemühungen, eigene Ideen und Pläne durchzusetzen, bedrohlich erscheinen. Die äußere Welt wird ihnen zu einer bloßen Arena ihrer Kompetenz, denn sie wissen, wie die Dinge zu regeln sind.

Es ist leicht zu erkennen, wo die durch Aggression Geprägten ihr Ego einsetzen. Sie setzen die Regeln fest und erwarten, daß Menschen und Umstände sich danach ausrichten. Dabei ist es nicht wichtig, ob ihr Vorgehen offen oder verdeckt ist. Durch Stärke oder Charme, durch Macht oder Geist werden sie erreichen, was sie sich vorgenommen haben. Sie sind so sehr mit dem Wachstum und Begrünen der äußeren Welt beschäftigt, daß sie ihre innere Welt häufig veröden lassen und ihnen die wahren Lebensprobleme unzugänglich bleiben. Diese innere Dürre verhindert es, daß ein Wandlungsprozeß in ihnen Wurzel fassen kann.

Die abhängige Prägung

Die abhängigen Muster im Enneagramm sind die Zwei, die Sechs und die Eins. Es handelt sich um sozial orientierte Menschen, die ihre Handlungen danach richten, was andere tun. Von der Abhängigkeit Geprägte fühlen, denken und handeln stets in Beziehung auf andere.

Sie suchen gegenüber den Schwierigkeiten des Lebens nach gemäßigten Lösungen und brauchen andere, auf die sie reagieren können. Sie wissen erst, wie es weitergeht, wenn sie die Reaktionen der Menschen in ihrer Umgebung verarbeitet haben.

Die abhängige Prägung setzt ihr Ego subtiler ein als die aggressive. Sie verbergen es meist in ihrem Motiv, mit Bezug auf andere zu leben: Sie wollen nämlich akzeptiert werden. Ihre Sehnsucht richtet sich darauf, daß man ihnen dankt, sie bestätigt und sie mag. Sie können ihren Wert außerhalb eines solchen Rahmens nicht wahrnehmen. Fehlern gegenüber können sie deshalb häufig großzügig sein und zahlen für den hohen Stellenwert, den sie der Akzeptanz durch andere geben, den Preis eines niedrigen Selbstwertgefühls. Das Ergebnis dieses Ausverkaufs ist, daß ihre Freiheit zur Auseinandersetzung an den wirklichen Lebensproblemen vertrocknet und der Wandlungsprozeß verwelkt, bevor er in ihnen keimen kann.

Die zurückgezogene Prägung

Die zurückgezogenen Muster im Enneagramm sind die Vier, die Fünf und die Neun. Die Betreffenden schützen sich selbst zu stark und drücken diesen Selbstschutz dann in ihrer unabhängigen Weise aus, sich in die eigene Tiefe zurückzuziehen, um wohlüberlegte Lösungen für die Lebensprobleme zu finden.

Sie neigen dazu, anderen gegenüber vorsichtig zu sein und verlassen sich auf der Lebensreise lieber auf ihre eigene innere Kraft. Ihre Unabhängigkeit, ein Nebenprodukt ihrer zurückgezogenen Prägung, trennt sie von anderen und isoliert sie von der Welt.

In der zurückgezogenen Prägung setzen die Menschen ihr Ego für ihre innere Kraft ein. Sie sind stark auf sich selbst und auf die Art und Weise bezogen, wie sie die Dinge wahrnehmen. Ob sie sich äußerlich freundlich oder distanziert zeigen, ob sie introvertiert oder extrovertiert sind, stets halten sie sich für die letzte Instanz in allen sie angehenden Fragen. Obwohl sie eine sehr selbstsichere Ausstrahlung haben können, sind sie so sehr mit ihrer inwendigen Suche nach Erfüllung und Einsicht beschäftigt, daß sie für die wirklichen Lebensprobleme blind bleiben. Dieses innere Wuchern entzieht dem inneren Boden die Nahrung, während der Boden der Außenwelt brach liegenbleibt und nur durch einen Wandlungsprozeß revitalisiert werden kann.

Zusammenschau

Auf den vorigen Seiten wurde ausgeführt, wie die neun Muster des Enneagramms in drei Gruppen mit je drei verschiedenen Wegen aufgeteilt wurden. Der nächste Schritt besteht darin, diese Informationen zusammenzufügen. Keines der Muster des Enneagramms enthält die gleiche Kombination an Eigenschaften. So ergibt sich für jedes individuelle Verhaltensmuster eine besondere Kombination von Eigenschaften, die einzigartige Grundlage jeder Zahl.

Die Zentren werden die Struktur unseres Überblicks darstellen, wobei die affektiven Muster zuerst beschrieben werden, dann die theoretischen Muster und zum Schluß die effektorientierten Muster. Diese Abfolge in der Beschreibung der neun Muster wird auch in Kapitel 7 dieses Buches verwendet.

Affektorientierte Menschen

Zwei: Die HelferInnen

Diese *affekt*orientierten Menschen konzentrieren ihre Sensibilität auf die Bedürfnisse und Gefühle anderer, nicht jedoch auf ihre eigenen. Da ihr Lebensbezug durch den *Weg der Unterwerfung* bestimmt wird, glauben sie, alle ihnen begegnenden Bedürfnisse dadurch bewältigen zu können, daß sie Gefühlen gegenüber sensibel sind. Die *abhängige Prägung* läßt sie auf die Reaktion anderer Menschen achten, bevor sie sich selbst entscheiden.

Aus diesen Gründen empfinden Zweier die Innenwelt als fremd und verwirrend und meiden die innere Reise. Indem sie andere unter ihre schützenden Schwingen versammeln, bewahren sie sie vor Unbequemlichkeiten und insbesondere vor der Verwirrung, nach innen zu schauen. Sie haben das Ziel, daß Menschen sich wohlfühlen, selbst wenn Unbequemlichkeit zu Wachstum führen könnte. Ihre affektive Orientierung führt dazu, daß sie nach außen schauen und sich auf die Gefühle und Bedürfnisse anderer konzentrieren. Diese Eigenschaften verbinden sich zur Grundlage des Musters von fehlmotivierten HelferInnen.

Drei: Die GewinnerInnen

Diese *affekt*orientierten Menschen unterdrücken ihre Sensibilität für Gefühle und Bedürfnisse in persönlichen Beziehungen, weil ihr Lebensbezug im *Weg der Vermittlung* besteht. Ihre *aggressive Prägung* macht sie zu energetischen, projektorientierten Leuten.

Die Energie dieses Musters wird durch den Bezug zur Gefühlswelt und das Bedürfnis zu verhandeln weicher, obwohl die Drei die persönliche Anwendung der affektiven Funktionen ignoriert. Diese Eigenschaften fügen sich zu einer gut geölten Maschine zusammen, die den machtvollen Antrieb hat, jedes unternommene Projekt mit Leichtigkeit zu vollenden. Sie fahren selbstbewußt auf der Überholspur, weil sie voll ausgerüstet sind, um ihr Ziel zu erreichen: mit Energie, Anpassungsfähigkeit und der Bewußtheit für Bedürfnisse und Gefühle anderer. Diese Eigenschaften fügen sich zur Grundlage des Musters von fehlmotivierten GewinnerInnen zusammen.

Vier: Die IndividualistInnen

Diese *affekt*orientierten Menschen konzentrieren ihre Sensibilität für Gefühle und Bedürfnisse auf sich selbst. Auf dem *Wege der Reduktion* erschaffen sie ihre eigene Miniaturwelt. Aufgrund der *zurückgezogenen Prägung* suchen sie nach den Werten des Lebens in sich und entdecken sie in den sprudelnden Quellen des affektiven Zentrums, in Sensibilität, Gefühlstiefe und emotionaler Weite.

Da sie nach innen gerichtet sind, hat der See ihrer affektiven Funktionen kein angemessenes Abflußventil und neigt daher zur Stagnation. Ihre inneren Gewässer werden durch persönliche Bedürftigkeit verschmutzt, während sie sich stärker auf die Tragödie ihres Lebens konzentrieren. Da sie sich danach sehnen, verstanden zu werden, bringen sie andere dazu, neben ihnen an ihren inneren Gewässern zu sitzen, weil sie hoffen, im Laufe der Zeit in ihrer tragischen Vergangenheit neuen Sinn zu finden. Diese Eigenschaften fügen sich zur Grundlage des Musters von fehlmotivierten IndividualistInnen zusammen.

Theorieorientierte Menschen

Fünf: Die BeobachterInnen

Diese *theorie*orientierten Menschen konzentrieren ihre Gedanken und ihre Objektivität auf die Welt. Auf dem *Wege der Unterwerfung* versuchen sie, das Leben zu analysieren und hoffen, es letztendlich vollständig zu verstehen. Ihre *zurückgezogene Prägung* führt sie in ihr Inneres, wo sie die Stärke finden, von der sie hoffen, daß sie sie durch ihr Leben trägt. Diese Stärke identifizieren sie als die Verstandeskraft, die im theoretischen Zentrum bevorzugte Stärke.

Wie versteckte Fernsehkameras beobachten, studieren und zeichnen sie die Wahrnehmungen von allem auf, was sie interessiert, um es dann zu analysieren. Obwohl ihre geheime Kamera alles festhält, was in ihren Kegel gerät, erkennen sie doch nicht, daß andere eventuell aus einem anderen Winkel filmen könnten und dadurch eine unterschiedliche Perspektive einfangen, daß sie also auf der Basis der gleichen Daten zu anderen Schlüssen kommen können. Als zurückgezogene Menschen brauchen sie viel Zeit dafür, um ihre geliebten Filme auf objektive, unpersönliche Weise abzuspielen und zu bedenken. Diese Eigenschaften fügen sich zur Grundlage des Musters von fehlmotivierten BeobachterInnen zusammen.

Sechs: Die MitstreiterInnen

Diese *theorie*orientierten Menschen unterdrücken ihre Fähigkeit zu denken, zu berechnen und selbst zu entscheiden besonders bezüglich ihrer eigenen Lebensprobleme, weil sie dem Leben auf dem *Wege der Vermittlung* zu entsprechen versuchen. Ihre *abhängige Prägung* steigert ihre Unentschiedenheit, weil sie die Reaktion anderer abwarten wollen, bevor sie sich schließlich selbst entscheiden.

Da Verhandeln und Beziehungen ihre beiden Hauptorientierungen sind, gehen sie auf unsicherem seelischen Boden. Als Nomaden wandern sie im Treibsand des Lebens und haben die Angst als ständige Begleiterin. Für diese Wüstenvagabunden ist die Gefahr offensichtlich, denn sie vertrauen ihrer größten Stärke nicht, dem Denken und Entscheiden. Ließen sie sich in den Sand ihrer ständigen Furcht und Unentschiedenheit sinken, so würden sie darin begraben und völlig ineffektiv werden. Infolgedessen versammeln sie sich mit ihrer Gruppe, um Sicherheit zu finden und aus den Stürmen ihrer Angst wieder heraustreten zu können. Diese Eigenschaften fügen sich zur Grundlage des Musters von fehlmotivierten MitstreiterInnen zusammen.

Sieben: Die TräumerInnen

Diese *theorie*orientierten Menschen konzentrieren ihre Fähigkeit, zu denken und zu berechnen, auf sich selbst. Da sie sich vom Leben ständig überwältigt fühlen und sich sicher sind, daß sie niemals alle Bestandteile der Welt verstehen können, gehen sie den *Weg der Reduktion*. Sie füllen ihren Geist mit Plänen und Ideen, die sich auf ihr Vergnügen richten und auf Dinge, die ihre magische Welt aufhellen sollen. Wie geheimnisvoll über das Wasser tanzende Mondstrahlen kann man diese Menschen bewundern, doch kann man sie nie fangen oder festlegen. Ihre *aggressive Prägung* gibt ihnen die Energie, ständig in Bewegung zu bleiben, und eine schwer greifbare Sturheit, mit der sie genau das bekommen, was sie vom Leben wollen.

Als theorieorientierte Menschen interpretieren sie die Akzeptanz für ihre Ideen und Pläne als persönliches Angenommenwerden und werfen damit einen Schatten, der ihnen die Komplexität eines persönlichen Lebens verbirgt. Sie richten ihren funkelnden Strahl auf die Welt der Pläne und möchten die Dinge für sich selbst zum Strahlen bringen und für alle, die ihnen wichtig sind. Diese Eigenschaften fügen sich zur Grundlage des Musters von fehlmotivierten TräumerInnen zusammen.

Effektorientierte Menschen

Acht: Die KämpferInnen

Diese *effekt*orientierten Menschen konzentrieren ihre Energie und Spontaneität nach außen. Mit ihrer *aggressiven Prägung* sind sie auf Leistung fixiert; und durch ihre natürliche Fähigkeit, dem Leben auf dem *Wege der Unterwerfung* zu begegnen, können sie sich kopfüber in dieses hineinstürzen. Sie leben mit exzessiven Ansprüchen an sich und ihre Umgebung, wie eine Wolfsmutter, die ihr Leben lassen würde, um ihre Welpen zu füttern.

Für Fragen der Gerechtigkeit sind sie so sensibel wie die Wölfin gegenüber Tieren, die in ihr Territorium eindringen. Das von ihnen bevorzugte effektive Zentrum versorgt sie mit der Energie, die Welt gemäß ihrem Bild des Richtigen zu formen und zu gestalten. Da sie den Weg der Unterwerfung für den einzig möglichen halten, werden sie alles zerstören, was in ihren Bereich eindringt; während sie auf der anderen Seite mit zärtlicher Kraft die mütterliche Fürsorge aufbringen, die zum Überleben aller nötig ist. Diese

Eigenschaften fügen sich zur Grundlage des Musters von fehlmotivierten KämpferInnen zusammen.

Neun: Die BewahrerInnen

Diese *effekt*orientierten Menschen unterdrücken ihre Energie und Spontaneität aus dem ständigen Bedürfnis, auf dem *Wege der Vermittlung* mit dem Leben handelseinig zu werden. Sie können ihre Farben wie ein Chamäleon ändern, um unbemerkt mit ihrer Umgebung zu verschmelzen und dadurch Konflikt und persönliche Wichtigkeit zu vermeiden. Dieses chamäleonhafte Verhalten wenden sie am beständigsten in bezug auf persönliches Wachstum und Beziehungen an, wo Schwierigkeiten zu den größten Konflikten führen könnten. Aufgrund ihrer *zurückgezogenen Prägung* ziehen sie sich in sich selbst zurück, um unter den schützenden Zweigen der inneren Ruhe zu schlummern.

Für diese Art Frieden zahlen sie den hohen Preis innerer Abtötung oder Lähmung, die zu einem Verlust von Selbstachtung, von engen Beziehungen und Selbsterkenntnis führt. Aus dieser unbelebten Lage fühlen sie sich unwiderstehlich dazu getrieben, Stimulation darin zu suchen, daß sie diejenigen beobachten, die aktiv am Leben teilhaben, oder indem sie sich fieberhaft in Beschäftigungen stürzen, die mit dem wahren Sinn des täglichen Lebens nichts zu tun haben. Diese Eigenschaften fügen sich zur Grundlage des Musters von fehlmotivierten BewahrerInnen zusammen.

Eins: Die PerfektionistInnen

Diese *effekt*orientierten Menschen konzentrieren ihre Energie auf sich und ihre eigene Welt, um das Leben zu zerkleinern, wie ein Holzfäller einen Stapel Äste zerkleinert. Da sie sich durch die Situationen des Lebens ständig überfordert fühlen, reagieren sie auf dem *Wege der Reduktion* und fühlen sich unfähig, in der Außenwelt Veränderungen hervorzubringen. Äußere Begrenzungen sehen sie auf gleiche Weise, wie man ein undurchdringliches Gewirr von Unterholz im Dschungel sehen würde. Da ihre Beziehung zur Welt *abhängig geprägt* ist, lassen sie ihre Pläne von der Welt bestimmen, während sie die Maßstäbe dafür setzen, wie sie diese Pläne erfüllen werden. Ihre große innere Dynamik beschert ihnen ständige Intensität und Frustration.

Da sie auf die Belange des Lebens nur reagieren, sind sie durch das schnelle Wachstum des Unterholzes ständig überlastet und fühlen sich getrieben, es immer weiter wegzuschlagen, damit sie nicht hoffnungslos davon umzingelt werden. Daraus entstehen Frustrationen, Groll und Ärger, die ihre sorgfältig manikürte Welt zu übernehmen drohen. Wie es für Angehörige des effektiven Primärzentrums natürlich ist, haben sie außergewöhnlich hohe Erwartungen, die ihren kritischen Augen als Lupe dienen, um in der Landschaft, die sie sich perfekt wünschen, auch noch die kleinsten Schrammen zu entdecken. Über ihnen hängt schwer die Drohung der Unvollkommenheit und aktiviert ihre Energie, alle Eindringlinge anzugreifen, die Perfektion und Fehlerlosigkeit zerstören könnten. Diese Eigenschaften fügen sich zur Grundlage des Musters von fehlmotivierten PerfektionistInnen zusammen.

Durch die Lupe nach innen geschaut

Es braucht viel Mut, unsere fehlgeleitete Motivation durch diese Lupe anzuschauen, denn es ist kein angenehmer Anblick. Auch das häßliche Entlein war nicht gern ein häßliches Entlein. Es wußte nur nicht, daß es gar kein Entlein war, sondern ein deplazierter Schwan.

Das Enneagramm beschreibt, wie »deplaziert« auch der schöne Teil des menschlichen Wesens sein kann. Es war ein Rätsel, wie das Schwanenei in das Entennest geraten konnte. So bleiben die meisten von uns auch sich selbst ein Rätsel, während wir nach jenem schöneren Selbst suchen, das hin und wieder verlockend durch den Schatten hindurchleuchtet. Aber es ist allzu deutlich, auf welche Weise wir unser wirkliches, schönes Selbst deplaziert haben: Die Stärke, Kreativität und persönliche Freiheit sind unter den Lagen fehlgeleiteter Motivation und mechanischer Reaktionen verborgen. Diese Schichten des falschen Selbst werden durch die persönliche Bewußtseinsarbeit fortgeräumt, so daß ein Licht hindurchfallen und das schlummernde Selbst aufwecken kann.

Dieser Wandlungsprozeß und diese Bewußtwerdung haben nichts damit zu tun, »die eigenen Angelegenheiten in Ordnung zu bringen«, sondern es geht darum, daß wir unser Leben in aufrichtiger, schöpferischer Freiheit zu leben lernen. Das Vergrößerungsglas, das wir als Enneagramm bezeichnen, ist ein Werkzeug in diesem Prozeß.

Anmerkungen

1 Terry Lee Kellogg – *Broken Toys Broken Dreams*, Amherst 1990, S. 16.
2 Richard Riso sagt in *Die neun Typen der Persönlichkeit*, daß diese drei letzteren Kategorien an klinische Beobachtungen von Karen Horney angelehnt sind. Ihre ursprüngliche Terminologie bezieht sich auf diejenigen, die expansive Lösungen suchen (aggressive Prägung); diejenigen, die eine zurückhaltende Lösung wählen (abhängige Prägung); und diejenigen, die eine resignierende Lösung annehmen (zurückgezogene Prägung). Riso macht nicht deutlich, wer die Ideen von Horney zuerst auf das Enneagramm angewandt hat. O'Leary, Beesing und Nogosek verwenden die Kategorien ebenfalls, weisen aber nicht auf ihren Ursprung hin (*The Enneagramm*, S. 105 ff.).

Kapitel 4

Der geistige Irrgarten
Die illusionären Systeme

> Unwissende Menschen suchen nicht nach Weisheit.
> Denn das Übel der Unwissenheit liegt darin, daß
> diejenigen, die weder gut noch weise sind, dennoch
> mit sich zufrieden sind. Sie haben kein Verlangen
> nach dem, was sie nicht kennen.
>
> *Platon*

Unabhängig von Alter, Geschlecht oder Beruf bestimmt der Streß unser Leben. Fast täglich steigen die Ansprüche auf allen Seiten, der Familie, der Gesellschaft, im Geschäft. Und die Veränderungen kommen so schnell, daß wir gerade genug gelernt haben, um einen Fuß auf die Treppe nach oben zu setzen und festzustellen, daß wir uns schon im Fahrstuhl nach unten befinden.

Bei dem großen Druck, zu studieren, einzuordnen und neue Informationen zu sichten, sind unsere Datenbanken ständig überladen. Wundert es da, daß die Leute ihre wöchentlichen Aspirin-Kopfschmerzen schon nicht mehr zählen oder daß das Zusammentreffen am Waschbecken zum Gesellschaftsereignis des Tages wird, während die Morgentabletten sich neben dem Teller stapeln? Eile, Eile, Eile. Die Leute stehen auf, um sich zu beeilen, und setzen sich, um sich zu beeilen; sie essen, um zur Arbeit zu eilen, um sich dort zu beeilen, und eilen nach Hause, um sich eilig zu entspannen, weil sie eilig ins Bett müssen, um eilig wieder aufzustehen...

Das Erstaunlichste an der ganzen Sache ist, daß wir all dies für normal halten! Unser Vergehen ist, daß wir unsere Voraussetzungen nie in Frage stellen. Wir verurteilen uns zu einem Leben in einem Irrgarten, aus dem es keine Flucht gibt.

Das Enneagramm hilft uns, in diesem Irrgarten unseres Lebens eine Ecke der Gesundheit zu schaffen, indem es uns Einsicht in die illusionären Systeme vermittelt. Es beschreibt ein miteinander verbundenes System unbewußter Einstellungen, die unsere Gefängniswälle bilden und zeigt uns deutlich, wie wir fortfahren, auf Holzwege zu geraten und in Sackgassen zu rennen. Der erste Blick auf diese illusionären Systeme kann uns vielleicht genügend schockieren, um unsere Voraussetzungen in Frage zu stellen.

Gibt es aus diesem Irrgarten einen Ausweg? Vielleicht. Aber diejenigen, die nur ausbrechen *wollen*, haben sich zu einem vergeblichen Leben verurteilt. Nur diejenigen von uns, die *die innere Wahrheit annehmen wollen*, werden lange und geduldig genug nach den geheimen Durchgängen am Ende einer jeden Sackgasse suchen können.

Leider werden nur wenige Menschen je wissen, was es heißt, frei zu sein, weil sie sich bereits für frei halten. Da ihnen ihr Leben angenehm genug ist, haben sie kaum ein Bedürfnis zu erkennen, wie sehr sie durch Sorgen, Eifersucht, Täuschung, negative Gedanken und Gefühle und zwanghafte Handlungen bestimmt sind. Am Ende wird ihr Leben keinen Sinn haben, weil sie ihrem wahren Selbst nie erlaubt haben, zu wachsen und zu reifen.

Ganz anders verläuft die Geschichte, wenn Sie aufwachen und danach suchen, wer Sie in Wahrheit sind. Dann werden Sie Ihren Weg aus dem Labyrinth finden. Sie werden Ihr eigenes Rätsel zu lösen beginnen und gleichzeitig Einsicht in das Geheimnis anderer Menschen gewinnen. Im Lichte des Bewußtseins findet das Lebensrätsel vielfältige Lösungen. Wenn Sie Ihrem Schicksal folgen, hat jeder Augenblick eine Bedeutung. Sie sind frei.

Sackgassen

Das Studium der illusionären Systeme enthüllt uns die Feinheiten des Irrgartens, in dem wir leben, und verhilft uns zu den Tiefen der geheimen Weisheit des Enneagramms. In einem Lexikon wird Illusion definiert als: »der Zustand oder die Tatsache, intellektuell getäuscht oder fehlgeleitet zu sein, Mißverständnis«. Die Illusionen, die das Enneagramm enthüllt, entstehen aus verschiedenen Selbsttäuschungen: daß man, um sich gut zu fühlen, ein bestimmtes Zentrum übermäßig einsetzen muß; daß man, um mit der Welt angemessen umzugehen, einen bestimmten Lebensbezug einnehmen muß, entweder den Weg der Unterwerfung, der Vermittlung oder der Reduktion; daß man, um die Würde der Persönlichkeit aufrechtzuerhalten, die Lösung der Lebensprobleme mit bestimmten Verfahren suchen muß, die durchgehend expansiv, gemäßigt oder aufgeklärt sind.

Wir lassen uns leicht von der Illusion blenden, daß wir auf diese vorgeprägte Weise auf das Leben reagieren müssen, um unser wahres Selbst nicht zu verraten. Auf diese Weise getäuscht, stärken wir weiterhin unsere falsche Persönlichkeit und berauben uns unserer kreativen Kraft, die wir brauchen, um von einem mechanischen zu einem schöpferischen Leben zu kommen.

Das Illusionssystem eines jeden Musters verstärkt seine jeweilige Hauptabhängigkeit, indem es ständig als Basis für mechanische Gefühle, Gedanken und Reaktionen dient. Indem wir aufgrund von Mustern und nicht aus freier Wahl handeln, dämpfen wir unsere Vernunft und lassen uns zu der Annahme verführen, daß alles in Ordnung sei, während in Wirklichkeit unsere wahre Persönlichkeit zerstört wird und wir immer tiefer in unsere

Hauptabhängigkeit hineingeraten. Nach und nach verfestigen wir unser Illusionssystem und geben unseren Abhängigkeiten immer größere Macht über unser Leben.

Über dem Irrgarten

Wenn man sich im Labyrinth befindet, ist es nicht möglich zu erkennen, wie nahe man dem Ausgang ist. Nur wenn man sich über den Irrgarten erhebt und ihn von oben anschaut, bekommt man die benötigte, objektive Perspektive. Auf ähnliche Weise offenbart sich die geheime Weisheit des Enneagramms, indem es einen Überblick über die spezifischen illusionären Systeme eines jeden Musters gibt, wobei sieben Punkte untersucht werden:

1. Die *Täuschung* ist eine Erfahrung, die Sie glauben läßt, Sie hätten alles, während Sie in Wirklichkeit nichts haben.
2. Die *Pseudo-Täuschung* ist eine Erfahrung, bei der Sie sich wie ein Nichts fühlen. In Wahrheit könnte diese Erfahrung Sie zur Freiheit führen, wenn Sie sich ihr stellen.
3. Das *Gegenmittel* ist eine Erfahrung, die Ihnen neues Leben bringen könnte, die sich aber anfühlt, als würde sie den inneren Tod bringen.
4. Das *Pseudo-Gegenmittel* ist eine Erfahrung, bei der Sie sich lebendig fühlen, die Sie jedoch in eine Sackgasse führt.
5. Die *Illusion der Wirklichkeit* ist die Erfahrung eines Zustandes, in dem Sie am meisten Freude an sich haben, der Sie aber in Wahrheit für Ihr Wesen und Ihre Würde blind macht.
6. Ihre *Selbstrechtfertigung* ist die oft unbewußte und unausgesprochene Rationalisierung, mit der Sie sich in eine Illusion einlullen, statt sich der Wirklichkeit zu stellen.
7. Durch Ihren Zeitbezug fördern Sie eine Überbetonung einer einzigen Zeitform, entweder der Vergangenheit, der Gegenwart oder der Zukunft.

Auf diese Weise zeigt sich ein Teil der harten Arbeit, zu der das Enneagramm uns aufruft. Wenn wir den verborgenen Durchschlupf zur Freiheit entdecken wollen, müssen wir gerade das, was wir am meisten vermeiden wollen, anschauen, akzeptieren und aufnehmen. Darüber hinaus ist es eine Aufgabe, der wir uns mehrmals täglich zu stellen haben.

Im folgenden werfen wir aus der Vogelperspektive einen Blick auf die Illusionssysteme, die jedes der neun Muster im Enneagramm verfolgt. Wir verwenden die im vorigen Kapitel aufgebaute Reihenfolge und beginnen mit den Mustern des affektiven Zentrums, gehen dann zu denen des theoretischen Zentrums über und schließen mit denen des effektiven Zentrums. Die Informationen sind auch in der Übersicht »Die Illusionssysteme« zusammengefaßt.

Zwei: Die HelferInnen

Grundlage des illusionären Systems der HelferInnen ist ihr abhängiges Bedürfnis, nach gemäßigten Lösungen zu suchen. Da sie dem Weg der Unterwerfung folgen, begegnen sie dem Leben kopfüber. HelferInnen wünschen sich Verbindung mit anderen, indem sie sich mit den menschlichen Problemen in der Welt auf direkte Weise auseinandersetzen. Und da es sich bei ihnen um affektorientierte Personen handelt, setzen sie sich besonders mit den persönlichen Bedürfnissen und Gefühlen der Menschen auseinander, mit denen sie zu tun haben.

HelferInnen fangen sich in der *Täuschung*, daß sie fähig seien, mit allen menschlichen Problemen umzugehen. Diese Einstellung wird durch ihre Hauptabhängigkeit, den Stolz, verstärkt. HelferInnen kann man mit zwei Menschen vergleichen, die in einem Körper leben. Die äußere Person handelt auf überlegene Weise, wenn HelferInnen sich um die Nöte der Welt kümmern; die innere Person ist die Märtyrerin, die nur gibt und nie empfängt, die andere liebt und nur ausgenutzt wird. Da das Märtyrertum der HelferInnen einen egozentrischen Hintergrund hat, werden sie viel darüber klagen und ihre Gereiztheit erwähnen. Oder sie werden andere Personen beschuldigen, um für den Schmerz ihres Märtyrertums Sympathie zu erlangen.

Um aber die Täuschung zu verdecken und ihre Aufdeckung zu verhindern, entwerfen HelferInnen die *Pseudo-Täuschung* der persönlichen Bedürfnisse, denn durch diese würden sie in Verwirrung und Besorgnis geraten. Ihr Bedürfnis, zu geben und zu empfangen, würde für sie bedeuten, eine Verletzlichkeit zuzugeben, die für sie zu schmerzhaft zu tragen ist.

Stellen HelferInnen sich ihrer Bedürftigkeit, so öffnen sie sich damit für die Demut, das *Gegenmittel* für ihre Täuschung. Demut würde es ihnen ermöglichen, in ihr Inneres zu schauen und mitfühlend das beunruhigende Gemisch von Stärke *und* Schwäche, Erfolg *und* Versagen, Tugend *und* Sünde zu entfalten. Wenn sie es sich in diesem neuen inneren Heim bequem machen, haben sie damit den Herd, um den herum sie in wechselseitiger Beziehung Menschen willkommen heißen und auch der göttlichen Logik und dem Verständnis einen Platz einräumen könnten.

Statt dessen meiden HelferInnen die Wirklichkeit, indem sie das *Pseudo-Gegenmittel* des Helfens entwickeln. Sie stürzen sich in das Leben anderer Menschen, geben Rat, trösten, helfen, ermutigen – alles als ein Mittel, um ihrer dunklen und erschreckenden inneren Welt zu entfliehen. Und sie glauben, daß ihre Bezogenheit auf andere aus ihnen gute Menschen macht.

Die *Illusion der Wirklichkeit* der HelferInnen entsteht aus dem Versuch, die Liebe anderer Menschen zu gewinnen. Sie fühlen sich nur vollständig, wenn sie von anderen gemocht werden. Die Illusion, daß die Sorge um andere ihrem Leben Sinn verleihen wird, hält sie von ihrer Selbsterkenntnis ab. Wie ein provisorischer Unterstand in einem Sturm schützt die ständige Bestätigung durch andere sie davor, ihr Leben integrieren zu müssen und lenkt sie von ihrer inneren Arbeit ab.

Die Illusionssysteme

A) Täuschung B) Pseudo-Täuschung
C) Gegenmittel D) Pseudo-Gegenmittel
E) Illusion der Wirklichkeit F) Selbstrechtfertigung

Selbstrechtfertigung	Lebensbezug des Weges der Unterwerfung »Ich beuge dem Leben direkt.«	Lebensbezug des Weges der Vermittlung »Ich verhandle mit dem Leben.«	Lebensbezug des Weges der Reduktion »Ich bin vom Leben überwältigt.«
Problemlösungsverfahren: Aggressiv »Ich erreiche.« Suche nach expansiven Lösungen Projiziertes Image: Freiheit	8 A) Allem gewachsen sein müssen (Begierde) B) Schwäche C) Mitgefühl D) Gefühl der Stärke E) Macht F) »Ich werde alles Wichtige erreichen.«	3 A) Verstecken hinter Stärke (Täuschung) B) Versagen C) Aufrichtigkeit D) Aufgabenerfüllung E) Anerkennung und Bewunderung F) »Ich werde alles erreichen.«	7 A) Glücklichsein (Unmäßigkeit) B) Komplexität des Lebens C) Stärke D) Grenzenloser Optimismus E) In die Zukunft schauen F) »Ich werde die Welt glücklich machen.«
Konzentration auf die <u>Zukunft</u>	Arbeit für <u>zukünftige Gerechtigkeit</u>	Arbeit an <u>zukünftigen Zielen</u>	Arbeit an <u>Zukunftsplänen</u>

Problemlösungsverfahren: *Abhängig*	2	6	1
»Ich stehe in Beziehung.« Suche nach gemäßigten Lösungen Projiziertes Image: Wohlwollen	A) Fähigkeit (Stolz) B) Bedürftigkeit C) Demut D) Helfen E) Liebe gewinnen F) »Ich mache andere glücklich.«	A) Hilflosigkeit (Angst) B) Alleinsein C) Mut D) Angepaßtheit E) Angenommensein in der Gruppe F) »Ich stehe zu anderen in Beziehung.«	A) Entschlossenheit (Ärger) B) Unvollkommenheit C) Geduld D) Harte Arbeit E) Streben F) »Ich schaffe Ordnung.«
	Konzentration auf die <u>Gegenwart</u>	Das Beste aus der <u>Gegenwart</u> machen	Die <u>Gegenwart</u> gestalten, wie sie sein sollte
Problemlösungsverfahren: *Zurückgezogen*	5	9	4
»Ich bin zufrieden.« Suche nach geistigen Lösungen Projiziertes Image: Unangepaßtheit	A) Überlegenheitsgefühl (Gier) B) Leere C) Großzügigkeit D) Beobachtungen sammeln E) Objektivität F) »Ich habe den Schlüssel zur Zufriedenheit gefunden.«	A) Unverantwortlichkeit (Trägheit) B) Niedergeschlagenheit C) Fleiß D) Resignation E) Frieden um jeden Preis F) »Ich bewahre meine Zufriedenheit.«	A) Einbildung (Neid) B) Minderwertigkeitsgefühle C) Heiterkeit D) Echtheit E) Einzigartige Identität F) »Ich habe das Wesen der Zufriedenheit gefunden.«
	Konzentration auf die <u>Zukunft</u>	Reflexion über <u>vergangene</u> Ereignisse	<u>Vergangenheit</u> erhalten	Verehrung der <u>Vergangenheit</u>

© Copyright 1990 Theodore E. Dobson und Kathleen V. Hurley

Untermauert werden diese Illusionen durch die unausgesprochene *Selbstrechtfertigung*: »Ich weiß, wie andere glücklich zu machen sind.« Darin zeigen HelferInnen ihren *Gegenwartsbezug*, denn sie konzentrieren sich auf die Bedürfnisse der soeben anwesenden Person. Andere glücklich zu machen, heißt für HelferInnen einfach: Gib ihnen, was sie brauchen oder wollen. Sie leben mit der Auffassung, daß viele der Probleme in der Welt gelöst würden, wenn alle so stark auf andere bezogen wären sie sie selbst.

Drei: Die GewinnerInnen

Das illusionäre System von GewinnerInnen gründet auf ihrem aggressiven Erfolgsdruck. Da sie dem Leben auf dem Wege der Vermittlung begegnen, verhandeln sie mit anderen und in Situationen auf gleicher Ebene. GewinnerInnen halten Erfolg für den Zugang zu Respekt. Als affektorientierte Menschen glauben sie, daß andere ihnen zugeneigt sein werden, wenn nur ihre Taten hinreichend erfolgreich sind.

Die *Täuschung* von GewinnerInnen liegt in ihrer Fähigkeit, ihr wahres Selbst hinter einer Show der Stärke zu verbergen; und sie werden in dieser Haltung durch ihre Hauptabhängigkeit, die Täuschung, bestärkt. GewinnerInnen leben in der Illusion, daß ihr persönlicher Wert von ihren Leistungen abhängt, von ihren Produktionen und von ihrem Image.

Um diese Täuschung zu verhüllen, entwickeln GewinnerInnen eine *Pseudo-Täuschung*, das Versagen. Es ist für sie abstoßend, eine Uneffektivität oder persönliche Unzulänglichkeit zuzugeben. Infolgedessen leugnen, ignorieren oder meiden sie Situationen, in denen eine solche Selbstoffenbarung stattfinden könnte, und betonen statt dessen eine glatte und genau kalkulierte Fassade der Wärme, der Großzügigkeit und des Optimismus. Sie meiden enge persönliche Beziehungen und alle Tätigkeiten, die es erfordern, ihr tieferes Selbst zu betrachten, das sie für bankrott halten.

Würden GewinnerInnen sich ihren Unzulänglichkeiten stellen, so könnten sie Aufrichtigkeit entwickeln, das *Gegenmittel* gegen ihre Täuschung. Aufrichtigkeit entsteht, wenn die Disziplin des menschlichen Ringens das Feuer der Wahrheit entzündet. Dieses Feuer würde die sorgfältig konstruierten Schutzzonen der Egozentrik ergreifen, den gefrorenen Boden ihrer Emotionen auftauen und die Dunkelheit ihrer unterdrückten Gefühle erhellen.

Statt dessen meiden GewinnerInnen die Wahrheit, indem sie das *Pseudo-Gegenmittel* der Aufgabenerfüllung entwickeln. Nicht nur, weil sie bei der Arbeit ihre Energie aggressiv einsetzen können, orientieren sie sich lieber an Leistungen, sondern auch weil sie aufgrund ihrer Erfolge bewundert werden und sich hinter diesen verstecken können. Bei ihren vielen Projekten und Programmen, die sie zu erfüllen haben, haben sie einfach keine Zeit für persönliche Beziehungen oder eine Selbstanalyse.

Die *Illusion der Wirklichkeit* von GewinnerInnen beruht auf dem Bedürfnis nach Anerkennung und Bewunderung. Wenn sie gut aussehen, so müssen sie wohl auch gut sein. Schließlich glauben sie, daß die Gesamtheit des Lebens im Ernten von Anerkennung liegt. Als affektorientierte Menschen haben sie auch die Fähigkeit, andere dahingehend zu manipulieren, daß sie ihnen die so dringend benötigten Reaktionen zeigen.

Diese Illusionen werden durch die unausgesprochene *Selbstrechtfertigung* unterstützt: »Ich werde alles erreichen.« Darin zeigt sich auch ihre *Zukunftsorientierung*, denn sie konzentrieren sich auf noch zu erreichende Ziele und auf noch zu gewinnende Siege. Erfolg hat bei GewinnerInnen eine einfache Formel: Opfere alles für dein Ziel. Sie vertreten die Auffassung, daß viele Probleme der Welt gelöst werden könnten, wenn nur alle so viel erreichen würden wie sie.

Vier: Die IndividualistInnen

Das illusionäre System von IndividualistInnen beruht darauf, daß sie in ihrer zurückgezogenen Haltung mit sich selbst zufrieden sind. Da sie sich von Menschen und Situationen überlastet fühlen, reagieren sie auf dem Wege der Reduktion auf das Leben. Glück besteht für IndividualistInnen darin, ihre eigene Welt für sich selbst schön zu machen. Als affektorientiere Menschen glauben sie, das gesuchte Glück dadurch zu finden, daß sie ihren Blick auf das innere Prisma ihrer persönlichen Bedürfnisse und Gefühle richten.

Die *Täuschung*, in der IndividualistInnen gefangen sind, ist ihre Einbildung, die durch ihre Hauptabhängigkeit, den Neid, noch verstärkt wird. Stets und ständig untersuchen und analysieren sie sich selbst auf eitle und selbstbefangene Weise und beneiden gleichzeitig andere um ihre Fähigkeiten und Gaben, seien es materielle, familiäre, seelische oder geistige. Das Glück anderer wollen sie direkt für sich.

Um ihre Täuschung zu verbergen, konstruieren IndividualistInnen eine *Pseudo-Täuschung*, das Minderwertigkeitsgefühl, das sie daran erinnert, daß sie im Schlamm des Gewöhnlichen gefangen sind. Sie fühlen sich dann wie häßliche Entlein und sind sich sicher, niemals ein intensives und wundervolles Leben führen zu können. Sie vermeiden jeden Blick in das ruhige Gewässer ihrer Unerfülltheit und schlagen beständig mit dramatischem Ausdruck und tiefer Sehnsucht mit ihren Flügeln.

Würden IndividualistInnen sich ihren unerfüllten Gefühlen und Bedürfnissen stellen, so könnten sie dadurch zur Heiterkeit finden, dem *Gegenmittel* für ihre Täuschung. In den ruhigen Wassern der Heiterkeit würde das häßliche Entlein mystisch zu einem schönen Schwan gewandelt werden. Die heitere Gelassenheit würde sie in die Lage versetzen, ihre Talente und Stärken deutlich zu sehen und zu unterscheiden, wie sie aus der Fülle ihrer Persönlichkeit am besten gesund, stabil und produktiv leben können.

Statt dessen umgehen IndividualistInnen die von der Heiterkeit ausstrahlende Stärke, indem sie als *Pseudo-Gegenmittel* für ihre Täuschung den Drang nach Echtheit entwickeln. Da sie nur die eine Hälfte ihrer Persönlichkeit sehen, die Gefühle und Bedürfnisse, können IndividualistInnen sich nach dem, was sie nicht haben, nur sehnen: dem vollen Ausdruck ihres wahren Selbst. Sie suchen innen nach der Fähigkeit, sich klar auszudrücken, und hoffen, daß sie eines Tages eine Bindung zu wenigstens einem Menschen finden werden, der sie versteht und ihnen alles gibt, wonach sie sich sehnen.

Ihre *Illusion der Wirklichkeit* beruht auf ihrem Bedürfnis, eine völlig einzigartige Identität zu entwickeln, und darin, ihren einzigartigen Platz unter allen menschlichen Wesen anerkannt zu bekommen. Sie empfinden sich nur als real, solange das Leben intensiv ist, und nähren damit die Illusion, daß sie mit ihren Gefühlen und Bedürfnissen identisch sind. Zum Erhalt ihrer Menschlichkeit müssen sie demnach jedes Gefühl und Bedürfnis unmittelbar ausdrücken.

Diese Illusionen werden durch die unausgesprochene *Selbstrechtfertigung* untermauert: »Ich habe das Wesen der Zufriedenheit gefunden«, das in gewissem Sinne in ihnen selbst liegt, in ihrer Persönlichkeit, ihren Talenten und ihrer Gefühlstiefe. Darin zeigt sich auch ihr *Vergangenheitsbezug*, denn sie verehren die Vergangenheit als das, was aus ihnen die Person gemacht hat, die sie sind. Zufriedenheit zu finden ist für IndividualistInnen eine einfache Sache: Drücke deine Gefühle aus, erfülle deine Bedürfnisse. Sie leben mit der Einstellung, daß viele Probleme der Welt gelöst sein könnten, wenn nur alle so viel über sich selbst meditieren und die Erfüllung eines vollen Gefühlsausdrucks erleben würden wie sie selbst.

Fünf: Die BeobachterInnen

Dem Illusionssystem von BeobachterInnen liegt ihr Bedürfnis zugrunde, sich zurückzuziehen, um über Lösungen nachzudenken. Aus ihrem Weg der Unterwerfung ergibt sich, daß sie dem Leben unmittelbar begegnen. Auf Menschen und Dinge nehmen sie durch distanzierte Untersuchung Bezug und betrachten als theorieorientierte Menschen das Leben auf abstrakte und intellektuelle Weise.

BeobachterInnen fangen sich in der *Täuschung* ihres Überlegenheitsgefühls, das durch ihre Hauptabhängigkeit gefördert wird, die Gier nach Wissen und Information. Sie glauben, daß die Ansammlung von Wissen und dessen Destillation zu schöpferischer Weisheit die wichtigste Aufgabe des Lebens sei. Alle anderen Ziele im Leben halten sie für untergeordnet.

Um diese Täuschung zu verbergen, entwickeln BeobachterInnen die *Pseudo-Täuschung* der persönlichen Leere. Es überwältigt sie, nie so viel Wissen zu haben, daß sie damit ganz eigenständig wären. Begegnen sie einem ungewohnten Wissensgebiet oder verstehen sie etwas nicht, so sammeln sie durch Forschung und Beobachtung den Nektar des Wissens. Ist dieser einmal eingesammelt, müssen sie sich zurückziehen, um die Informationen zum Honig der Weisheit zu verarbeiten.

Würden BeobachterInnen sich diesem Gefühl der Leere stellen, so könnten sie sich für das *Gegenmittel* öffnen: die Großzügigkeit. Großzügigkeit würde sie dazu führen, die engen Grenzen der Individualität zu erschüttern und der Ganzheit des Lebens treu zu bleiben, indem sie die Fülle ihres Wissens und ihrer Weisheit selbstlos teilen. Ihre natürliche Wißbegier würde es ihnen ermöglichen, durch kluge und logische Kommunikation weiteres Bewußtsein zu schaffen. Zu ihrer großen Überraschung würde sich die größte Lebensweisheit im Dienen und in zwischenmenschlichen Beziehungen offenbaren.

Statt dessen meiden BeobachterInnen die Gelegenheiten zur Mitteilung, indem sie ein *Pseudo-Gegenmittel* entwickeln und Beobachtungen sammeln. Sie meiden Menschen, Verpflichtungen und Beziehungen und wählen sich als Gefährten die Beobachtung, die Objektivität und die Innenwelt der Ideen. Selbst wenn sie sich einsam fühlen oder spüren, daß andere auf eine glücklichere Lebensweise gestoßen sind, ziehen sie sich weiter zurück.

Sie leben in der *Illusion der Wirklichkeit*, objektiv zu sein. Sie glauben, daß sie die Objektivität haben oder erreichen werden, um die Geheimnisse der Welt offenzulegen und zu allen Lebensfragen die Antwort herauszufinden. In der Abstraktion der Ruhe und Einsamkeit fühlen sie sich sicher und leben deshalb in einem ständigen Reifungsstadium, so daß sie das Wunder und die Freude der Geburt nur selten erleben können.

Diese Illusionen werden gestützt durch die *Selbstrechtfertigung*: »Ich habe den Schlüssel zur Zufriedenheit gefunden.« Darin zeigt sich ihr *Vergangenheitsbezug*, aufgrund dessen sie ständig reflektieren müssen, um Wissen und Weisheit zu erlangen. Der Schlüssel zur Zufriedenheit ist für BeobachterInnen leicht zu finden: Denke nach und sei weise. Sie gehen davon aus, daß viele der Weltprobleme gelöst wären, wenn alle so viel grübeln würden wie sie.

Sechs: Die MitstreiterInnen

Grundlage des illusionären Systems der MitstreiterInnen ist ihre Abhängigkeit von Beziehungen. Da sie dem Leben auf dem Wege der Vermittlung begegnen, handeln sie mit Menschen und Situationen um ihren Platz in der Welt. Sie passen sich dadurch an, daß sie ihre Entscheidungen im Dialog mit allen Gruppenmitgliedern treffen, besonders mit Autoritäten oder Führungspersonen. Indem sie sich in Gruppen integrieren, befreien sie sich von der Verantwortlichkeit für persönliche Entscheidungen.

MitstreiterInnen fangen sich in der *Täuschung* persönlicher Hilflosigkeit, eine Einstellung, die durch die Angst als ihrer Hauptabhängigkeit gefördert wird. MitstreiterInnen stützen sich lieber auf die Vorstellungen und Eindrücke anderer, als sich über ihre eigenen Gedanken, Meinungen und inneren Leitlinien bewußt zu werden. Können sie sich auf keine Gruppenregeln, Normen, Sitten oder Traditionen verlassen, so fühlen sie sich schutzlos und verletzlich.

Um ihre Täuschung jedoch zu verdecken, schaffen MitstreiterInnen sich eine *Pseudo-Täuschung*, die Unabhängigkeit. Unabhängiges Handeln entsteht aus dem Wissen um die eigenen Werte, auch wenn diese nicht mit den Werten anderer Menschen übereinstimmen. Um eine solche Unabhängigkeit zu vermeiden, verschmelzen MitstreiterInnen mit dem konservativen Element einer Gemeinschaft und erwarten von anderen das gleiche. Unabhängiges Denken oder Handeln halten sie für eine Dehnung, oder auch Überdehnung, der gesellschaftlichen Strukturen und verlassen sich statt dessen lieber auf die Regeln oder Traditionen der Gruppe.

Wenn MitstreiterInnen die Wichtigkeit der persönlichen Autonomie akzeptieren können, können sie das *Gegenmittel* für ihre Täuschung entwickeln: den Mut. In dem sie mutig Widerstand leisten und ihre Unsicherheit überwinden, würde der Mut ihre Festung durchdringen und die Ketten zerbrechen, in welche unzählige Freiheiten geschlagen sind. MitstreiterInnen, die ihre verlorene Freiheit wiedergewonnen haben, stehen furchtlos gegen alle, die ihnen oder geliebten Menschen diese kostbare Gabe entreißen wollen.

Aber um die persönliche Freiheit zu vermeiden, entwickeln sie Angepaßtheit als das *Pseudo-Gegenmittel* für ihre Täuschung. Sie fühlen sich sicher und geschützt, wenn sie den Erwartungen anderer entsprechen, und lassen sich durch die Anerkennung ihrer Gruppe von der Selbsterkenntnis fernhalten. Vor dem Fällen einer eigenen Entscheidung suchen sie die Meinung vieler anderer und werden dann tun, was für eine gute Stellung in ihrer Gruppe erforderlich ist.

Das Angenommensein in der Gruppe ist die *Illusion der Wirklichkeit*, in der MitstreiterInnen leben. Sie glauben, daß ein gutes Leben darin bestehe, in einer Gruppe mit gleichen Werten aufgenommen und anerkannt zu werden. Die Sicherheit dieser Lebensweise wird jedoch ständig durch das Rumoren der Angst bedroht, die nur durch Bestätigung von äußeren Autoritäten beschwichtigt werden kann und damit die Abhängigkeit von der Gruppe erhöht.

All diesen Illusionen liegt die unausgesprochene *Selbstrechtfertigung* zugrunde: »Ich stehe zu anderen in Beziehung.« Ihr *Gegenwartsbezug* zeigt sich im Bedürfnis, das Beste daraus zu machen und sich für die Aufrechterhaltung der Gruppenwerte und -normen verantwortlich zu fühlen. Beziehung zu anderen herzustellen ist für MitstreiterInnen leicht: Schmeichle dich ein, indem du liebenswürdig und verantwortungsvoll bist. Sie leben in der Überzeugung, daß viele der Probleme der Welt gelöst werden könnten, wenn alle so sehr in Beziehung lebten wie sie.

Sieben: Die TräumerInnen

Grundlage des Illusionssystems der TräumerInnen ist ihr aggressives Bedürfnis zu bekommen, was sie wollen. Auf ihrem Wege der Reduktion fühlen sie sich vom Leben überfordert und versuchen über Fröhlichkeit Zugang zu anderen zu gewinnen. Als theorieorientierte Menschen erreichen sie solche Zufriedenheit, indem sie wirkliche Probleme herunterspielen und sie durch Planungen ersetzen, wie die Dinge noch angenehmer sein könnten – besonders für sie selbst.

TräumerInnen fangen sich in der *Täuschung*, daß sie sich immer glücklich fühlen müßten, einer Einstellung, die durch ihre Hauptabhängigkeit, die Unmäßigkeit, gefördert wird. Unbequemlichkeiten lehnen sie ab und konsumieren, was sie zufrieden, fröhlich und locker macht. Können sie schwierige Situationen nicht mit einem Witz oder Ironie abwenden, werden sie sich körperlich aus der betroffenen Zone zurückziehen.

Um jedoch ihre Täuschung zu verschleiern, konstruieren TräumerInnen die *Pseudo-Täuschung*: Sie anerkennen die Komplexität des Lebens. Es wäre für sie eine Niederlage, wenn sie zugeben müßten, daß ein Problem nicht gelöst werden kann, daß eine Krankheit nicht geheilt werden kann oder daß man sich einem Leiden stellen muß. Sehen sie eine solche Schlacht verloren, schwindet für sie die Herausforderung wie auch ihre Motivation weiterzugehen. Aus dieser Entweder-Oder-Orientierung zur Wirklichkeit fliehen TräumerInnen in die Welt der Abstraktion.

Wären sie in der Lage, Probleme direkt anzugehen, so würden sie als *Gegenmittel* zu ihrer Täuschung die Stärke entwickeln. Die Stärke würde den großen Schatz der Dynamik in ihnen öffnen und sie in die oftmals harte Arbeit stürzen, ihre Träume umzusetzen. Die Stärke würde ihr theoretisches, affektives und effektives Zentrum vereinen, um die gewaltige Arbeit zu leisten, das Bewußtsein einer ganzen Gemeinschaft, Nation oder sogar der Welt zu heben.

Einem solchen realistischen Zugang entfliehen die TräumerInnen durch die Entwicklung des *Pseudo-Gegenmittels* in Form eines grenzenlosen Optimismus. Sie halten ein hohes Maß an Optimismus aufrecht, weil sie sich absichtlich weigern, einen Grund zur Trauer oder zum Pessimismus zu erkennen. Das heißt nicht, daß sie gegenüber schwierigen Realitäten völlig blind oder taub sind, sondern daß sie Problemen keine Wichtigkeit oder Macht zusprechen.

TräumerInnen leben darum in der *Illusion der Wirklichkeit*, nur in die Zukunft schauen zu müssen. Indem sie abstrakt mit dem Leben umgehen, können sie in einer abstrakten Welt leben. Sie sind KünstlerInnen des Flüchtens, die ihre Pläne und ständigen Aktivitäten verwenden, um einen Anbruch der Realität und jeden Grund zur Depression zu verhindern. Sie halten sich selbst für »Sonnenschein-Pumpen«, weil sie einer düsteren Welt Freude und Fröhlichkeit bringen wollen, die aus der Hoffnung auf ein besseres Morgen entstehen.

Diesen Illusionen liegt die unausgesprochene *Selbstrechtfertigung* zugrunde: »Ich werde die Welt glücklich machen.« Darin zeigen sie ihren *Zukunftsbezug*. Sie wollen sich nicht von der Gegenwart niederdrücken lassen und arbeiten an Zukunftsplänen. Die Formel zum Glücklichsein ist für TräumerInnen einfach: Betone das Positive, eliminiere das Negative und lächle, lächle, lächle. Sie leben in der Überzeugung, daß die meisten Probleme der Welt gelöst wären, wenn alle so sehr wie sie versuchen würden, der Welt Glück zu bringen.

Acht: Die KämpferInnen

Grundlage des illusionären Systems von KämpferInnen ist ihr aggressives Bedürfnis, die Verantwortung zu übernehmen. Da sie dem Leben auf dem Wege der Unterwerfung begegnen, treffen sie direkt auf Menschen und Situationen. Sie setzen sich dauerhaft mit jeder Frage auseinander, die sie für wichtig halten. Da sie effektorientierte Menschen sind, bewegen sie sich mit einer instinktiven Energie durchs Leben, die es ihnen ermöglicht, standhaft und sogar trotzig jedem entgegenzutreten, der ihren Pfad blockiert.

KämpferInnen verfangen sich in der *Täuschung*, sie müßten jeder Herausforderung gewachsen sein. Diese Einstellung wird durch ihre Hauptabhängigkeit, die Begierde nach Leben und Macht, gefördert. Sie haben eine feste Vorstellung davon, wie die Dinge sein sollten, und obwohl sie selbst diese Vorstellung als Gerechtigkeit bezeichnen, könnte sie besser beschrieben werden als das Gewinnen von Einfluß oder der Kampf um die Vormacht. Als dynamische Menschen haben sie mehr als genug Durchhaltevermögen, um für die Erfüllung ihrer Erwartungen zu sorgen, und sie versprühen ihre Energie spontan auf die Welt.

Um diese Täuschung jedoch zu verbergen, entwickeln KämpferInnen die *Pseudo-Täuschung*, persönlicher Schwäche nachzugeben. Da es sie schmerzt, ihre Unsicherheit und Verletzlichkeit einzugestehen, verbergen sie diese zarten Gefühle zwanghaft mit einer Darstellung von Kraft, Vitalität oder Begeisterung. Würden sie ihre Impotenz entdecken und sich ihr stellen müssen, so wären sie desorientiert. Der lächerliche Gedanke, daß sie sich einer anderen Person unterordnen müßten, bringt sie dazu, jede persönliche Schwäche zu leugnen, zu ignorieren und zu unterdrücken.

Könnten sie sich ihrer Schwäche ehrlich stellen, so würden sie als *Gegenmittel* für ihre Täuschung das Mitgefühl entwickeln. Denn Mitgefühl ist die Grundlage, auf der sie Freiheit und Gerechtigkeit für alle aufbauen können. Es gibt Menschen die Möglichkeit, ihre Verletzlichkeit gegenüber anderen zuzulassen. Wie ein Phönix würde sich das Mitgefühl aus der Asche der Schwäche von KämpferInnen erheben und die Möglichkeiten der Freiheit, eines neuen Lebens und verbindlicher Liebe auf den Flügeln tragen.

Die KämpferInnen vermeiden aber statt dessen die läuternden Feuer des Mitgefühls und entwickeln das *Pseudo-Gegenmittel* des Gefühls der Stärke. Wenn sie Macht haben oder Gewalt anwenden, fühlen sie sich sicher, weil niemand sie übervorteilen kann. Sie kontrollieren ihre Umgebung durch Gerissenheit und Macht und übernehmen in der physischen Welt offen die Oberhand, während sie bei jeder Gelegenheit im Verborgenen psychische Kräfte sammeln. Nichts darf ihrer Idee der Gerechtigkeit im Wege stehen.

Macht ist also die *Illusion der Wirklichkeit*, in der die KämpferInnen leben. Sie setzen Macht mit dem Guten gleich und glauben, mit der Macht auch das Recht zu haben, die Welt zu beherrschen, so daß sie auf richtige und gerechte Art funktioniert. Aus dieser triumphalen Vorrangstellung verbreiten sie ihre Ansichten über die Gerechtigkeit und ziehen daraus große Befriedigung. Macht gibt ihnen Sicherheit, und sie leben deshalb in der Illusion, daß Dominanz ihrem Leben Sinn, Wert und Ziel verleiht.

Diesen Illusionen liegt eine unausgesprochene *Selbstrechtfertigung* zugrunde: »Ich werde alles Wichtige erreichen.« Darin zeigt sich auch ihr *Zukunftsbezug*, denn sie sind ständig mit dem Unrecht beschäftigt, das sie gerade noch zurechtrücken müssen. Alles Wichtige zu erreichen, ist für KämpferInnen eine einfache Sache: Sprich laut und trage einen dicken Knüppel. Sie leben in der Auffassung, daß viele Probleme der Welt gelöst werden könnten, wenn alle soviel Wichtiges erreichen würden wie sie.

Neun: Die BewahrerInnen

Dem illusionären System der BewahrerInnen liegt ihr zurückhaltendes Bedürfnis zugrunde, zufrieden zu sein. Auf dem Wege der Vermittlung ins Leben tretend, versuchen sie ihre Lebensweise durch Verhandlung mit Menschen und Situationen aufrechtzuhalten. BewahrerInnen verschmelzen mit der Welt, indem sie mit ihr so zufrieden sind, wie sie ist und ihrer Zufriedenheit durch Inaktivität und Bewußtseinsmangel Ausdruck verleihen.

Deshalb sind BewahrerInnen in der *Täuschung* persönlicher Unverantwortlichkeit gefangen, die unter ihrer zufriedenen Maske lebt. Diese Einstellung wird durch ihre Hauptabhängigkeit, die Trägheit, gefördert. Dennoch zeigt sich in ihrem Widerstand gegen Veränderungen ihre dynamische Kraft, die von der nonchalanten Haltung verborgen wird. Es ist ihnen wichtig, die Dinge statisch zu lassen, und sie verachten Anstrengung besonders in persönlichen Beziehungen und in ihrem Innenleben.

Um diese Täuschung zu maskieren und zu verbergen, erzeugen die BewahrerInnen eine *Pseudo-Täuschung*, die Niedergeschlagenheit. Ihre unterentwickelte Selbstbewußtheit verlangt es, daß sie alles vermeiden, was von ihnen Kraft oder Gegenwärtigkeit erfordern würde. Sie können deshalb jede Person oder Situation, die eine Reaktion benötigen würde, verleugnen, ignorieren oder meiden. Sie meiden die Mitte der Bühne und bevorzugen das

Image eines freundlichen Bühnenarbeiters, der den anderen die Aufführung ermöglicht.

Könnten BewahrerInnen ihre innere Stärke in Besitz nehmen und sich direkt mit dem Leben auseinandersetzen, so würden sie den Fleiß als *Gegenmittel* gegen ihre Täuschung entwickeln. Der Fleiß würde ihre natürliche Vitalität wecken, um ehrliche und wechselseitige Beziehungen zu schaffen und Ziele zu setzen, die auch das Leben anderer Menschen angehen. Der Eifer würde sie auf eine mystische Reise führen und sie lehren, wie sie sich durch eine aus Verständnis geborene Liebe auf das Leben einlassen können.

BewahrerInnen vermeiden statt dessen jedes Leiden, indem sie das *Pseudo-Gegenmittel* der Resignation entwickeln. Unterwürfigkeit macht sie dumpf gegenüber Situationen, Gefühlen oder Belangen in ihnen oder zwischen ihnen und anderen. Indem sie vor den Lebensumständen kapitulieren, können sie ein lockeres Äußeres bewahren, das sie vor einer Untersuchung ihrer passiv-aggressiven Motive bewahrt. Durch die Resignation leben sie in der Illusion, daß aus ihrer Harmonie mit der Welt Gutes entsteht.

Die BewahrerInnen leben in der *Illusion der Wirklichkeit*, um jeden Preis den Frieden zu bewahren. Unter dieser leicht zugänglichen Art fließt jedoch eine kräftige Strömung passiver Aggression; und Menschen, die ihnen nahestehen, geraten leicht in diese Unterströmung. Da BewahrerInnen in der Illusion leben, daß ihr Leben frei von Konflikten und Aufregungen sei, sind sie gewöhnlich die letzten und am meisten Überraschten, die hören, daß jemand mit ihnen Schwierigkeiten hat.

All diesen Illusionen liegt die unausgesprochene *Selbstrechtfertigung* zugrunde: »Ich bewahre meine Zufriedenheit.« Darin zeigt sich auch ihr *Vergangenheitsbezug*, den sie mit großer Sorgfalt, Sentimentalität und Verdrängung pflegen. Sie weigern sich, erfahrenes Leid zu bewältigen, setzen sich eine rosa Brille auf und stecken ihre ganze Kraft in die Aufrechterhaltung der einmal gefundenen Scheinzufriedenheit. Für BewahrerInnen ist die Bewahrung des Friedens in ihrem konservativen, statischen Leben eine einfache Sache: Sieh nichts Böses, höre nichts Böses, sprich nichts Böses. Sie leben in der Überzeugung, daß viele Probleme der Welt gelöst werden könnten, wenn alle sich so wie sie für die Erhaltung des Status quo einsetzen würden.

Eins: Die PerfektionistInnen

Grundlage des illusionären Systems von PerfektionistInnen ist ihre Abhängigkeit davon, ihrer Güte wegen geschätzt zu sein. Da sie das Leben als überwältigend empfinden, gehen sie den Weg der Reduktion. Ihre Übersensibilität für das Durcheinander des Lebens zwingt sie dazu, in einer reformresistenten Welt perfektionistische Reformen zu versuchen und sich ständig um Anerkennung zu bemühen, indem sie viel auf sich nehmen, um das Leben für andere zu verbessern.

Die illusionären Systeme

PerfektionistInnen sind in der *Täuschung* eines persönlichen Gefühls der Entschlossenheit gefangen, einer Einstellung, die durch ihre Hauptabhängigkeit, den Ärger, gefördert wird. Die Mittelmäßigkeit, die PerfektionistInnen in der Welt wahrnehmen, macht sie besessen davon, alles auf ihren Standard zu heben. Ihre Versuche, all die Unordnung, das Chaos und das Böse, das sie in der Welt um sich so deutlich sehen, in Ordnung und Perfektion zu bringen, hält sie ständig in Atem.

Um diese Täuschung zu verbergen, konstruieren PerfektionistInnen eine *Pseudo-Täuschung*, die Unvollkommenheit. Jeden Morgen beim Erwachen entdecken sie, daß die perfekt konstruierte Sandburg des Vortages von der Flut fortgewaschen worden ist. An ihrer Stelle hat das Meer Müll und Algen ausgespuckt, die beseitigt werden müssen. Da sie die Flut, die solche Unordnung hervorruft, nicht zurückhalten können, fühlen sie in sich einen schwelenden Groll gegenüber der Welt, die es ihnen nie ermöglicht, die gesuchte Perfektion zu erreichen.

Könnten sie wenigstens eine natürliche Unordnung tolerieren, so würden sie Geduld entwickeln, das *Gegenmittel* gegen ihre Täuschung. Mit Geduld würden sie die Schätze entdecken und achten lernen, die unter den alltäglichen Aufregungen verborgen sind. Mit Geduld wären sie in der Lage, sich und andere zu genießen und die Schönheit zu schätzen, die sie umgibt. Geduld würde ihre Kreativität hervorbringen, die schließlich unglaubliche Schönheit in Ausdruck und Originalität gebären würde.

Statt dessen flüchten PerfektionistInnen vor den Forderungen der Geduld und entwickeln das *Pseudo-Gegenmittel* der harten Arbeit. Indem sie sich darauf konzentrieren, jedes Durcheinander so schnell wie möglich zu beseitigen, richten sie ihre erheblichen Kräfte zugrunde. Wie Scheuklappen, die alle Ablenkungen ausschalten sollen, beschränkt ihre Intensität sie auf eine unpersönliche Welt. Mit diesem kurzsichtigen und verzerrten Blick jagen sie rücksichtslos einer unwirklichen Perfektion nach.

Die *Illusion der Wirklichkeit*, in der PerfektionistInnen leben, ist also das Streben. Sie können nur einen Seufzer der Erleichterung ausstoßen und sich wohlfühlen, wenn sie am Ende des Tages auf sichtbare Zeichen hinweisen können, daß wieder einmal eine neue und perfekte Sandburg errichtet worden ist. Sie glauben, daß ihr Bemühen um Leistung, um Geradlinigkeit und Produktivität aus ihnen gute Menschen macht, die für andere und die Gesellschaft wichtig sind.

All diesen Illusionen liegt die unausgesprochene *Selbstrechtfertigung* zugrunde: »Ich schaffe Ordnung.« Darin zeigt sich auch ihr *Gegenwartsbezug*, aufgrund dessen sie jeder Situation gestatten, ihr Leben zu tyrannisieren. Für PerfektionistInnen ist es leicht, Ordnung zu erreichen: Arbeite hart, hoffe das Beste und sei auf das Schlimmste vorbereitet. Sie leben in der Überzeugung, daß viele der Weltprobleme gelöst werden könnten, wenn alle so wie sie daran arbeiten würden, Ordnung zu schaffen.

Jenseits der Illusion

Wenn Sie in einem Heißluftballon über Ihrer Heimatstadt schweben, haben Sie Muße, die Landschaft unten zu beobachten. Nehmen Sie alle Details auf, so können Sie Beziehungen erkennen und Schlüsse ziehen, die nie möglich wären, solange Sie in einer Siedlung leben und auf ihren Straßen fahren.

»Mir war gar nicht klar, wie viele Bäume in der Stadt stehen!«

»Wußtest du, daß die Hauptstraße nicht gerade verläuft? Sie biegt nach Westen ab.«

»Schau mal, wie der Mühlenbach auf seinem Weg durch die Stadt ganz verschiedene Siedlungen trennt.«

Der Blick von oben ist ein ganz anderer.

In diesem Kapitel haben wir von oben auf neun geistige Irrgärten herabgeblickt, um eine neue Perspektive der Illusionen zu gewinnen, in denen wir leben und die wir als Wirklichkeit bezeichnen. Solange wir mit bestimmten Haltungen leben, die unseren Geist gefangen halten, wird uns nicht bewußt, daß sie uns im Kreise laufen lassen. Jede Haltung in sich scheint eine ganz vernünftige Reaktion auf eine gegebene Situation zu sein.

Der Blick von oben aber gibt allen Dingen einen neuen Anstrich, der zu größerer Klarheit führt. Denn wenn wir uns über unsere Illusionen erheben, bekommen wir Abstand und sind nicht mehr verwickelt oder befangen. Wenn wir objektiv auf unser heimatliches Geisteslabyrinth blicken, so ist es ganz natürlich, sich zu wundern, warum wir es zuvor nie so klar gesehen haben. Sie könnten fragen, wie Sie nur so blind sein konnten. Es liegt gerade im Wesen der Illusion, uns an das glauben zu lassen, was nicht wirklich ist.

Mit der Objektivität einer neuen Perspektive haben wir nun die Wahl, aus dem Netzwerk der Illusion herauszutreten in eine Welt der Schönheit, des Wunders und der Freiheit. Mit anderen Worten: Erkennen wir das Labyrinth einmal als das, was es ist, so haben wir die Entscheidungsfreiheit, nicht mehr dort zu leben.

Jede der destruktiven Einstellungen unserer Illusionssysteme bildet eine Hauptwand, die uns in dem Labyrinth einschließt. Und jedes Mal, wenn wir einer solchen Einstellung nachgeben, fügen wir eine kleine Zwischenwand hinzu, die das Labyrinth komplizierter werden läßt. So fällt uns ein objektiver Blick immer schwerer.

Die Lösung besteht darin, den Einstellungen nicht mehr nachzugeben und keine weiteren Wände zu bauen. Aus der Untersuchung der illusionären Systeme lernen wir, daß, was gut für uns zu sein scheint, in Wahrheit destruktiv ist, und was als eine hoffnungslose Zeitverschwendung erscheint, uns schließlich zur Freiheit führen wird. Da wir wissen, daß die Illusion uns die Nadel unseres inneren Kompasses verwirrt hat, können wir unsere Orientierung innerlich so umstellen, daß wir Entscheidungen treffen, die uns zum Leben und zur Freiheit führen.

Eine neue, objektive Perspektive kann es uns auch ermöglichen, mit dem Streß anders umzugehen, der unsere Gesellschaft beherrscht. Der Streß hindert uns daran, die Illusion in unserem Leben zu sehen und Kraft zu gewinnen, während wir ständig äußeren Druck akzeptieren, internalisieren und vervielfachen. Doch obwohl die meisten es leugnen würden, mögen wir den Streß eigentlich. Wir fühlen uns durch ihn als wichtige, produktive Mitglieder der modernen Gesellschaft und tragen ihn wie eine Ehrenmedaille, bis er zu ernsthaften physischen, mentalen oder emotionalen Problemen führt.

Wenn wir unsere illusionären Systeme anschauen, wäre es ein leichtes, uns unter Druck zu setzen, damit wir auf dem Labyrinth in die Freiheit enteilen. Das hieße aber nichts weiter, als Illusion hinter Illusion zu verbergen. Es gibt kein schnelles Rezept dafür, die Illusion zu vertreiben. Indem wir Schritt für Schritt weitergehen, können wir allmählich Kraft, Vertrauen und Weisheit sammeln.

Paradoxerweise nimmt der aus dem Labyrinth herausführende Impuls zu, während wir uns verlangsamen. Wenn wir uns Zeit nehmen, nachzudenken, so vermeiden wir die Zeitverschwendung, immer wieder in die selbsterschaffenen Sackgassen unseres geistigen Irrgartens zu laufen.

Kapitel 5
Trickster und Schlaukopf
Intensivierung und Neutralisation
der Hauptabhängigkeiten

> Versuchen Sie, ernsthaft anzuwenden, was ich Ihnen gesagt habe. Nicht, daß Sie dadurch dem Leiden entgehen könnten – niemand kann das, aber Sie können dem Schlimmsten entgehen – dem blinden Leiden.
>
> *(nach C. G. Jung)*

Niemand gibt gern zu, getäuscht worden zu sein. Selbst wenn es ein gut gemeinter Streich ist, wie etwa eine Überraschungsparty, wird der Bedachte häufig sagen: »Ich dachte mir schon, daß so etwas kommen würde, als du sagtest...«, aber dann vergaß ich es wieder.« Eine solche Aussage kann stimmen oder auch nicht. Auf jeden Fall geht an die Initiatoren der Überraschung die Botschaft, daß sie nicht ganz so schlau waren, wie sie gedacht hatten. Wer täuscht hier also wen?

Das Spiel verläuft jedoch ganz anders, wenn die Täuschenden einen Trick gefunden haben, jemand anderen seiner Position, seiner Macht, seines Reichtums oder seiner Würde zu berauben. Dann hören wir nichts mehr in der Art von »Ich dachte mir das schon, weil...«, denn das Opfer würde ja für einen Dummkopf gehalten, weil es nichts getan hat, sich davor zu schützen.

Wie würden Sie sich heute fühlen, wenn Sie entdeckten, daß ein »Trickster« (ein Manipulator) seit Ihrer Kindheit Ihre Fäden gezogen hat und Sie immer schneller nach einer Melodie tanzen ließ, die nicht die Ihre war? »Unmöglich«, würden Sie sagen!

Fühlen Sie sich vom Streß ausgelaugt? Rennen Sie immer schneller und bleiben doch immer weiter zurück? Haben Sie genug Zeit für sich? Werden Sie launisch, reizbar oder depressiv, wenn die Dinge nicht nach Ihrer Nase gehen? Sind Sie einen großen Teil Ihrer Zeit mit Gedanken der Rache, des Grolls, des Neides, der Eifersucht, der Angst oder Sorge beschäftigt? Hat Ihr Leben für Sie einen Sinn? Sind Ihre Beziehungen gesund und nährend für Sie? Mögen Sie sich? Kennen Sie sich?

Nun, dann lassen Sie uns die Idee des Tricksters aus einem anderen Blickwinkel betrachten.

Die Schattentänzerin

Es war einmal ein ganz kleines Kind, Wahres-Schönes-Selbst. Dieses Kind war direkt von Gott gekommen, und es fiel in einen tiefen Schlaf. Während Wahres-Schönes-Selbst schlief, schlich Trickster sich an ihr Bett.

Da nach dem Gesetz des Universums niemand dem Wahren-Schönen-Selbst schaden kann, ohne dabei selbst völlig zerstört zu werden, band Trickster unsichtbare Marionettenfäden an den Schatten des Kindes. Dann warf er eine große Portion Schlafpulver auf das Kind und riß seinen kleinen Schatten auf die Füße.

Von jenem Tag an hat Trickster die unsichtbaren Fäden mit Begeisterung bedient. Da die Fäden aber unsichtbar sind, glaubt die herangewachsene »mechanische« Schattentänzerin, sie sei eine wirkliche Person und hätte die Freiheit, zu kommen und zu gehen und zu leben, wie sie möchte. Doch ist fast jeder Gedanke, jedes Wort, jedes Gefühl und jede Handlung eine bloß mechanische Reaktion auf die Menschen und Situationen außerhalb von ihr.

Wahres-Schönes-Selbst schläft währenddessen im Inneren von Mechanischer Schattentänzerin. In einer nie veränderlichen Zeit gefangen und aufgehoben, kann dieses wundervolle Kind nur durch eine Bemühung von Mechanischer Schattentänzerin aufgeweckt werden.

Eines Tages drehte sich Mechanische Schattentänzerin immer schneller und schneller, bis sie schließlich vor Erschöpfung zu Boden fiel. Trickster achtete nicht darauf, denn darum ging es ihm ja. Je älter Mechanische Schattentänzerin wurde, um so schneller ließ Trickster sie tanzen, denn durch Aktivität überzeugte er sie davon, daß sie wirklich sei und ein wirkliches Leben lebte.

Glücklicherweise achtete Trickster diesmal nicht auf sie, so daß sie aus einem Augenwinkel jemanden im Schatten erkennen konnte.

»Wer bist du?« flüsterte sie.

»Zum Glück hast du mich schließlich entdeckt! Seit Jahren versuche ich schon, dich auf mich aufmerksam zu machen, und glaubte langsam, du seiest ein hoffnungsloser Fall.«

»Was meinst du denn damit?« fragte Mechanische Schattentänzerin.

»Meine Güte«, war die frustrierte Antwort, »ich habe geschrien und gerufen, bin hin und her gesprungen, habe in dein Ohr geflüstert, deine Füße festgehalten, dir Beinchen gestellt und sogar deine Schuhe versteckt, und du hast mich nicht einmal bemerkt? Vielleicht bist du ja doch ein hoffnungsloser Fall!«

»Du warst es also, der meine Schuhe gestohlen hat! Das war nicht fair! Wer bist du überhaupt, der mich hier belästigt, während ich so müde bin?«

Nach einer galanten Verbeugung kam die Antwort: »Darf ich mich vorstellen: ich bin Schlaukopf, dein kluger, intelligenter Teil, den du in all diesen Jahren offenbar übersehen hast.«

»Benimm dich!« sagte sie empört.

»Benehmen, das ist tatsächlich die ganze Zeit das Problem! Du hast dich in all den Jahren immer so gut benommen, daß du zu jeder beliebigen Melodie getanzt hast. Du wolltest so sehr, daß dich alle mögen, daß du auf jedes Fingerschnippen hin angefangen hast zu tanzen.«

Mit einem erstaunten Ausdruck auf ihrem Gesicht sagte Mechanische Schattentänzerin still: »Ich weiß nicht einmal, wovon du sprichst.«

»Vielleicht bin ich ja nicht so klug und intelligent, wie ich dachte«, antwortete Schlaukopf und beruhigte sich. »Ich werde am Anfang beginnen und dir alles erzählen.«

Damit begann Schlaukopf Mechanischer Schattentänzerin über Wahres-Schönes-Selbst zu erzählen und darüber, wie Trickster sie mit Schlafpulver bestreut hat. »Dann«, sagte er, »band Trickster die Fäden an ihren Schatten – das bist du – und ließ ihn nach jeder x-beliebigen Melodie tanzen.«

Als Schlaukopf anfing, Wahres-Schönes-Selbst zu beschreiben, huschte ein Ausdruck des Erkennens über das Gesicht von Mechanischer Schattentänzerin. Es hielt nur eine oder zwei Sekunden an, danach begannen stille Tränen ihre Wangen herabzulaufen. Sie versuchte sie wegzublinzeln, denn sie hatte vor vielen Jahren beschlossen, daß Weinen nur Zeitverschwendung sei. Außerdem machten Tränen ihre Augen dick und rot.

Als die Geschichte zu Ende war, fragte Mechanische Schattentänzerin: »Und was ist mit dir geschehen, Schlaukopf? Wo warst du? Wie bist du hierhergekommen? Warum kannst du dich an Wahres-Schönes-Selbst erinnern? Und überhaupt, warum kannst du dich an alles erinnern und ich nicht?«

»Mal langsam! Ich bin zwar klug, doch kann ich mich auch nicht an alles erinnern. Niemand von uns erinnert sich an alles, sondern jeder nur an etwas. Aber ich will versuchen, dir deine Fragen zu beantworten. In jener Schicksalsnacht, als Trickster die Marionettenfäden an den Schatten von Wahres-Schönes-Selbst gebunden hat, schlüpfte ich leise in diesen Schatten – in dich also. Seither versuche ich, deine Aufmerksamkeit zu gewinnen. Ich brauche dich, um Wahres-Schönes-Selbst wieder aufzuwecken.«

Mechanische Schattentänzerin hörte sehr genau zu und wurde tieftraurig dabei.

»Was ist denn?« fragte Schlaukopf.

»Du bist klug und intelligent, also bist du wichtig. Wahres-Schönes-Selbst ist... ja, sie ist alles. Sie weiß alles darüber, wie wir herkamen und – du sagst sogar, sie käme direkt von Gott! Wichtiger als das kann man gar nicht sein! Aber was ist mit mir? Ich habe alles verdorben. Ich habe nicht einmal bemerkt, daß du all dieses Sachen gemacht hast, von denen du erzählst – außer als du meine Schuhe versteckt hast. Aber auch da wußte ich nicht, wer mir diesen gemeinen Trick gespielt hat.«

Dann sagte sie sehr leise: »Nicht ein Mal, nicht ein einziges Mal, hast du gesagt, daß ich wichtig sei. Was wird denn aus mir? Verschwinde ich dann einfach? Ich bin nicht wichtig wie du und nicht liebenswert wie Wahres-Schönes-Selbst. Das Einzige, was ich kann, ist tanzen, und jetzt merke ich, daß ich wohl auch das immer verkehrt gemacht habe.«

»Nicht wichtig?« Schlaukopf rief es plötzlich laut und trat mitten in den Raum. »Jetzt hör mir aber einmal zu! Wenn du nicht wärst, hätten wir alle nicht überlebt. Wenn du aufgehört hättest zu tanzen und zu lernen, wie du in der Welt zurechtkommen konntest, sähen wir alle ganz schlecht aus. Du hast uns viel zu lehren, und wir haben dich viel zu lehren. Wir gehören zusammen und werden auch zusammenbleiben – sobald wir dieses Rätsel hier gelöst haben.«

»Auch Trickster?«

»Ja, auch Trickster. Und jetzt schlaf erst mal«, befahl Schlaukopf. »Wir haben viel zu tun, und ich habe keine Lust, daß du hinterher nicht richtig wach bist. Davon habe ich für dieses Leben genug, schönen Dank.«

In dieser Nacht hatte Mechanische Schattentänzerin Träume von einer kleinen »Wahres-Schönes-Selbst«, die gähnte und sich reckte und ihre kleinen Augen rieb.

Als Mechanische Schattentänzerin am nächsten Morgen ihre Augen öffnete, wußte Schlaukopf, daß irgend etwas ganz anders geworden war. Mit gerunzelter Stirn und zusammengekniffenen Augen kroch Schlaukopf sehr nahe an ihr Gesicht und schaute ihr direkt in die Augen. Erschreckt sprang Schlaukopf plötzlich drei Schritt zurück und stand ganz still.

»Was ist denn?« rief Mechanische Schattentänzerin.

Aber zum allerersten Mal war Schlaukopf sprachlos. Denn als er in die Augen von Mechanischer Schattentänzerin geschaut hatte, blickten ihn die lachenden, blendenden und funkelnden Augen von Wahres-Schönes-Selbst an.

Die Zeit des Puppenspielers

Wir alle haben es erlebt, wenn jemand »an unseren Fäden ziehen« konnte. In unserer automatisierten Gesellschaft würden wir vielleicht eher sagen, »unsere Knöpfe drücken«, aber das ist dasselbe.

Es hätte überhaupt keinen Sinn, an den Fäden von jemand zu ziehen oder jemandes Knöpfe zu drücken, falls diese Fäden oder Knöpfe nicht mit etwas Innerem verbunden wären. Wenn jemand einen Faden heraushängen sieht und einmal ordentlich daran zieht, dann beginnt die betreffende Person zu tanzen. Denken Sie einmal darüber nach, ob Sie nicht selbst schon bei anderen Menschen haben Fäden heraushängen sehen und es Ihnen eine gewisse Befriedigung gab, ein- oder zweimal daran zu ziehen? Und wie oft stolpern wir über die Fäden beieinander oder treten darauf, ohne es zu beabsichtigen. In diesem Kapitel werden wir uns mit den Hilfsmitteln beschäftigen, die uns erkennen lassen, wann wir von Trickster manipuliert werden und wodurch unsere psychischen Hauptabhängigkeiten *intensiviert* werden, und wann wir mit Schlaukopf zusammenarbeiten und unsere psychischen Hauptabhängigkeiten *neutralisiert* werden.

Die Untersuchung der neun Muster des Enneagramms hat gezeigt, daß die menschliche Persönlichkeit aufgrund ihrer fehlgeleiteten Motivation eingeschlafen ist. Ohne Reflexion, Bewußtsein und Selbstverständnis verfallen wir einer seelischen Hauptabhängigkeit, einer verzerrten inneren Wirklichkeitsstruktur.

Diese Hauptabhängigkeit hat nicht so viel damit zu tun, wie wir wahrgenommen werden, als damit, wie wir wahrnehmen. Wir nehmen die Wirklichkeit automatisch durch die verzerrte Linse unserer Hauptabhängigkeit wahr. Unweigerlich leben wir in einem Kreislauf der Illusion, bis wir wie Mechanische Schattentänzerin in einen inneren Dialog mit Schlaukopf kommen, der dem Leben eine neue Wendung gibt und neue Möglichkeiten eröffnet.

Intensivierung der Hauptabhängigkeiten: Bewegung mit den Pfeilen

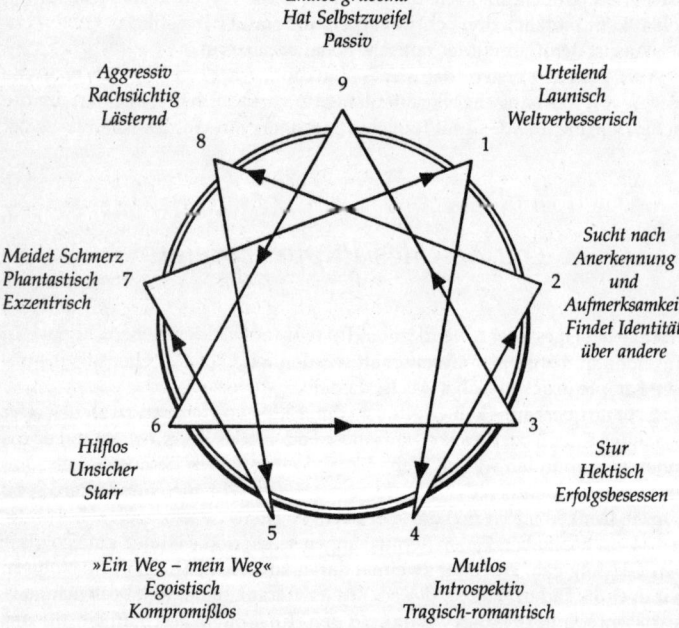

© Copyright 1990 Theodore E. Dobson und Kathleen V. Hurley

Solange wir unser inneres Bewußtsein vernachlässigen und über unsere Motive nicht nachdenken, wird unsere Persönlichkeit schwächer und unsere Hauptabhängigkeit intensiviert. Leisten wir aber die harte Arbeit, Bewußtsein von uns selbst zu erlangen, so entwickelt sich unsere Persönlichkeit, und wir neutralisieren unsere Hauptabhängigkeit. Durch die Neutralisation unserer Hauptabhängigkeit schneiden wir die von Trickster gezogenen Fäden ab, und unser volles menschliches Potential erwacht.

Die Intensivierung der Hauptabhängigkeiten

Um zu verstehen, wie das Enneagramm die Intensivierung unserer seelischen Hauptabhängigkeiten beschreibt, müssen wir die Pfeile untersuchen, die die neun Zahlen verbinden. Obwohl die Pfeile für oberflächliche BetracherInnen zufällig erscheinen mögen, haben sie doch eine bestimmte Richtung und Bedeutung.[1]

In dem Diagramm »Intensivierung der Hauptabhängigkeiten« gehört zu jeder Zahl ein Pfeil, der auf eine andere Zahl zeigt. Jede der Zahlen verschlimmert ihren Zustand, bzw. intensiviert ihre seelische Hauptabhängigkeit, wenn sie sich »mit dem Pfeil bewegt«, oder in anderen Worten, sie nimmt dabei die schlimmsten Eigenschaften derjenigen Zahl an, auf die der Pfeil zeigt.

Bevor wir hier fortfahren, müssen wir uns an ein Grundprinzip des Enneagramms erinnern: Zu jedem Menschen gehört die seelische Hauptabhängigkeit genau einer Zahl, er oder sie hat diese Hauptabhängigkeit immer gehabt und wird sie immer haben. Wenn wir also sagen, daß die sich mit dem Pfeil bewegende Person die schlimmsten Eigenschaften der Zahl annimmt, auf welche die Pfeile zeigen, so meinen wir nicht, daß er oder sie damit die Hauptabhängigkeit einer anderen Zahl annimmt.

Obwohl SchülerInnen des Enneagramms manchmal verkürzend davon sprechen, »sich zu seiner negativen Zahl zu bewegen«, nimmt man jedoch nicht die Hauptabhängigkeit einer anderen Zahl an. Es bedeutet nur, daß das betreffende Individuum die schlimmsten Eigenschaften der Zahl manifestiert, die seine oder ihre seelische Hauptabhängigkeit verstärkt.

Das ist das Werk von Trickster. Leider hat diese nächtliche »Bewegung mit den Pfeilen« einen natürlichen, stetigen Rhythmus. Wenn wir in einer fehlgeleiteten Motivation gefangen sind, lullt uns dieser rhythmische Schlaf in den Glauben ein, daß wir die Antworten auf unsere Fragen und die Lösungen für unsere Probleme gefunden haben. Wagt es jemand, uns einen anderen Rhythmus vorzuschlagen, so gibt es eine Reaktion zwischen Betretenheit und Verwirrung bis hin zu Abscheu und Rebellion. Es scheint uns so, daß wir keine andere Wahl haben, als dieser metronomischen Kadenz zu folgen. Ohne Reflexion und Bewußtsein bleiben wir tanzende Marionetten, deren Fäden Trickster in der Hand hält. Und das Tempo des Metronoms wird unweigerlich und rücksichtslos gesteigert, bis auch die letze Tänzerin erschöpft von Frustration und Versagen zu Boden sinkt.

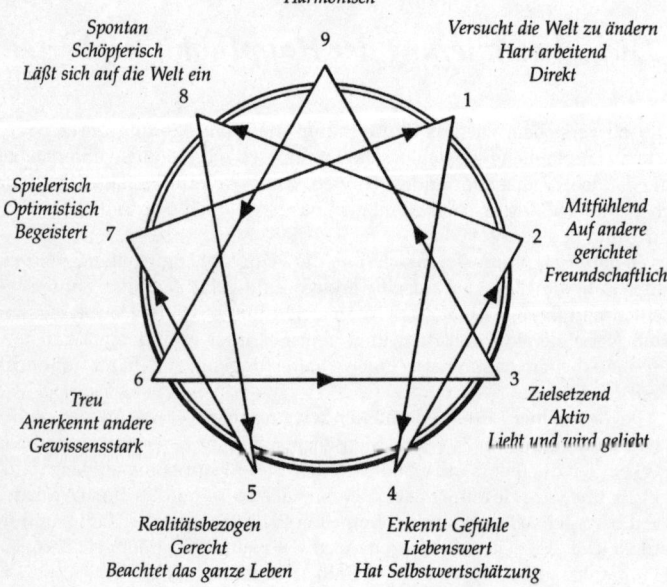

© Copyright 1990 Theordore E. Dobson und Kathleen V. Hurley

Neutralisation der Hauptabhängigkeiten

Das Diagramm »Neutralisation der Hauptabhängigkeiten« stellt die Wahlmöglichkeiten dar, uns zu persönlicher Freiheit zu bewegen, wenn jedes Muster sich »entgegen den Pfeilen bewegt«. Dabei wird schöpferische Kraft freigesetzt, es kommen neue Möglichkeiten in den Blick, und wir entwickeln die besten Eigenschaften der Zahl, von welcher her der Pfeil auf unsere Zahl zeigt.

Wiederum müssen wir daran denken, daß wir die Zahl dabei nicht wechseln und auch keine andere Hauptabhängigkeit annehmen. Jedes Muster behält stets seine Identität bei, und es geht nur um die Auseinandersetzung mit der Abhängigkeit der jeweiligen Muster. Vielmehr stellen wir fest, daß die besten Eigenschaften dieser positiven Zahl anfangen, die Hauptabhängigkeit zu neutralisieren oder die Fäden der fehlgeleiteten Motivation unseres eigenen Musters abzutrennen.

Wenn unsichtbare Fäden bewußt abgetrennt werden, können wir ein Leben schöpferischer Freiheit führen. Aber die Aufgabe der Neutralisation unserer Hauptabhängigkeit ist so groß, daß sie der Mühe eines ganzen Lebens bedarf.

Das ist die Arbeit des Schlaukopfs. Die »Bewegung gegen die Pfeile« ist die schwerste, und ihre geistige Qualität verlangt die Selbstkontrolle einer hingegebenen Tänzerin. Diese disziplinierte Bewegung ist der Kern der harten Arbeit, die das Enneagramm uns vorlegt. Beginnen wir mit der Aufgabe, die unbenutzten Muskeln zu strecken und zu spannen, so werden wir uns zunächst unfähig und unflexibel fühlen. Vielleicht sehnen wir uns nach dem leichten und vertrauten Zug der trügerischen Fäden des Tricksters und fragen uns, ob wir nicht letzten Endes mechanische Schattentänzerinnen und -tänzer sein sollen. An diesem Punkt ist die Tendenz noch sehr häufig, unser wahres Wesen falsch zu identifizieren und gegenüber Wahrem-Schönem-Selbst noch immer blind zu sein.

Entscheiden wir uns jedoch für diesen schwierigen Prozeß, so bilden Disziplin und harte Arbeit die Schere, die die Fäden der Kontrolle abschneidet und die Tänzerin freisetzt. Die Tänzerin folgt in Licht und Freiheit dem eigenen Rhythmus von Wahrem-Schönem-Selbst und verleiht dem wiederbelebenden Tanz des Lebens klaren und schöpferischen Ausdruck.

Im Rest dieses Kapitels wird beschrieben, wie jedes Muster seine Hauptabhängigkeit intensiviert und neutralisiert. Wir folgen dem in den vorigen Kapiteln vorgegebenen Rahmen und beginnen den Abschnitt mit den Mustern des affektiven Zentrums, gehen dann zum theoretischen Zentrum weiter und schließen mit den Mustern des effektiven.

Zwei: Die HelferInnen

Intensivierung der Hauptabhängigkeit

HelferInnen intensivieren ihre Hauptabhängigkeit, indem sie sich mit dem Pfeil bewegen und die schlechtesten Qualitäten der KämpferInnen (Acht) übernehmen. Wenn diejenigen, denen sie geholfen haben, ihnen nicht dankbar sind, wenn all ihre Hilfe die Situation nicht verbessert und wenn sie abgelehnt oder grob behandelt werden, dann werden sie anderen gegenüber rachsüchtig. HelferInnen greifen oft durch Lästerei an, indem sie von einem zum anderen gehen und von der Undankbarkeit derer berichten, denen sie geholfen haben. Stößt das Lästern auf Widerstand, so werden HelferInnen an ihren Urteilen festhalten, sie aber nicht mehr deutlich aussprechen, sondern durch Andeutungen verbreiten.

Neutralisation der Hauptabhängigkeit

HelferInnen neutralisieren ihre Hauptabhängigkeit, indem sie sich gegen den Pfeil bewegen und die positiven Eigenschaften der IndividualistInnen (Vier) entwickeln. In ihnen beginnt das Bewußtsein ihrer eigenen Gefühle und Bedürfnisse zu wachsen, und sie verbringen viel Zeit alleine, um ihre Gefühle zu entwickeln und ihr eigenes Leben zu analysieren.

Während HelferInnen die Stärken von IndividualistInnen entwickeln, entdecken sie mehr im Leben als Helfen und Dienen. Indem sie ihre wirklichen, persönlichen Bedürfnisse identifizieren und erfahren, daß nur sie selbst sie befriedigen können, wissen sie die Zeiten des Alleinseins immer besser zu schätzen.

Sie entdecken, daß sie auch andere Gefühle als nur Mitgefühl haben; daß sie zum Beispiel auch wütend auf jene sein können, die ihre Hilfe für selbstverständlich halten, und daß Menschen und Probleme ihnen sehr wertvoll sein können. Das Alleinsein wird zu ihrer Goldmine der Selbstentdeckung, aus der sie die Nuggets des Selbstwertes, der Selbstachtung und Würde holen. Sie gleichen Tun mit Sein aus und können nun das Leben umfassen, beginnend mit ihrem eigenen.

Widerstand. Es kann leicht geschehen, daß HelferInnen sich wehren, Zeit für sich zu nehmen, um nicht eigensüchtig zu erscheinen. Doch kann nichts der Wahrheit ferner liegen, denn ihre Energie wird immer anderen als Hilfe zufließen. Durch die zusätzliche Dimension der inneren Arbeit kommen sie zur Selbstbewußtheit und erkennen, wie wichtig es ist, auch sich selbst auf gesunde Weise Gutes zu tun.

Belohnung. In ihrem lebenslangen Bedürfnis und Verlangen danach, für andere »da zu sein«, haben HelferInnen sich in die Lage gebracht, daß andere sie ausnutzen können. Mit ihrer neu gefundenen Selbstachtung werden sie andere nicht nur größeren Respekt entgegenbringen, sondern auch dadurch belohnt werden, daß sie mit Würde behandelt und als Personen wertgeschätzt werden. Die wertvollsten Goldnuggets werden die HelferInnen in wechselseitigen Beziehungen finden und im Sehen des ganzen Bildes, von dem sie nun nicht nur isolierte Teile, sondern jeden Anteil in seinem Verhältnis zum Ganzen erblicken können.

Drei: Die GewinnerInnen

Intensivierung der Hauptabhängigkeit

GewinnerInnen intensivieren ihre Hauptabhängigkeit, indem sie sich mit dem Pfeil bewegen und die unangenehmsten Qualitäten der BewahrerInnen (Neun) übernehmen. Wenn sie ihre Ziele nicht erreichen können und sich als Versager fühlen, wenn sie zudem nicht die Bewunderung anderer erzielen können, dann geht ihnen das Gefühl der Richtung verloren, sie ziehen sich zurück und tun nichts.

Eine solche Inaktivität kann physischer Art sein, indem sie zum Beispiel nicht arbeiten, ihre Zeit mit Belanglosigkeiten verbringen und nur das Nötigste tun. Oder es kann eine innere Inaktivität sein, zum Beispiel die Weigerung, sich Fehler einzugestehen, sich mit persönlichen Schwächen auseinanderzusetzen, zu wachsen oder an Beziehungen zu arbeiten. Sie fühlen sich leer, von Selbstzweifeln und Selbstkritik verzehrt und spüren einen leise wachsenden passiv-aggressiven Ärger auf die Personen, die ihnen im Weg stehen oder auf ihre Schwächen hingewiesen haben; und schließlich versinken sie in Hoffnungslosigkeit. Sie trauen sich oder ihren Gefühlen nicht und zweifeln daran, je eine persönliche Erfüllung im Hinblick auf Liebe oder Freundschaft erleben zu können.

Neutralisation der Hauptabhängigkeit

GewinnerInnen neutralisieren ihre Hauptabhängigkeit, indem sie sich gegen den Pfeil bewegen und die positiven Qualitäten der MitstreiterInnen (Sechs) entwickeln. MitstreiterInnen sind sich vorrangig der Integrität der Gruppe bewußt und schützen die individuellen Rechte, das Gewissen und den Respekt vor einer Ordnung.

Gesunde GewinnerInnen arbeiten für den Erfolg aller Betroffenen, nicht nur für ihren eigenen. Ein Reifen in der Loyalität befreit sie, so daß sie andere in ihre Projekte und Programme mit einbeziehen und den Glanz des Erfolges teilen können.

Wenn ihre Prioritäten sich von der Zielstrebigkeit zur Wertschätzung von Menschen verschieben, glätten sich die harten Kanten ihrer Persönlichkeit. Aus ihrem neu gefundenen Respekt für Individuen und Prozesse erwächst den GewinnerInnen ein größeres Bewußtsein ihrer eigenen Würde und Güte. Und mit diesem neuen Bewußtsein können sie sich auch Zeit zur Entspannung und »Freizeit« für die Entwicklung persönlicher Beziehungen nehmen.

Widerstand. Die Arbeit mit Gruppen kann GewinnerInnen bedrohen, denn sie werden Angst haben, sich in der Menge zu verlieren und in Vergessenheit zu geraten. Nichts könnte von der Wahrheit weiter entfernt sein, denn diese leistungsfähigen Menschen mit ihren vielen Fähigkeiten werden immer wegen ihres Charmes, ihrer Kompetenz und ihres Wissens bewundert werden, das sie gut an andere weitergeben können.

Belohnung. Dafür, daß sie ihre Energie auf die Inspiration, Motivation und Einigung anderer richten, erhalten sie das Geschenk echter Nähe und Freundschaft. Wenn GewinnerInnen ihr Schicksal leben, setzen sie vitale Gaben für den Aufbau der Gemeinschaft frei. Haben sie die lebenslange Flucht vor ihrer Verletzlichkeit beendet, so tritt aus ihnen der verwundbare und zugängliche Freund und Liebhaber unwiderstehlich hervor.

Vier: Die IndividualistInnen

Intensivierung der Hauptabhängigkeit

IndividualistInnen intensivieren ihre Hauptabhängigkeit, indem sie sich mit dem Pfeil bewegen und die unangenehmsten Eigenschaften der HelferInnen (Zwei) annehmen. Wenn sie nicht genügend Aufmerksamkeit bekommen haben, wenn das Leben ihnen das Gefühl gibt, gewöhnlich und langweilig zu sein, wenn sie keine einzigartigen Qualitäten für sich gewinnen konnten, dann hängen IndividualistInnen sich an eine andere Person und hoffen, zum Zentrum in deren Leben zu werden.

Sie versuchen andere dadurch zu manipulieren, daß sie tiefe Gefühle der Liebe und Sorge mit ihnen teilen. Ein derart emotionsbeladenes Verhalten trägt die unausgesprochene Botschaft und Erwartung in sich, daß eine entsprechende Reaktion darauf folgt. Indem sie sich in die Aura verwundeter Zerbrechlichkeit hüllen, versuchen sie denjenigen, die sich nicht genug um sie kümmern, Schuldgefühle aufzuzwingen.

Neutralisation der Hauptabhängigkeit

IndividualistInnen neutralisieren ihre Hauptabhängigkeit, indem sie sich gegen den Pfeil bewegen und die positiven Qualitäten von PerfektionistInnen (Eins) entwickeln. PerfektionistInnen sind hauptsächlich Handelnde, die sich beharrlich gegen alle Hindernisse durchsetzen. IndividualistInnen betreten den schmalen Pfad zur Vollkommenheit, indem sie darum ringen, innere Konflikte und Aufruhr zu überwinden.

Gesunde IndividualistInnen engagieren sich in Projekten, die ihre Aufmerksamkeit nach außen wenden. Indem sie sich auf andere Menschen und auf die Welt konzentrieren, aktivieren sie ihre eigene Energie. Sie erwarten nicht mehr, die Mitte der Welt zu sein und engagieren sich bei der Verbesserung der Gesellschaft. Solche Bemühungen setzen ihre natürlichen Stärken frei, die bislang von ihren unzähligen Gefühlen erdrückt wurden. Das Selbstopfer ermöglicht es ihnen, Ziele für das Wohl gegenwärtiger und zukünftiger Generationen zu erreichen. IndividualistInnen können aus ihrem inneren Emotions- und Wahrnehmungsspeicher einsichtige Analysen und Klarheit liefern, die für die Lösung schwieriger Probleme und die Verbesserung vorhandener Strukturen gebraucht werden.

Widerstand. Das Engagement in der Welt erschreckt IndividualistInnen, denn ihnen fehlt das Vertrauen in ihre Leistungsfähigkeit; und sie haben Angst, daß die Welt sie zwingen wird, Kompromisse bezüglich ihrer Maßstäbe zu machen und sich mit Mittelmäßigkeit abzufinden. Nichts könnte jedoch der Wahrheit ferner sein, denn ihre Kreativität und ihr origineller Zugang zum Leben wird durch die Entwicklung praktischer Fähigkeiten, Leistungen und Beiträge nur gesteigert werden.

Belohnung. Für das Engagement in der materiellen Welt erhalten sie das Geschenk der daraus entstehenden Energie. Wenn IndividualistInnen sich auf eine Arbeit mit praktischem Nutzen konzentrieren, schaffen sie eine solide Grundlage und werden zu gründlichen und realistischen PlanerInnen, die sich in Verwaltungsfragen und Management hervortun. Diese Leistungen bringen ihnen die Befriedigung, die ihnen in ihrer zwanghaften Introspektion gefehlt hatte.

Fünf: Die BeobachterInnen

Intensivierung der Hauptabhängigkeit

BeobachterInnen intensivieren ihre Hauptabhängigkeit, indem sie sich mit dem Pfeil bewegen und die übelsten Eigenschaften der TräumerInnen (Sieben) annehmen. BeobachterInnen ziehen sich schnell zurück und graben sich tiefer in dem von ihnen bevorzugten theoretischen Zentrum ein, wenn Forderungen nach einem Engagement ihre Freiheit zu bedrohen scheinen, äußere Umstände ihnen ihre Zeit des Nachdenkens verringern oder wenn sie sich verfrüht gezwungen sehen, ihre geschätzten Ressourcen zu teilen. In ihrer Konzentration auf mentale Konstruktionen bewegen sie sich immer weiter von der Wirklichkeit fort, bis ihr Blickpunkt so exzentrisch wird, daß er fast völlig aus der Wirklichkeit herausfällt. Andere lehnen ihre Vision ab, weil es sich eher um eine selbstgefällige intellektuelle Phantasie handelt als um hilfreiche oder praktische Entwürfe. Aber selbst wenn ihre idiosynkratische Denkweise sie von anderen und der Welt isoliert, leugnen BeobachterInnen immer noch ihre Gefühle der Einsamkeit, der Zurückweisung und des Schmerzes. Sie werden sich nicht dessen bewußt, daß die einzigen Schlösser am Tor ihrer Einsamkeitszelle der eigene Mangel an Gefühl und die Weigerung sind, sich auf das Leben einzulassen.

Neutralisation der Hauptabhängigkeit

BeobachterInnen neutralisieren ihre Hauptabhängigkeit, indem sie sich gegen den Pfeil bewegen und die positiven Eigenschaften der KämpferInnen (Acht) entwickeln. KämpferInnen sind wegen ihrer großen Leistungsfähigkeit bekannt. Sie verbreiten ihre Energiefülle spontan in jede Richtung und versuchen Dinge in Gang zu bringen.

Gesunde BeobachterInnen lassen sich auf die Welt ein. Sie teilen ihr Wissen und ihre Weisheit anderen frei mit und werden dadurch oft zu hoch angesehenen LehrerInnen. Indem sie ihr Wissen auf eine Weise verwenden, die andere schätzen können, finden sie Erfüllung darin, einen Einfluß auf die Welt zu nehmen und Spuren in ihr zu hinterlassen.

Sie aktivieren die Energie ihrer unterdrückten Zentren und entdecken, daß spontane Beziehungen bald zu einem erfüllten Leben führen können. Ihre daraus entstehende Dankbarkeit offenbart ihre tiefe Sensibilität gegenüber Menschen und wichtigen Problemen.

Widerstand. BeobachterInnen können sich dadurch bedroht fühlen, daß sie sich auf andere und die Welt einlassen, denn sie riskieren nicht gern ihre Unabhängigkeit und ihre Freiheit. Statt dessen überzeugen sie sich und andere davon, daß sie nichts von besonderem Wert beizutragen haben. Nichts könnte jedoch weiter von der Wirklichkeit entfernt sein, denn als theorieorientierte Menschen haben sie eine natürliche Wißbegier und Liebe dem Leben gegenüber. Aus beidem entwickeln sie stets tiefe Einsicht. Mit dem Reichtum ihrer Weisheit und ihrer Ideen nützen sie denen, die die Schönheit der Wahrheit schätzen, und können dies in ihr tägliches Leben integrieren.

Belohnung. Ihr Eingehen auf das Leben wird die BeobachterInnen zu wahrer Freiheit führen. Sie isolieren sich nicht mehr, um eine Freiheit zu schützen, die sie gar nicht haben, und können deshalb ihre Kräfte darauf richten, objektive Kenntnisse in erfahrene Weisheit zu wandeln. Ihre zuvor oberflächlichen sozialen Kontakte werden zu entschiedenen Beziehungen mit Respekt, Freiheit und Einheit.

Sechs: Die MitstreiterInnen

Intensivierung der Hauptabhängigkeit

MitstreiterInnen intensivieren ihre Hauptabhängigkeit, indem sie sich mit dem Pfeil bewegen und die unangenehmsten Eigenschaften der GewinnerInnen (Drei) übernehmen. Finden unerwartete Veränderungen statt, werden sie von einer begehrten Gruppe zurückgewiesen oder versagt ihr normales Sicherheitssystem, so erwacht bei MitstreiterInnen die Angst und nimmt sie in den Würgegriff der Starre und des Grolls.

Mit ihrer Besorgtheit kontrollieren sie Menschen und Beziehungen bis zum Erdrücken. Durch ihr hysterisches Verhalten fordern sie, daß die verbleibenden Gruppen oder Individuen ihre Bedürfnisse nach Sicherheit und Verbundenheit erfüllen und ihrem Leben damit Sinn geben. Doch indem ihre Unsicherheit derartig hysterische Verhaltensmuster produziert, sinkt ihr Selbstwertgefühl weiter. Ein solcher destruktiver Kreislauf hindert sie daran, wirkliche innere Verbundenheit und Festigkeit zu finden, die ihnen Freiheit geben würde. Von ihrem Unsicherheitsgefühl verzehrt, zwingen sie anderen ihre Interpretation von Loyalität und Gesetz auf.

Neutralisation der Hauptabhängigkeit

MitstreiterInnen neutralisieren ihre Hauptabhängigkeit, indem sie sich gegen den Pfeil bewegen und die positiven Eigenschaften der BewahrerInnen (Neun) entwickeln. BewahrerInnen sind vorrangig ruhige Menschen, die im Gefühl ihrer inneren Kraft leben und diese auf friedliche Weise zum Erreichen ihrer Ziele einsetzen.

Gesunde MitstreiterInnen lernen es, zuerst mit sich und dann auch mit anderen in Frieden zu leben. Indem sie sich Zeit nehmen, allein zu sein, lernen sie ihre eigenen Gedanken und Ansichten ohne Abwehrhaltungen kennen und begegnen ihren Ängsten direkt. Sie lassen sich nieder, ruhen sich aus, und schauen nach innen. Dort entdecken sie das Geheimnis, daß Vielfalt, Respekt und Einheit aus dem gleichen Holz geschnitzt sind. Unter der Leitung dieses neuen Verständnisses werden ihnen Harmonie, Liebe und Dienen zu neuen Gefährten.

Widerstand. Der Rückzug von der Gruppe, um auch allein Zeit zu verbringen, kann MitstreiterInnen bedrohen, denn sie fürchten, daß andere ihre Loyalität in Zweifel ziehen und die Gründe für ihre Abwesenheit nicht anerkennen werden. Sie haben Angst, daß in ihrer Abwesenheit etwas Wichtiges geschehen wird und sie außen vor bleiben und in Vergessenheit geraten werden. Doch nichts könnte weiter von der Wahrheit entfernt sein, denn ihre Energie wird immer auf soziale Weise nach außen fließen und sie mit anderen verbinden und zu ihrer Lebhaftigkeit hinziehen. Die Entdeckung der Schatzkammer ihrer Innenwelt wird ihnen Selbstvertrauen, Liebenswürdigkeit und inneren Frieden geben, mit denen sie das Herz einer jeden Gruppe bilden werden.

Belohnung. Einsamkeit und Innenschau bringen die Gabe der Erkenntnis über den eigenen Wert und ein Annehmen der eigenen Stärken und Talente. Das neue Selbstvertrauen setzt die innere Kraft der MitstreiterInnen frei, gibt ihnen Richtung und läßt sie ihrem Schicksal, dem Sinn und der Bedeutung ihres Lebens folgen. Dann können MitstreiterInnen auch auf ihre eigenen Gedanken und Meinungen vertrauen, sie wertschätzen und entdecken, daß das Geheimnis der Sicherheit in ihrem eigenen Herzen verborgen lag. Befreit können sie nun mit allen Menschen in Frieden leben.

Sieben: Die TräumerInnen

Intensivierung der Hauptabhängigkeit

TräumerInnen intensivieren ihre Hauptabhängigkeit, indem sie sich mit dem Pfeil bewegen und die unangenehmsten Eigenschaften der PerfektionistInnen (Eins) annehmen. Werden ihre Pläne nicht angenommen und holt die negative Seite der Wirklichkeit sie ein oder können sie schmerzhafte Störungen ihres Privatlebens durch die Realität nicht vermeiden, so können TräumerInnen mit einer verblüffenden Kraft um sich schlagen.

Obwohl normalerweise gut mit ihnen auszukommen ist und sie viel Spaß verbreiten, werden sie dann launisch und feindselig, verfallen in Selbstmitleid und erwarten, daß andere sich um sie kümmern. Sie fällen keine Entscheidungen und machen keine Pläne mehr, ihre Energie und Vitalität dörren aus, und sie verwenden ihre aggressiven Fähigkeiten, um Ideen statt Menschen anzugreifen und sich vor Ratschlägen zu schützen.

Neutralisation der Hauptabhängigkeit

TräumerInnen neutralisieren ihre Hauptabhängigkeit, indem sie sich gegen den Pfeil bewegen und die positiven Qualitäten von BeobachterInnen (Fünf) entwickeln. BeobachterInnen schätzen häufig die ganze Wirklichkeit und wollen sie nicht beurteilen oder bewerten, sondern alles so erkennen, wie es ist.

Gesunde TräumerInnen werden Zeit mit ruhigem Nachdenken über die positiven und negativen Seiten von sich und der ganzen Wirklichkeit verbringen und dadurch erkennen, daß alle Dinge komplex sind und es keine einfachen Lösungen gibt. In diesen stillen Zeiten werden sie gute Gelegenheit haben, die schmerzhaften Gefühle, die sie ihr Leben lang unterdrückt und geleugnet haben, zu identifizieren und zu erleben.

Während sie eine größere Sicht der Wirklichkeit entwickeln, erleben sie die Befriedigung, ernst genommen zu werden und wegen ihrer versteckten ernsthaften Seite und ihrer Liebe für andere Menschen geachtet zu werden. Indem TräumerInnen den Mut entwickeln, die ganze Wirklichkeit des Lebens anzunehmen, reift in ihnen die Fähigkeit der Unterscheidung, die nur klarsichtige und ausgewogene RealistInnen erwerben können.

Widerstand. Mehr als nur die hellen Seiten des Lebens zu sehen, kann TräumerInnen bedrohen, weil sie Angst haben, selbst negativ zu werden, wenn sie dem Negativen irgendwelche Kraft geben. Doch könnte nichts weiter von der Wahrheit entfernt sein, denn sie werden stets Licht und Freude in die Welt ausstrahlen. Mit der zusätzlichen Stärke der Aufrichtigkeit und Objektivität sich selbst und dem Leben gegenüber verkörpern sie jedoch eine Festigkeit und ein Gleichgewicht, daß sie zu weit geschätzteren Mitgliedern der Gesellschaft macht.

Belohnung. Aus Alleinsein und Nachdenken entsteht die Fähigkeit, inneres Leben und äußere Wirklichkeit miteinander ins Gleichgewicht zu bringen. So entdecken TräumerInnen, wie sie schöpferisch mit dem Leben umgehen können. Sie können ihr gesamtes schöpferisches Potential freisetzen, wenn sie nicht nur Pläne entwerfen, sondern auch gern an deren Ausführung teilnehmen. Die durch Erfahrung erworbene praktische Fertigkeit erweist sich als *fehlender* Faktor, um ihre intellektuellen Fähigkeiten freizusetzen. Dann sind sie in der Lage, neue Höhen der Erleuchtung zum Wohle der ganzen Menschheit zu erreichen.

Acht: Die KämpferInnen

Intensivierung der Hauptabhängigkeit

KämpferInnen intensivieren ihre Hauptabhängigkeit, indem sie sich mit dem Pfeil bewegen und die schlimmsten Qualitäten der BeobachterInnen (Fünf) übernehmen. Wenn ihre Vorwärtsstrategie gebremst oder blockiert wird, wenn weder Verhandlung noch Drohung eine Barriere durchbrechen können oder wenn Personen, auf die sie gezählt haben, ihre Bemühungen untergraben, halten KämpferInnen inne und leiten ihre gewaltigen Kräfte auf einen neuen und unerwarteten Angriffsplan um.

Wer immer ihnen im Wege steht, wird dabei überrannt und hat Gelegenheit, seine Entscheidung zu bereuen. Zu ihrer Selbstsicherheit gesellt sich eine unflexible Entschlossenheit, zu bekommen, was sie wollen, und noch mehr. Sie sind überzeugt, daß die Welt ihre Zerstörung gewollt hat und lassen sie in Stücke gehen, wobei sie nur Verachtung für jene haben, die es hätten kommen sehen können.

Neutralisation der Hauptabhängigkeit

KämpferInnen neutralisieren ihre Hauptabhängigkeit, indem sie sich gegen den Pfeil bewegen und die positiven Eigenschaften von HelferInnen (Zwei) entwickeln. HelferInnen sind vorwiegend sanfte und mitfühlende Menschen, die ihre echte Fürsorge für andere in enger Gemeinsamkeit, persönlicher Verletzlichkeit und selbstlosem Handeln ausdrücken.

Wenn sie in wichtigen persönlichen Beziehungen Verwundbarkeit, Gefühle und Sensibilität verstehen lernen, wächst in gesunden KämpferInnen das Mitgefühl. Da sie all diese Eigenschaften zuvor als Schwächen angesehen haben, ist dies ein schweres Ringen.

Mit den Augen des Mitgefühls sehen sie nun, daß nicht alle Menschen gleich geschaffen sind, sondern daß manche stärker sind als andere. Dieses Verständnis verschiebt ihre Betonung der persönlichen Gerechtigkeit zur gemeinschaftlichen Gerechtigkeit durch gewaltlose Mittel. Durch die Befreiung ihres affektiven Zentrums vereinen sich bei KämpferInnen Sanftheit und Stärke, um jene barmherzige Gerechtigkeit hervorzubringen, in der die Hoffnung auf einen globalen Frieden liegt.

Widerstand. Wenn KämpferInnen sanft und fürsorglich werden, fühlen sie sich dadurch bedroht, daß ihre Sicherheit Kompromissen zum Opfer fällt und ihre Stärke kraftlos wird. Doch könnte nichts der Wahrheit ferner liegen, denn ihre Stärke wird immer eine vitale Kraft bleiben, deren destruktive und unsensible Seite aber allmählich verschwinden kann, wenn ihr die Dimension des mitfühlenden Verstehens hinzugefügt wird. Und ihre neuen Beziehungsfähigkeiten sorgen dafür, daß sie die Ziele, die ihnen wichtig sind, noch wirksamer erreichen können.

Belohnung. Wenn sie ihrem affektiven Zentrum Energie geben, erwächst ihnen daraus die Gabe der geistigen Einsicht. Durch ein solches spirituelles Bewußtsein entdecken und leben KämpferInnen das Schicksal, das ihrem Leben Sinn gibt. Sie haben immer die Fähigkeit besessen, persönliche Ziele, Anerkennung und materiellen Erfolg zu erreichen. Indem sie nun die Fähigkeiten des geistigen Bewußtseins und der emotionalen Sensibilität hinzufügen, werden sie zu Menschen, die anderen und der Gesellschaft Leben geben können.

Neun: Die BewahrerInnen

Intensivierung der Hauptabhängigkeit

Die BewahrerInnen intensivieren ihre Hauptabhängigkeit, indem sie sich mit dem Pfeil bewegen und die unangenehmsten Qualitäten der MitstreiterInnen (Sechs) annehmen. Wenn sie in persönlichen Beziehungen auf Konflikte stoßen oder wenn sie unter Druck stehen, im privaten Bereich unerfreuliche Aufgaben übernehmen zu müssen, oder wenn zu viele Erwartungen an sie gerichtet werden, weicht die Ruhe und Festigkeit der BewahrerInnen einer Unsicherheit und Sturheit.

Wenn sie mit der Spannung ihrer unterdrückten Gefühle nicht zurecht kommen können, so werden sie starr und legalistisch. Sie blicken auf das Gesetz oder auf andere Personen, um Probleme zu lösen und Entscheidungen zu fällen. Ihr Erfindungsreichtum und praktisches Denkvermögen sind lahmgelegt, und ihr unterdrückter Schmerz und ihre Unruhe drücken sich so aus, daß sie Beziehungen zerstören und ihr bereits angeschlagenes Selbstwertgefühl weiter herabsetzen.

Neutralisation der Hauptabhängigkeit

BewahrerInnen neutralisieren ihre Hauptabhängigkeit, indem sie sich gegen den Pfeil bewegen und die positiven Eigenschaften von GewinnerInnen (Drei) entwickeln. GewinnerInnen setzen vorwiegend Ziele und erfüllen Aufgaben, wobei sie hart arbeiten und sich aufopfern, um den Job rechtzeitig und gut zu erledigen.

Gesunde BewahrerInnen setzen sich Ziele und erreichen sie. Sie denken über ihr Leben nach, setzen sich mit ihren Gefühlen auseinander und wissen um die Wichtigkeit von sich und anderen. Mit dem Wachstum ihres Selbstwertgefühls bilden sich bleibende Beziehungen, und sie können Verpflichtungen unerschütterlich übernehmen. Aufgrund der Öffnung ihres affektiven Zentrums erleben BewahrerInnen die Freiheit und den Schmerz des Liebens und Geliebtwerdens. Die Begeisterung für Erfolg und für enge Beziehungen ändert für sie und ihre Umgebung viel und verleiht ihnen neue Würde.

Widerstand. Der Ausdruck von Gefühlen und das Erreichen von Zielen bedroht BewahrerInnen, weil sie meinen, mit dem Aufruhr und der Verwirrung solcher Aktivitäten nicht umgehen zu können. Doch könnte der Wahrheit nichts ferner sein. Denn diese unverwüstlichen und unerschütterlichen Menschen haben die innere Standfestigkeit, auch Berge zu versetzen, wenn sie sich einmal dazu entschieden haben. Da emotionaler Aufruhr sie in Verwirrung setzt und ihnen das Gefühl für eine Richtung nimmt, besteht ihre anfängliche Aufgabe darin, sich mit den Ursachen des Aufruhrs auseinanderzusetzen.

Belohnung. Aus der Auseinandersetzung mit äußerem Druck und inneren Gefühlsstürmen gewinnen BewahrerInnen die persönliche Kraft, die sie zu dieser Auseinandersetzung entwickeln müssen. Auf diese Weise entsteht bei ihnen praktische Weisheit. Die dafür erforderliche Tiefe und Intensität führt sie auf eine Suche nach spirituellem Wissen, die ihr Denken erweitert und ihnen ihr Schicksal eröffnet. Durch ihre Freiheit und ihr selbstloses Dienen ziehen BewahrerInnen andere Menschen an.

Eins: Die PerfektionistInnen

Intensivierung der Hauptabhängigkeit

PerfektionistInnen intensivieren ihre Hauptabhängigkeit, indem sie sich mit dem Pfeil bewegen und die schlimmsten Eigenschaften der IndividualistInnen (Vier) annehmen. Wenn sie sich von Umständen oder Menschen gehindert fühlen, wenn sie nicht bei allem ihre Bestleistung bringen oder wenn wichtige Personen ihres Lebens ihren Beziehungsmaßstäben nicht gerecht werden können, engt sich das Blickfeld der PerfektionistInnen so sehr ein, daß sie in den Sumpf des Selbstmitleides und der Selbstkritik versinken.

Manche werden von dem traurigen Zustand, in dem sich ihr Leben befindet, überwältigt. Hoffnungslosigkeit macht sie blind für ihre Gaben und Talente und für zukünftige Veränderungsmöglichkeiten. Indem die PerfektionistInnen ungeduldig und unbeeinflußbar auf ihrer perfektionistischen Perspektive beharren, bekommt ihre Persönlichkeit eine so scharfe Seite, daß sie damit andere auf Distanz halten, besonders weil diese Eigenschaft von einer ebenso scharfen Zunge begleitet wird.

Neutralisation der Hauptabhängigkeit

PerfektionistInnen neutralisieren ihre Hauptabhängigkeit, indem sie sich gegen den Pfeil bewegen und die positiven Qualitäten der TräumerInnen (Sieben) entwickeln. TräumerInnen sind vorwiegend heitere und optimistische Menschen. Sie blicken auf die helle Seite des Lebens und sorgen für Spaß, Lachen und Freude, wo immer sie sind.

Gesunde PerfektionistInnen heitern sich und ihre Umgebung auf, indem sie eine spielerische Einstellung zum Leben und sogar zur Arbeit entwickeln und ihr beharrliches Ringen um Vollkommenheit aufgeben, um das Leben mit größerer Begeisterung anzugehen. Ihre Gabe, bei sich und anderen Eigenarten zu entdecken, wird in einen Humor verwandelt, der durch seinen lockeren Umgang mit menschlichen Schwächen erfreut und belebt.

Wenn sie ihr theoretisches Zentrum öffnen, sehen sie die Notwendigkeit, ihre Begabung für eine freien und schöpferischen Ausdruck ihrer Individualität zu fördern. Da sie einen größeren Überblick bekommen, können sie sich auch die Zeit für die Entwicklung ihrer Begabungen und für das Vergnügen am Leben nehmen. Das Üben von Selbstdisziplin hilft ihnen, ihre Aufmerksamkeit auf ein Ziel zu richten, ohne durch die kleinen Hindernisse am Wege entmutigt zu werden.

Widerstand. Für PerfektionistInnen ist es bedrohlich, sich und andere in Ruhe zu lassen, denn sie meinen, daß ohne ständige Wachsamkeit ihre chaotische Seite überhand nehmen wird und sie nie im Leben etwas erreichen. Doch könnte nichts der Wahrheit ferner liegen. Wenn sie anfangen, wirkliche Verantwortung für ihr Leben zu übernehmen, und die Illusion zurückweisen, daß sie für den glatten Ablauf von allem und jedem verantwortlich sind, können sie sich frei und schöpferisch auf persönliche Ziele und Beziehungen konzentrieren und auch in Entspannung die neue Kraft finden, um ihre tiefsten Träume zu verwirklichen.

Belohnung. Wenn PerfektionistInnen ihre eigene Zukunft in die Hand nehmen, so entwickeln sie schöpferische Führungsqualitäten, um ihr eigenes Schicksal zu verwirklichen. Sie sind nicht mehr von anderen abhängig, die ihnen die Türen zum Leben öffnen müssen und können deshalb praktische Weisheit entwickeln, von der andere in ihrem Alltag lange zehren können. Indem sie Optimismus entwickeln, können sie jede Beziehung lebhafter machen und stellen fest, daß sie nicht nur bei der Ausführung von Projekten, sondern auch in Freundschaften und im Gemeinschaftsleben hervorragend sind.

Ein gutes Leben leben

Trickster, Schlaukopf, Mechanische Schattentänzerin und Wahres-Schönes-Selbst haben uns wichtige Lektionen zu lehren. Das Wissen um einen Trickster macht uns die ständige Gefahr bewußt, in der Illusion zu leben. Der Trick besteht darin, die Illusion wie Wirklichkeit erscheinen zu lassen, so daß wir nie auf etwas anderes hoffen oder für etwas anderes arbeiten. Noch hinterhältiger wird es, wenn auch das Gute der Wirklichkeit und die Wahrheit hinter den Schleier der Illusion fallen und uns annehmen lassen, daß die Dinge gar nicht der Mühe wert sind, die zu unternehmen nötig wären. Indem wir uns mit Trickster anfreunden, lernen wir das Geheimnis, selbst die subtilsten Täuschungen bemerken zu können.

Wenn wir uns mit Schlaukopf anfreunden, lernen wir den Weg des Schweigens, der Geduld, der Hingabe an die Wahrheit und des Wartens auf den rechten Zeitpunkt. Wenn wir Schlaukopf kennen, wissen wir, daß im Universum Intelligenz am Werk ist, eine Intelligenz, die etwas verändern kann, wenn wir uns nur darum bemühen.

Gegenüber Mechanischer Schattentänzerin können wir nur dankbar sein, denn durch diesen Teil unseres Wesens sind wir erzogen worden, haben wir überleben gelernt und die Muskeln gestärkt, die uns auf unserer Lebensreise tragen. Daß wir einen großen Teil unseres Lebens als Mechanische Schattentänzerin gelebt haben, wird sich auch dann nicht als eine Zeitverschwendung erweisen, wenn wir erwachen, die Muster erkennen, denen wir uns entziehen müssen, und gemäß unserem inneren Rhythmus zu leben beginnen. Und indem wir unsere Phantasie ausdehnen, um eine Beschreibung unseres besten Selbst sehen zu können und uns an die Zeiten zu erinnern, als Wahres-Schönes-Selbst in unserem Leben auftauchte, entwickeln wir eine Vision dessen, was wir werden können.

Wir können nun wiederum die Frage stellen: Fühlen Sie sich vom Streß ausgelaugt? Rennen Sie immer schneller und bleiben doch immer weiter zurück? Haben Sie genug Zeit für sich? Werden Sie launisch, reizbar oder depressiv, wenn die Dinge nicht nach Ihrer Nase gehen? Sind Sie einen großen Teil Ihrer Zeit mit Gedanken der Rache, des Grolls, des Neides, der Eifersucht, der Angst oder Sorge beschäftigt? Hat Ihr Leben für Sie eine Sinn? Sind Ihre Beziehungen gesund und nährend für Sie? Mögen Sie sich? Kennen Sie sich?

Wenn Sie immer schneller und schneller rennen und sich immer unzufriedener mit ihrem Leben fühlen, dann ist Trickster bei der Arbeit und Mechanische Schattentänzerin steht mitten auf der Bühne. Es wird dann Zeit, innezuhalten und auf die Weisheit von Schlaukopf in ihnen zu hören. Das Enneagramm kann Ihnen helfen, sich selbst näher zu kommen, und dies sogar mit mehr Klarheit, als Sie sich normalerweise zutrauen.

Wer weiß? Es könnte sein, daß Wahres-Schönes-Selbst nur darauf wartet, enthüllt zu werden, wenn Sie über das hinausschauen, was man oft das »wirkliche Leben« nennt. Werden Sie offen genug, um zu erleben, was Ihr tiefstes Selbst immer schon gewußt, gehofft und geträumt hat: Sie sind gut geschaffen, Sie sind gut, und der Tanz des Lebens ist es wirklich wert, getanzt zu werden.

Anmerkungen

1 Wie in Anmerkung 2 der Einführung festgestellt wurde, folgt die Anordnung der Pfeile einer mathematischen Basis in dem geheimnisvollen Gesetz der wiederkehrenden Dezimalen. Das erste ist bekannt als das Gesetz der Sieben: Eins geteilt durch Sieben ergibt 0,142857142857; Zwei geteilt durch Sieben ergibt 0,285714285714. Teilt man irgendeine Zahl unter Sieben durch Sieben, so tauchen dabei die gleichen Ziffern in der gleichen Reihenfolge auf und wiederholen sich unendlich. Die Reihenfolge der Ziffern im Enneagramm folgt nach den Pfeilen dieser Reihenfolge. Das zweite Gesetz ist das Gesetz der Drei: Eins geteilt durch Drei ergibt 0,3333333333, Zwei geteilt durch Drei ergibt 0,6666666666, und Drei geteilt durch Drei ergibt 0,9999999999. Auch hier handelt es sich um wiederkehrende Dezimale; und die resultierenden Zahlen sind diejenigen, die beim Gesetz der Sieben ausgelassen sind. Im Enneagramm sind Drei, Sechs und Neun durch eigene Linien verbunden, die ein in sich geschlossenes Dreieck ergeben. Durch die Anwendung beider Regeln sind alle neun Zahlen repräsentiert. Siehe J. G. Bennett, *Enneagramm Studies*, York Beach 1983, S. 1–5.

Kapitel 6

Auf unseren Flügeln schweben
Im Gleichgewicht von Zentren und Flügeln

> Jede Seele ist schwanger mit der Saat der Erkenntnis. Sie ist noch unklar und verborgen. In manchen Menschen wächst die Saat, in anderen verkümmert sie. Manche gebären Leben, andere haben eine Fehlgeburt. Einige wissen, wie man eine wachsende Erkenntnis austrägt, ernährt und pflegt. Andere wissen es nicht.
>
> *Rabbi Heschel*

Haben Sie jemals die traurige Erfahrung gemacht, einen Vogel mit verletztem Flügel zu beobachten, wie er wild mit seinem gesunden Flügel schlägt und panisch nach einem Versteck sucht?

Als wir in Kalifornien Freunde besuchten, beobachteten wir in gebannter Stille, wie sich auf der anderen Straßenseite folgende Szene entfaltete: Auf dem Boden saß ein Vogel mit verletztem Flügel in dem soeben beschriebenen Zustand. Hinter ihm lief langsam und auf Zehenspitzen ein Mann mit einem Besen. Ab und zu drehte er sich plötzlich um, schrie und schüttelte drohend seinen Besen. Dann wandte er sich wieder nach vorn und nahm sein lustiges Rosaroter-Panther-Verhalten wieder an. Es war offensichtlich, daß der Mann sich völlig vergessen hatte und nur noch auf den Schutz des verletzten Vogels konzentriert war. Zunächst war jedoch nicht ersichtlich, aus welchen Gründen er diese plötzlichen Drehungen, das Schreien und Besenschütteln vollführte. Bald jedoch wurde der Grund für dieses etwas seltsame Verhalten sichtbar, als er mit der raschen Wut eines rächenden Engels eine sich anpirschende Katze quer über den Hof fegte.

Währenddessen war der Vogel in solch einer Panik, daß alle Beobachter sicher waren, er würde vor Angst sterben. Weit gefehlt. Angesichts des Zorns des Racheengels stahl die Katze sich in die Büsche. Der Mann ließ seinen Besen fallen, näherte sich auf den Knien dem verletzten Vogel und wurde dann ganz still. Nach einer Weile griff er den jetzt ganz ruhigen Vogel langsam mit der Hand und setzte ihn in einen Käfig.

Nur ein äußeres Eingreifen konnte den verängstigten Vogel vor der sicheren Katastrophe bewahren.

Von der Panik zur Kraft

Wir haben nur selten einen Engel, der uns vor den harten Realitäten des Lebens schützt. Würden wir uns im Umgang mit den Schwierigkeiten des Lebens nur auf äußere Hilfe verlassen, so würden wir unweigerlich zu chronischen Opfern. Eine solche chronische Opferrolle ist in unserer heutigen Welt leider nur zu häufig. Wie für den verletzten Vogel ist eine sichere Umgebung nur für den hohen Preis der persönlichen Unfreiheit erreichbar.

Wahrscheinlich haben wir alle schon einmal dieses Gefühl erfahren, Opfer zu sein, hilflos und eingesperrt. Wollen wir nicht unsere dauernde Bleibe in einem Vogelkäfig finden, so müssen wir alternative Lebensmöglichkeiten erkunden. Ein Führer zu dieser neuen Lebensweise kann die geheime Weisheit des Ausgleichs von Zentren und Flügeln sein, unser nächster Schritt in der Erforschung des Enneagramms.

Unser Studium der Zentren begann in Kapitel 2. Dort haben wir gelernt, daß jeder Mensch drei Intelligenzzentren hat. Bei unserer Erschaffung sind diese drei Zentren im Gleichgewicht, so daß wir jederzeit die Freiheit haben, mit angemessener Intelligenz zu reagieren. Diese Freiheit geht jedoch bald verloren. Nur in dem Maße, in dem wir das gottgegebene Recht zur Entscheidung ausüben und entwickeln, können wir die Begrenzungen der Panik überwinden und zur Freiheit innerer Kraft gelangen. Der Pfad zu dieser inneren Kraft heißt Gleichgewicht.

Nehmen wir zum Beispiel an, ein Mann gehe nachts alleine eine Straße in der Stadt entlang. Plötzlich wird er von einem anderen Mann angepöbelt, der ihn offenbar ausrauben und körperlich verletzen will. Welche Intelligenz sollte in diesem Augenblick die Vorherrschaft bekommen? Natürlich müßte das effektive Intelligenzzentrum aktiviert werden. Dieses ist das Zentrum der Sicherheit, des Handelns, des Wissens um den nächsten Schritt, der Sorge für sich selbst und des Fortkommens in der Welt. In diesem Augenblick muß der Mann mit der Überlebensintelligenz denken.

Würde in der gegebenen Situation ein anderes Intelligenzzentrum vorherrschen, so könnte dies durchaus zu katastrophalen Ergebnissen führen. Ließe der Mann sein affektives Zentrum regieren, so würde er entweder in Empörung über diesen Angriff ausbrechen oder sein tiefes Gefühl, seine Sensibilität und sein Verständnis benutzen, um den Angreifer zu überreden. Wir bezweifeln ernstlich, ob der Räuber durch eine dieser Verhaltensweisen von seiner Absicht abgebracht werden könnte.

Auch die vorwiegende Verwendung des theoretischen Zentrums würde das potentielle Opfer in diesem Augenblick nicht weiterbringen. Es würde den Räuber wohl kaum zurückhalten, wenn der Mann ihm die rechtlichen

Folgen seines Handelns erläutern würde. In einem solchen Moment ist Logik wenig nützlich, denn sie befindet sich in der Prioritätenliste des Angreifers nicht an oberer Stelle.

Nur das effektive Intelligenzzentrum darf in dieser Situation dominieren. Ist es nicht für sofortigen Gebrauch verfügbar, so wird der Mann unweigerlich zum Opfer.

Heißt das, daß ein potentielles Opfer in der Lage sein muß, den Angreifer körperlich zu überwinden oder ihm fortzulaufen? Nicht unbedingt. Denken wir darüber nach, was geschehen würde, wenn eine ältere Dame von einem kräftigen, jungen Mann Mitte Zwanzig angepöbelt würde. Der Mann stößt sie grob zurück und verlangt ihr Geld.

Schnell gewinnt die Frau ihr Gleichgewicht wieder, rafft sich zu ihrer vollen Größe von 1,55 Meter auf und fragt mit fester Stimme und ohne Vorwurf: »Junger Mann, was glauben Sie, was Ihre Mutter fühlen würde, wenn sie wüßte, was Sie hier tun?« Der junge Mann wäre so verblüfft, daß er einen Augenblick ganz still stünde. Dann sagte er mit etwas betretener Stimme: »Sie wäre sehr traurig, sehr enttäuscht.«

»Und das würden Sie doch nie zulassen wollen, und ich auch nicht«, würde die Frau sagen und mit einem Lächeln und einem Nicken an dem jungen Mann vorbeigehen.

Die Frau hat hierbei die Intelligenz ihres effektiven Zentrums verwendet, das feste: »Hier bin ich, setz Dich mit mir auseinander!« Diese Selbstsicherheit wurde unterstützt durch die Logik des theoretischen Zentrums und das tiefe Gefühl und die Anteilnahme des affektiven Zentrums. Ihre drei Intelligenzzentren waren hier in vollendetem Gleichgewicht.

Sie könnten nun fragen, ob wir mit einem solchen Beispiel sagen wollen, daß einem Menschen, dessen drei Zentren im Gleichgewicht sind, nichts zustoßen kann. Das wollen wir natürlich nicht. Im Leben gibt es keine Garantien, denn Menschen und Umstände sind unvorhersagbar. Vielleicht würde der Gebrauch der effektiven Intelligenz Sie davor behüten, allein an einen offensichtlich gefährlichen Platz zu gehen. Vielleicht würde auch nichts, was Sie tun können, derartige Ereignisse verhindern. Der ausgewogene Gebrauch aller drei Zentren kann Ihnen jedoch dabei helfen, sich mit unerwarteten Dingen auf eine positivere und schöpferischere Weise auseinanderzusetzen.

Tatsache ist jedoch, daß es für jede Situation und unter bestimmten Umständen eine angemessene Intelligenz gibt und daß diese angemessene Intelligenz durch die Intelligenzen der beiden anderen Zentren entsprechend unterstützt wird. Wenn wir bereit sind, die innere Arbeit zu verrichten, die wir zum Ausgleich der Intelligenzzentren benötigen, so kommen wir der Entscheidungsfreiheit näher, die uns schließlich aus der Panik heraus zur Kraft führen wird.

Den Käfig bauen

Ein fliegender Vogel ist einer der schönsten Anblicke der Schöpfung. Mit ausgesuchter Schönheit und Anmut segelt er mühelos auf den unsichtbaren Winden. Schnell wie ein Blitz kann ein Vogel zur Erde hinabtauchen oder in den Himmel hinaufschweben, um aus unserem Blickfeld zu entschwinden.

Seit Anbeginn der Zeit haben fliegende Vögel Phantasieflüge bei den Menschen ausgelöst und ihre tiefe innere Sehnsucht nach Freiheit erweckt. Die Echos dieses universellen Rufes des menschlichen Geistes sind durch Lieder, Dichtung und Literatur getragen worden und selbst bis hinein in die Arbeit der Brüder Wright (den Erbauern eines der ersten Flugzeuge) und in unsere Raumflüge.

So wie ein Vogel im Flug geheimnisvoll die verschütteten Erinnerungen an wahre Freiheit berührt, bewegt ein Vogel mit verletztem Flügel unseren vertrauten Schmerz, den wir mit dem Überlebenskampf verbinden. Sowohl das geheimnisvolle unbewußte Bild der wahren Freiheit und das bewußte Bild des Schmerzes finden sich im symbolischen Verständnis eines gesunden und eines verletzten Vogels.

Da wir mit drei ausgewogenen Intelligenzzentren erschaffen worden sind, können wir wahre Freiheit verstehen. In vollkommenem Gleichgewicht und Harmonie treten wir in eine unvollkommene und unausgewogene Welt. Und bald überwiegen die Mißklänge die ursprüngliche Harmonie. Bald lernen wir als Kinder, daß unser Überleben und unsere Bedürfnisbefriedigung es erfordern, daß wir nicht in Einklang mit unserer wahren Natur handeln. Durch ständiges Handeln, Reaktion und Interaktion finden wir heraus, daß eine bestimmte Verhaltensweise einfach besser funktioniert. So lernen die Kinder, das Spiel des Lebens zu spielen.

Diejenige Reaktion, die wir als Kinder als am meisten funktionstüchtig entdecken, wird dann zu unserer Überlebenskraft oder unserem bevorzugten Zentrum. Dieses Primärzentrum können wir mit dem Körper des Vogels vergleichen, dem hauptsächlichen Teil, der das Leben erhält, Aufgenommenes verdaut, froh singt und in Schmerzen schreit.

Für jede Handlung gibt es eine entsprechende und eine entgegengesetzte Reaktion. Das Überleben in einer unausgewogenen Welt mit unvollkommenen Menschen fordert von einem Kind, daß es ebenfalls unausgewogen, unvollkommen wird. Diese Bewegung zerstört das natürliche Gleichgewicht und verschüttet die wahre Natur oder das Wesen des Kindes. Der daraus folgende Schaden kann symbolisch als verletzter Flügel verstanden werden.

Obwohl noch vorhanden, ist ein verletzter Flügel nutzlos und Quelle des Schmerzes, wenn man damit anstößt. Um zu überleben, muß ein derart verletzter Vogel in einer sicheren Umgebung bleiben.

Dies ist dann der Zustand des dritten oder unterdrückten Intelligenzzentrums im Individuum. Die Benutzung des verletzten Flügels zu meiden, ist für den Vogel keine bewußte Handlung, sondern eher eine mechanische Reaktion auf den Schmerz. Auch für Menschen ist die Meidung des unterdrückten oder Tertiärzentrums eine angelernte, mechanische Reaktion auf Schmerz und Unbequemlichkeit.

Währenddessen schlägt und schlägt der gesunde Flügel. Er ist wie das sekundäre oder stützende Intelligenzzentrum in gutem Zustand und kann jederzeit benutzt werden. Er wird sogar, wenn der Vogel wieder zu fliegen versucht, übermäßig eingesetzt.

Ein starker Flügel ist aber nicht genug, um den verletzten Flügel zu kompensieren oder das durch die Verletzung entstandene Ungleichgewicht auszugleichen. Deshalb kann auch der starke Flügel seinen Zweck nicht erfüllen. Auf gleiche Weise ist das sekundäre oder unterstützende Zentrum nicht in der Lage, das unterdrückte Zentrum zu kompensieren oder seinen eigenen wahren Zweck zu erfüllen. Wir sind deshalb, wie der Vogel, nicht frei, sondern durch unbewußten Schmerz daran gehindert, unserer wahren Identität freien Ausdruck zu geben. Wir haben zum Fliegen keine Flügel.

An diesem Bild ist es wichtig zu verstehen, daß zwar nur ein Flügel untauglich ist, daß aber dadurch der ganze Vogel verletzt und flugunfähig wird. Gleiches gilt für den Menschen: Wird ein Intelligenzzentrum aufgrund von Schmerz geschlossen, so ist die ganze Person davon betroffen. Wie der Vogel bleiben wir erdgebunden, haben nicht die Freiheit zu fliegen und unserem Schicksal zu folgen. Wir leben in einer Abwehrhaltung und überkompensieren, indem wir die noch zugänglichen Intelligenzzentren benutzen und verzerren.

Durch einen Ausgleich finden wir Ganzheit. Ganzheit gründet auf unserer Fähigkeit, im Bewußtsein so zu wachsen, daß die Zentren wieder in Ordnung kommen und jedes in den angemessenen Situationen für seinen angemessenen Zweck eingesetzt wird. Nur unser persönliches Bewußtsein kann solche Heilung hervorbringen, die wiederum aus einer Mischung von Stimulation und Schmerz entsteht, welche die Seele aufrühren. Freiheit zu fliegen bekommen wir nur, insoweit wir geheilt sind.

Erweiterung der Spannweite

Im Gespräch über das Enneagramm beziehen sich die Leute oft auf die Vorstellung, »Flügel« zu haben. Wir wollen erklären, wie wir Eigenschaften der Muster, die direkt neben unserem eigenen im Enneagramm-Kreis stehen, aufgreifen und unser eigenes Muster dadurch auf besondere Weise erweitern können. Wenn jemand zum Beispiel sagt, er oder sie »sei eine Neun mit einem Einser-Flügel« oder »Ich bin eine Sieben mit einem Sechser-Flügel«, dann meinen sie damit, daß besondere Qualitäten der als Flügel benannten Zahl direkten Einfluß darauf nehmen, wie sie den Zwang ihres Enneagramm-Musters ausleben.

Harmoniekreis:
Übereinstimmung, Vielfalt, Gleichgewicht

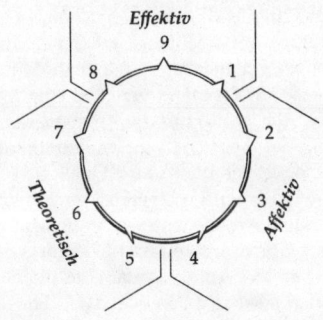

Flügelzahlen

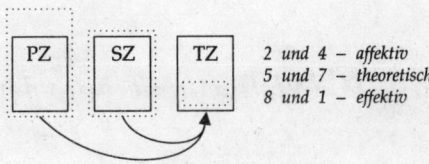

2 und 4 – *affektiv*
5 und 7 – *theoretisch*
8 und 1 – *effektiv*

PZ – Primärzentrum
SZ – Sekundärzentrum
TZ – Tertiärzentrum

Zahlen der Gleichgewichtspunkte

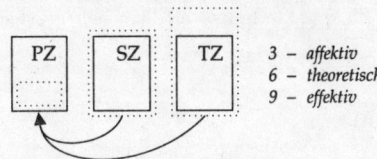

3 – *affektiv*
6 – *theoretisch*
9 – *effektiv*

Die Einteilung der neun Zahlen in Flügelzahlen und Zahlen der Gleichgewichtspunkte wurde von O'Leary und Beesing in Ihrem Buch »The Enneagram« vorgeschlagen. Sie bezeichnen die Gleichgewichtspunkte als Leugnungspunkte. Dieses Diagramm und seine Erklärung des Verhältnisses von Flügeln und Gleichgewichtspunkten stammt von Theodore E. Dobson und Kathleen V. Hurley.
© Copyright 1990 Theodore E. Dobson und Kathleen V. Hurley

Obwohl manche dementsprechende Aussagen bei der Erklärung ihrer Erfahrungen als hilfreich empfinden, hat doch dieses Verständnis der Flügel einen wesentlichen Nachteil: Die »Flügel-Eigenschaften« sind auf die beiden Zahlen direkt neben der eigenen im Enneagramm-Kreis beschränkt. Wäre dies die einzige Möglichkeit, die Flügel zu verstehen, so wären drei der Typen – Drei, Sechs und Neun – auf die Eigenschaften nur eines Intelligenzzentrums beschränkt. Die Dreier hätten nur Zugang zu den Eigenschaften der Zwei und der Vier, was sie auf die affektiven oder emotionalen Funktionen beschränken würde; die Sechser nur auf die Attribute der Fünf und Sieben, womit sie auf die denk- oder theoriebezogenen Funktionen beschränkt wären; und die Neuner bezögen sich nur auf die Qualitäten der Acht und Eins und wären damit auf die Sicherheits- oder effektiven Funktionen beschränkt.

Es gibt jedoch eine andere Art, die Unterschiedlichkeit innerhalb der Muster zu verstehen, die die Begrenzungen und Dilemmas des genannten Ansatzes vermeidet. Dieser andere Ansatz umfaßt das übliche Verständnis der Flügel, verleiht aber auch *allen* neun Mustern des Enneagramms größere Breite, Tiefe und Vielfalt. Obwohl das Verständnis dieses Ansatzes der individuellen Vielfalt anfangs größere Ansprüche stellt, hat er sich in Hunderten von Seminaren als zuverlässiger erwiesen, um Menschen bei der Identifikation und beim Verständnis der Feinheiten ihrer eigenen Muster zu helfen.

Die Vielfalt innerhalb der Muster

Unserem Verständnis der Verschiedenheit in den Mustern liegen drei Vorstellungen zugrunde. Erstens *hat* kein Muster Flügel, sondern jedes ist entweder eine *Flügelzahl* oder ein *Gleichgewichtspunkt*. Zweitens ist die Vorstellung von *Zentren* für dieses Verständnis wesentlich, darum müssen wir auch das Primärzentrum identifizieren. Drittens werden Flügelzahlen und Gleichgewichtspunkte unterschiedlich behandelt und deshalb separat erklärt.

Flügelzahlen

Die als Flügelzahlen bezeichneten Muster befinden sich an den äußeren Rändern einer jeden Mustertriade, beziehungsweise an den Außenrändern eines jeden Zentrums. Das Diagramm »Harmoniekreis« zeigt, daß
    die Flügelzahlen des affektiven Zentrums
        die Zwei und Vier sind,
    die Flügelzahlen des theoretischen Zentrums
        die Fünf und Sieben sind,
    die Flügelzahlen des effektiven Zentrums
        die Acht und Eins sind.

Dasjenige Zentrum, in welchem ein Muster sich befindet, ist für die TrägerInnen dieses Musters oder dieser Zahl das bevorzugte, das Primärzentrum. Die Überbenutzung dieses Zentrums wird im Diagramm durch das große gepunktete Rechteck um das Zentrum herum angezeigt. Ihr unterstützendes oder Sekundärzentrum ist dasjenige, das sich ihrer Zahl am nächsten befindet. Dessen Überverwendung wird im Diagramm durch ein kleineres, gepunktetes Rechteck angezeigt, das das Zentrum aber immer noch umgibt. Schließlich ist das unterdrückte oder Tertiärzentrum dasjenige, das sich vom Muster oder der Zahl am weitesten entfernt befindet. Die Unterverwendung dieses Zentrums wird im Diagramm durch das kleine gepunktete Rechteck innerhalb des Zentrums angezeigt. Anhand des Diagramms »Harmoniekreis« und der folgenden Tafel können diejenigen, deren Muster zu den Flügelmustern gehört, ihr bevorzugtes, ihr sekundäres und tertiäres Zentrum erkennen.

Zahl des Musters	Primärzentrum	Sekundärzentrum	Tertiärzentrum
Zwei	affektiv	effektiv	theoretisch
Vier	affektiv	theoretisch	effektiv
Fünf	theoretisch	affektiv	effektiv
Sieben	theoretisch	effektiv	affektiv
Acht	effektiv	theoretisch	affektiv
Eins	effektiv	affektiv	theoretisch

Was haben Sie davon, Ihr Primär-, Sekundär- oder Tertiärzentrum zu kennen? Viele Vorteile liegen darin, und selbst das Geheimnis der Wandlung wird darin gefunden werden.

Zunächst einmal erklärt sich dadurch, wie es möglich ist, daß die Eigenschaften verschiedener Muster Ihre eigenen zu sein scheinen. Denn wir müssen uns wieder ins Gedächtnis rufen, daß jeder/jedem von uns nur ein einziges Muster zugehört. Obwohl Ihr Leben nur von einer zugrundeliegenden Motivation und deshalb *einer Hauptabhängigkeit* beherrscht wird, können Sie doch auch *Eigenschaften* von anderen Mustern ausdrücken. Diese Eigenheiten runden Ihre Persönlichkeit ab und bilden eine Art Linse, durch welche Ihre Persönlichkeit hindurchscheint. Die Charakteristika der Flügel bilden Schattierungen in der Verwendung Ihres eigenen Musters.

Da Sie ein ganzes Zentrum bevorzugen, werden Ihnen die Eigenschaften eines oder beider anderer Muster in Ihrem bevorzugten, Ihrem Primärzentrum zur Verfügung stehen. Ebenso können Sie Attribute von einem, von zwei oder sogar allen drei Mustern des sekundären Zentrums zum Ausdruck bringen. Doch werden die Eigenschaften der Muster aus Ihrem Tertiärzentrum in Ihrem Leben kaum zum Vorschein kommen.

Die Entwicklung des Tertiärzentrums. Nur indem wir die Intelligenz des dritten oder unterdrückten Zentrums zurückerlangen und entwickeln, können wir wieder ins Gleichgewicht kommen und ein gesundes Leben führen. Ohne dieses Zentrum können wir nur die anderen beiden überbenutzen und ihre Gaben stören. Denn im Versuch der bewußt eingesetzten Zentren, die Abwesenheit des dritten Intelligenzzentrums zu kompensieren, können sie nur einen schwachen Schatten der wirklichen Kraft erreichen.

Wie starke Gefühle IndividualistInnen (Vier) zum Beispiel auch für ein Projekt entwickeln oder wie hart BeobachterInnen (Fünf) über ein Projekt nachdenken mögen, wird dieses Projekt doch nie ohne den tatsächlichen physischen Einsatz vollendet werden, den sie nur in ihrem unterdrückten effektiven Zentrum finden können. Verweigern sie den Einsatz ihres unterdrückten Zentrums, haben sie nur die Möglichkeit, eine andere Person mit Logik zu überzeugen (gestörter Einsatz der theoretischen Funktionen) oder jemanden über ihre Beziehungsfähigkeit zu manipulieren (gestörter Einsatz der affektiven Funktionen), das Projekt für sie durchzuführen.

Die Lösung des Dilemmas. Durch die Einsicht, daß Menschen auch Eigenschaften verschiedener Muster übernehmen können, löst sich ein Dilemma, das für viele zu einer Quelle der Verwirrung geworden ist. Diese Verwirrung entsteht dadurch, daß man das eigene Muster identifiziert zu haben glaubt, aber immer weiter viele Qualitäten anderer Muster bei sich entdeckt, die offenbar keine Verbindung zum eigenen haben.

Die gängige Lehre, daß wir nur einen Flügel haben, ist für viele Menschen nicht nur leicht zu verstehen, sondern beschreibt auch genau ihre Erfahrung mit sich. Vielen anderen jedoch ist es nicht möglich, sich mit einem der Muster zu identifizieren, die neben ihrem eigenen liegen, und sie fragen sich monate- oder jahrelang, ob sie ihr Muster korrekt identifiziert haben.

Ohne die Sicherheit, das eigene Muster richtig bestimmt zu haben, ist die Weisheit des Enneagramms für das persönliche Wachstum und die Transformation nutzlos. Ein Individualist (Vier) könnte beispielsweise genau erkennen, wie die Eigenschaften der Drei seine Persönlichkeit modifizieren. Eine andere Vier könnte viel deutlicher die positiven Eigenschaften der Zwei (HelferInnen) in sich entdecken, einer anderen Zahl des gleichen Primärzentrums (affektiv). Auf ähnliche Weise könnte eine Vier sich mit vielen Eigenschaften der akademischen, etwas zurückgezogenen Fünf identifizieren, doch könnte sie auch Eigenschaften einer Sechs oder einer Sieben zeigen, weil diese Zahlen ebenfalls in ihrem Sekundärzentrum (theoretisch) liegen. Eine Vier könnte zum Beispiel feststellen, daß bei ihr die Angst oder das Bedürfnis dominiert, alle anderen im Rahmen der Gesetze und Regeln zu halten – Aspekte der Sechs. Eine andere Vier könnte feststellen, daß bei ihr die Qualitäten der Sieben, die Begeisterung für neue und aufregende Erlebnisse, der Mangel an Durchhaltekraft oder die Freude an Witz und Stimulierung durch oberflächliche soziale Kontakte, überwiegen.

Die durch das primäre und sekundäre Zentrum erlangten Ergänzungseigenschaften sind hauptsächlich für die unzähligen Ausdrucksformen der seelischen Hauptabhängigkeit eines Musters verantwortlich. Diese zusätzlichen Charakteristika unterstützen die zugrundeliegende Motivation, bestimmen sie jedoch nicht. Im Leben eines jeden Menschen gibt es viele Faktoren, die die Differenzen zwischen Menschen des gleichen Musters erklären können. Zu diesen modifizierenden Einflüssen im Leben gehören die Eltern, die Erziehung, die Stellung unter den Geschwistern, das soziale Umfeld, die Bildungsmöglichkeiten, Intro- oder Extrovertiertheit.

Durch die Komplexität der menschlichen Natur wird noch einmal die Wichtigkeit betont, die eigene Motivation zu entdecken. Die erworbenen Eigenschaften, die unsere Persönlichkeit erweitern und beeinflussen, lassen sich von der treibenden Kraft der Hauptabhängigkeit nur durch eine Frage unterscheiden: Warum tue ich die Dinge, die ich tue, und sage ich die Dinge, die ich sage? Zwei Menschen können auf scheinbar gleiche Weise auf eine Situation reagieren, doch kann die zugrundeliegende Motivation für die Reaktionen der beiden letztlich nur durch die Hauptabhängigkeit oder ihr Enneagramm-Muster verstanden werden.

Die Gleichgewichtspunkte

Bevor wir die Gleichgewichtspunkte – Drei, Sechs und Neun – diskutieren, halten wir noch einmal zwei der Grundlagen dieses Musterverständnisses fest: Erstens *hat* niemand Flügel, vielmehr ist ein Muster entweder ein *Flügelmuster* oder ein *Gleichgewichtspunkt*. Zweitens ist die Vorstellung von *Zentren* grundlegend, und es ist wichtig, das eigene Primärzentrum zu benennen.

Die Muster der Gleichgewichtspunkte sind so benannt, weil sie jeweils in der Mitte der drei Zentren stehen.

Muster	Primärzentrum
Drei	affektiv
Sechs	theoretisch
Neun	effektiv

Zweierlei unterscheidet die Gleichgewichtspunkte von den Flügelmustern. Erstens haben die Gleichgewichtspunkte zwar ein Primärzentrum, *doch unterdrücken sie ihr Primärzentrum*. Zweitens haben sie trotz dieser Besonderheit *gleichen Zugang zu allen drei Zentren*. Deshalb sind sie in der Lage, ihr primäres (aber unterdrücktes) Zentrum einzusetzen, doch tun sie dies nur auf seiner niedrigsten Funktionsebene und nur dann, wenn die Eigenschaften dieses Zentrums ihren eigenen egozentrischen Zwecken dienen.

GewinnerInnen (Drei) im primären (aber unterdrückten) affektiven Zentrum verwenden ihren angeborenen Charme und ihr Gefühl für Beziehungen dazu, andere zur Produktivität zu manipulieren und Arbeit für sie machen zu lassen. Im privaten Bereich haben sie nur wenig auf Erfahrung beruhendes Wissen und verstehen deshalb Nähe falsch. Sie ziehen alle Anerkennung aus erfolgreicher Leistung und deuten Bewunderung als Liebe und gute Beziehung. Sie leben in der Illusion, daß Erfolg und Liebe synonym seien und können sich deshalb leicht einreden, daß sie alles nur aus liebevoller Sorge für andere tun.

MitstreiterInnen (Sechs) im primären (aber unterdrückten) theoretischen Zentrum benutzen ihre Vorstellungskraft, um sich negative Möglichkeiten auszumalen, die sie ängstigen und ihnen Sorgen machen. Ihr abstraktes Denken können sie nur verwenden, um damit unpersönliche Probleme zu lösen. Im privaten Bereich haben sie sich völlig aus abstrakten Gedankengängen zurückgezogen. Und weil sie sich nicht in einem größeren Lebenszusammenhang sehen können, ist es ihnen nicht möglich zu erkennen, wo sie hingehören, oder Entscheidungen bezüglich ihres Lebens zu treffen. Deshalb verankern sie sich durch Ehe, Heim, Familie oder Zugehörigkeit zu einer stabilen Gruppe in der Welt und finden darin ihren Lebenssinn. Ihre negativen mentalen Vorstellungen bedingen außerdem enge Meinungen darüber, was richtig und falsch ist. So erklärt sich, warum sie Gesetze und Regeln über alles andere, auch über Menschen stellen.

BewahrerInnen (Neun) im primären (aber unterdrückten) effektiven Zentrum setzen ihre Kreativität nur ein, um Ideen und Möglichkeiten auszuführen, die auf dem Zeichenbrett des beruflichen oder sozialen Bereiches entstanden sind. Ihr ständig durch Anerkennung ihrer Bezugsgruppe bestätigter guter Ruf wird zur einzigen Quelle, die ihnen Selbstwertgefühl und Wichtigkeit vermittelt. Da sie sich im Privatbereich völlig entwertet haben, sehen sie ihre einzige Möglichkeit zum Einsatz ihrer Kraft darin, alles und jeden auszuschließen, die diese furchtbare Schlußfolgerung, zu der sie gekommen sind, bestätigen könnten. Auf zwischenmenschliche Aktivitäten oder Beziehungen lassen sie sich nur ein, wenn sie sicher sein können, daß sie oberflächlich bleiben. Den größten Teil ihrer Zeit und Mühe verwenden sie dafür, das bißchen inneren Frieden zu schützen und zu nähren, das sie erreicht haben. Folglich verwenden sie die Standhaftigkeit ihrer Effektorientierung, um sich die Welt vom Leibe und ihr Leben ungestört zu halten. Sie müssen ihre ganze verfügbare Kraft und sture Entschlossenheit aufbringen, um störende Einflüsse, Spannungen und Aufruhr abzuschirmen.

Sekundäres und tertiäres Zentrum. Die Gleichgewichtspunkte haben kein festgelegtes sekundäres oder unterstützendes Zentrum. Fest steht nur, daß ihr tertiäres oder unterdrücktes Zentrum mit dem unterdrückten Primärzentrum zusammenfällt. Auf dieses Zentrum muß die gebündelte Mühe gelenkt werden, im Bewußtsein zu wachsen, so daß die Zentren ins Gleichgewicht kommen können. Als Sekundärzentrum kommen die beiden anderen Zentren in Frage. Die Muster der Gleichgewichtspunkte haben, wie gesagt, gleichen Zugang zu allen drei Zentren. Obwohl ihnen die Eigenschaften von allen Zahlen in diesen beiden sekundären Zentren zur Verfügung stehen, werden sie doch nur wenige, wenn überhaupt, der wirklichen Qualitäten der Muster ihres unterdrückten Primärzentrums aufweisen. Und diese Eigenschaften können sie nur durch harte Arbeit entwickeln.

Diese drei Muster legen großen Wert auf die Manifestation der äußeren Schale ihres primären (aber unterdrückten) Zentrums, doch finden sie seinen wahren Sinn schwer faßbar. Dreier sind ExpertInnen in der Imageorientierung und manipulativen Haltung, die sich aus der niederen Verwendung des affektiven Zentrums oder der Emotionen ergeben. Sechser haben viele Meinungen; die niedere Funktion des theoretischen Zentrums oder des Verstandes, werden sie jedoch nicht als ihre eigenen anerkennen, wenn sie nicht ganz beruhigt sein können, dadurch nicht ihre Sicherheit zu gefährden. Und Neuner haben die große Standfestigkeit und Stärke des effektiven Zentrums oder instinktiven Selbst, verwenden diese Qualitäten aber nur auf niedere Weise, um Ereignisse zu verhindern, statt etwas zu veranlassen. Die Unterdrückung des Primärzentrums ist bei allen drei Gleichgewichtspunkten tief im persönlichen Bereich verwurzelt. Bleibt man beim Bild des Vogels mit dem verletzten Flügel, müßte man sagen, daß diesen drei Mustern die Flügel gestutzt worden sind. Obwohl sie frei zu allen drei Intelligenzzentren hüpfen können, können sie doch nicht vom Boden abheben. Erst wenn sie die harte Arbeit und Mühe aufbringen, ihr unterdrücktes Primärzentrum zu öffnen und sich dem Schmerz eines wachsenden Bewußtseins auszusetzen, werden sie ihre Schwingen entfalten und frei sein zu fliegen.

Aus dem Käfig in den Himmel

Gute Versorgung vorausgesetzt, kann ein Vogel im Käfig ein relativ langes und zufriedenes Leben führen. Doch wird die Käfigtür aufgelassen, so wird er nach längerem Eingesperrtsein aus dem Käfig fortfliegen. Er kann nur seinen natürlichen Instinkten folgen.

Auch wir haben eine natürliche Neigung dazu, frei, gut, beziehungsfähig und gesund zu sein, zu lieben und geliebt zu werden. Warum also tun oder sagen wir so häufig gerade das, was zu Trennung, Isolation, Entfremdung und Gewalt führt? Vielleicht haben wir vergessen, wer wir sind, und vielleicht liegt das wahre Selbst schlafend hinter den Mauern unserer Überlebensmechanismen. Tag für Tag, Augenblick für Augenblick, Entscheidung für Entscheidung haben wir unseren eigenen Käfig aufgebaut.

Diese Mauern des Selbstschutzes sind meistens so hoch, daß wir nicht hinübersehen können. Immer wieder einmal läßt das Leben eine dieser Wände einstürzen, und wir geraten in Panik. Plötzlich fühlen wir uns verletzlich und hilflos, und können uns nicht vorstellen, daß diese scheinbar verheerenden Momente Geschenke sind – Einladungen, die einst verlorene Freiheit zurückzuerlangen. Hin und wieder halten wir inne und schauen auf, sehen den Himmel und die Sterne. In solchen Augenblicken wird unsere Seele angerührt und wir erinnern uns, wer wir sind und woher wir kommen. In einer blitzartigen Klarheit berühren wir unsere Größe, unser Wahres-Schönes-Selbst, und verstehen, daß all diese weite Schönheit und das Geheimnis des Universums in unserem Mikrokosmos liegen. Wer aber wagt es, laut zu sagen: »Einen Augenblick lang wußte ich wieder, wer ich wirklich bin!« Das nachsichtige Lächeln, die erhobenen Augenbrauen und das unvermeidliche Kichern wären uns zuviel. So stecken wir die Erinnerung weg und halten sie geheim. Vielleicht vergessen wir auch, daß es sie überhaupt gab, und unser Wahres-Schönes-Selbst schläft wieder ein. Wir wissen, daß alle, einschließlich uns selbst, mühelos die negativen Teile in uns identifizieren können, die wie das häßliche Entlein kein Zuhause haben. Doch was tun wir, wenn plötzlich – und sei es nur für einen flüchtigen Augenblick lang – ein Schwan in unserer Mitte ist? Kraft, Anmut, Schönheit und Freiheit sind in der Tat sehr bedrohlich.

Denken wir daran, daß in jedem häßlichen Entlein ein Schwan steckt. Denken wir daran, wer wir sind; und denken wir daran, daß für den Schwan erst der Himmel die Grenze ist.

Kapitel 7

Der Flug des Schwanes
Der Prozeß der Transformation

> Eines Abends – die Sonne ging gerade wunderschön unter – kam ein ganzer Schwarm herrlicher, großer Vögel aus dem Busch... Sie waren blendend weiß, mit langen, geschmeidigen Hälsen... Sie breiteten ihre prächtigen Flügel aus und flogen von der kalten Gegend fort... Das Entlein hatte nie so schöne Vögel gesehen.
>
> *Hans Christian Andersen*

Jungschwäne zeigen, wie das häßliche Entlein, wenig von der majestätischen Anmut und Schönheit, die sich mit ihrer Reife entwickeln wird. Sie haben große Körper und winzige Flügel. Obwohl sie mit den Gewässern des nördlichen Klimas, in welchem die Eier ausgebrütet werden, bald zurecht kommen, fällt ihnen das Fliegen noch schwer. Sie haben kaum mehr als drei Monate Zeit, um die Kraft ihrer Flügel so weit zu entwickeln, daß sie ihre Körper aus dem Wasser heben können. Sind ihre Flügel aus irgendwelchen Gründen bis zur Zeit des Zuges nach Süden nicht weit genug entwickelt, bleiben sie zurück und erfrieren in den harten, erbarmungslosen Winterstürmen. Deshalb verbringen Jungschwäne viele Stunden des Tages damit, sich auf dem Wasser hin und her zu bewegen. Sie schlagen heftig mit den Flügeln, während ihre Füße unter der Oberfläche wild paddeln; und so werden sie täglich stärker. Instinktiv wissen sie, daß es für das Überleben eines Schwanes wesentlich ist, fliegen zu können.

Aus dieser Perspektive wird Andersens Geschichte vom häßlichen Entlein zu einer tiefen Metapher der menschlichen Erfahrung. Die Suche des Entleins nach Zugehörigkeit, Angenommensein, Identität, Sinn und einem Platz in der Welt verkörpert symbolisch die erste Hälfte eines Menschenlebens.

Das Entlein hatte nichts falsch gemacht, sondern war einfach deswegen ausgestoßen, weil es anders war. Von seinen Geschwistern verachtet, hatte es niemanden, mit dem es spielen und das Fliegen üben konnte, keine jubelnde Gruppe, die es ermutigte und ihm das Fliegen beibrachte. Eines Tages saß das Entlein einsam und traurig und schaute auf, als es vom Anblick eines Schwarmes wundervoller, weißer Vögel wie verzaubert wurde. Kurze Zeit später tobten bitterkalte Winterstürme über die Sümpfe. Weil es nicht fliegen konnte, mußte das häßliche Entlein Tag und Nacht mit den Flügeln schlagen, um das Wasser am Gefrieren zu hindern und nicht eingeschlossen zu werden. Als das moderige Wasser schwerer wurde, kroch das Eis näher, bis die Pfütze des Entleins schließlich so klein war, daß es sich nicht mehr bewegen konnte. Müde und verängstigt wurde es schließlich im Eis eingefroren.

Wie das Entlein tun die meisten Menschen ihr Bestes, doch schließt sich das Leben immer enger um sie zusammen, bis sie sich schließlich, erschöpft, nur noch in das Unvermeidlich-Scheinende fügen können. In jenem Moment der Leere scheint die einzige Alternative, sich einer höheren Macht zu unterwerfen; im Falle des Entleins erschien die Hand Gottes in Gestalt eines Bauern. Was der sichere Tod zu sein scheint – körperlich, emotional, finanziell und geistig – stellt sich als wesentliches Element heraus, das benötigt wird, um mit einem Prozeß der Befreiung von allem zu beginnen, was uns gefangenhält.

Es ist erstaunlich, wie Erfolg, Macht oder persönlicher Vorteil an Bedeutung verlieren, wenn das Leben schmerzhaft auf den Kopf gestellt wird. Es ist, als verstünde man dann zum ersten Mal, worum es im Leben geht. Läßt man sich von einem solchen heiligen Moment berühren, so wird man unweigerlich beginnen, eine neue Richtung zu suchen, sich auf die geistige Suche nach Sinn, Schicksal und dem Wahren-Schönen-Selbst im Inneren zu machen.

Der Durchbruch

Wir erleben viele »Durchbrüche«: Einladungen und Gelegenheiten zu wachsen und uns zu wandeln. Leider reagieren wir häufig nur, um den Schmerz zu beseitigen. Als Produkte der modernen Gesellschaft behandeln wir das Symptom, weigern uns aber, die Quelle des Schmerzes anzuschauen.

Hat der Schmerz erst wieder ein erträgliches Maß erreicht, so führen wir unser Leben auf exakt die gleiche Weise fort, wie wir es vor dem wunderbaren Durchbruch getan haben. Bevor der Schmerz nachläßt, veranlaßt uns die Angst jedoch, der Wichtigkeit des Wachsens im Bewußtsein und der Hingabe an spirituelle Werte wenigstens einen Lippendienst zu erweisen.

Der Wert sowohl psychologischer als auch spiritueller Prinzipien kann nicht unterschätzt werden. Durch die Weisheit und Anleitung von Kundigen in diesen Bereichen sind zahllose Leben buchstäblich gerettet worden. Die Schwierigkeit liegt nicht in den verschiedenen Systemen, sondern bei den Menschen, die ihre Sprache erlernen. Im Glauben, sie hätten schon verstanden, benutzen sie die Worte eines solchen geistigen Systems, um sich vor der harten Arbeit des persönlichen Wachstums zu schützen, vor der Mühe, die Flügel für den Flug zu stärken. Wie Schlafwandler scheinen sie nur wach zu sein.

Meistens lernen Menschen gerade genug, um ihren Schmerz zu beheben oder andere zu manipulieren. Sie verstehen nie, daß der bleibende Nutzen des Wissens nur darin liegt, es auf das eigene Leben anzuwenden. Die Nachrichten bestätigen diese traurige Tatsache in jedem Bericht über Korruption, Machtmißbrauch, vielerlei Mißstände und Gewalt in jeder vorstellbaren Form.

Es heißt, Halbwissen sei eine gefährliche Sache. Soll das Erlebnis eines »Durchbruches« für uns eine bleibende Bedeutung bekommen, so dürfen wir uns nicht nur oberflächlich mit der Wandlung beschäftigen. Wir müssen solche Erfahrungen als Gelegenheit sehen, alle vorhandenen Ideen, Werte, Meinungen, Handlungen und Worte mit rücksichtsloser Ehrlichkeit zu überdenken und im Lichte eines neuen Bewußtseins umzudeuten.

Schmerzhafte Erfahrungen, die nicht auf heilende Weise verarbeitet wurden, müssen verdrängt werden. Solches unbewußte Material wird dann zu einer Waffe der Trennung, der Gewalt und des Krieges innerhalb von Individuen und zwischen Menschen oder Völkern. Von diesem oft demütigen Kampf und Schmerz der bewußten Menschwerdung ist niemand ausgenommen, unabhängig von Beruf, Bildung, Status, Hautfarbe, Religion oder Geschlecht.

Die Zeichen verdrängten, unbewußten Leides finden sich überall. Die Gefängnisse und Nervenheilanstalten fließen über. Streß und streßbezogene Krankheiten haben ein ständiges Hoch. Süchte aller Art nehmen zu, und täglich werden neue Suchtformen entdeckt. Der Anteil der Obdachlosen an der Bevölkerung nimmt zu. Drogengebrauch und -handel entziehen sich jeder Kontrolle. Immer mehr Kinder werden mißhandelt und Frauen geschlagen. Die Scheidungsraten steigen, und immer mehr Alleinerziehende kämpfen ums Überleben. Die Menschen der »Ersten Welt« verfügen über mehr materiellen Besitz als je zuvor, und Depression ist ihr größtes seelisches Gesundheitsproblem. Infolge von nationalen Revolutionen und regionalen Konflikten, die sich zu einem globalen Krieg auszuweiten drohen, befindet sich die Welt ständig am Rande der Selbstzerstörung.

Ist es angesichts dessen nicht fast lächerlich, daß die meisten Menschen der Meinung sind, es ginge ihnen gut? Wenn Sie noch irgendwelche Zweifel darüber haben, daß Leute schlafen, unbewußt und mechanisch reagieren, dann begrüßen Sie die nächste Person, die Sie treffen, mit einem: »Hallo! Wie geht's Dir denn?« Die automatische Reaktion wird wahrscheinlich sein: »Gut, danke, sehr gut!« Diese mechanische Reaktion sagt alles. Zweifeln Sie immer noch daran, daß Menschen schlafen, so hören Sie sich selbst das nächste Mal zu, wenn jemand Sie danach fragt, wie es Ihnen geht!

Vor etwa 2000 Jahren versuchte Jesus von Nazaret den Menschen den gleichen Zusammenhang klarzumachen. »Begreift und versteht Ihr immer noch nicht?« sagte er einmal zu seinen Schülern. »Ist denn Euer Herz verstockt? Habt Ihr denn keine Augen, um zu sehen, und keine Ohren, um zu hören?« (Markus 8, 17–18). Beobachten Sie, daß er nicht danach fragt, ob sie Wissen haben, sondern er fragt nach ihrem *Verständnis*.

Unsere Welt ist voll von Wissen und voll von kenntnisreichen Menschen. Verständnis andererseits kann nur durch persönliche Erfahrung gewonnen werden, durch die Anwendung von Wissen im Alltag. Wissen ist theoretisch, Verständnis ist praktisch.[1]

Wir beginnen zu verstehen, wenn wir unsere eigene Ambivalenz und Negativität erkennen, unsere eigennützigen Motive und nichtigen Eifersüchteleien. Erst dann können wir die gleichen Kämpfe bei anderen erkennen und verstehen. Ein Verständnis von uns selbst führt zu Mitgefühl, Verzeihen und Heilung – Gaben, die wir *zuerst uns selbst* geben und uns damit ein neues Identitätsgefühl schaffen. Und dann *werden* wir auch zu Mitgefühl, Vergebung und Heilung für andere.

Schwächen, die wir in uns selbst nicht annehmen können, die verachten wir auch bei anderen und versuchen sie in ihnen zu zerstören. Individuelles und bewußtes Verstehen ist die einige neutralisierende Kraft gegenüber Gewalt und Haß. Jede andere Lösung schließt den Willen, das Gewissen, die Freiheit und Würde der einzelnen notwendigerweise aus.

Die Befreiung

Für alle, die über ihr Leben reflektieren, ist es offensichtlich, daß der »Durchbruch« nie ein Problem darstellt. Fast alle haben wir einen Überfluß an solchen Einladungen und Gelegenheiten zu wachsen. Dennoch werden diese Einladungen häufig ignoriert oder abgelehnt, entweder weil wir uns mit den gewohnten Lebensmustern wohlfühlen oder weil wir wirklich nicht wissen, wie wir reagieren können, wie wir uns wandeln können. Wenn ein solches »Durchbruch«-Erlebnis tatsächlich Bewußtsein und Transformation hervorbringt, dann kommt es zur Befreiung von den Beschränkungen eines mechanischen und unbewußten Lebens und zum Geschenk der Freiheit.

Das Enneagramm beschreibt deutlich, wie jede Person unabsichtlich, aber unweigerlich ihre innere Freiheit gegen ihr Überleben in einer egozentrischen Welt eingetauscht hat. Der Vorteil, Ihr psychologisch geprägtes Lebensmuster zu erkennen, liegt darin, daß Sie eine weitere Gelegenheit erhalten, bewußt *für sich selbst zu denken*, und daß es Ihnen zeigt, was Sie in Ihrem Leben versäumt haben. Indem Sie Ihre Zahl im Enneagramm kennenlernen, sehen Sie das unbewußt *vorgeprägte* Muster an Themen, mit denen Sie zu tun haben, und das *vorgeprägte* Muster an Reaktionen, über die Sie mit diesen Themen umgehen. Das Enneagramm beschreibt, wie wir mechanisch reagieren und nicht für uns selbst denken.

Die meisten von uns glauben jedoch vermutlich, daß sie bereits für sich selbst denken. Das ist jedoch nicht so; wäre es so, würden wir weder geprägte und mechanische Reaktionen auf das Leben zeigen, noch der Auffassung sein, daß unsere Sicht des Lebens die einzig wertvolle ist. Die Wahrheit ist, daß wir nicht für uns selbst denken.

Viele Menschen haben zum Beispiel eindeutige Meinungen über verschiedene Dinge und sind fest davon überzeugt, daß ihre Meinungen richtig sind. Woher kommen diese Meinungen? Aus der Familie? Aus der Schule? Von den Mitmenschen? Aus der jüngsten politischen Rede? Ja, aus all diesen und noch vielen anderen Quellen. Alle Menschen sind eine komplexe Verschmelzung von Gedanken, Ideen, Vorurteilen, Meinungen und Erfahrungen, die ihr Leben beeinflußt haben. Durch solche automatisch angenommenen Werte, Vorlieben und Abneigungen wird die wahre Freiheit eingeschränkt.

Beachten Sie, wie sich die Menschen mit den Dingen umgeben, die ihre angenommenen Wertesysteme unterstützen. Die Wahl unserer Wohnumgebung, unserer sozialen Aktivitäten, unseres Lesestoffs, unserer politischen Ansichten und unserer religiösen Praktiken unterstützen unsere bereits angenommenen Meinungen, Ideen, Vorurteile und Werte. Gegenüber Menschen, die andere Meinungen oder Wertesysteme haben, versuchen die meisten automatisch, diese anderen Ideen und Auffassungen zu negieren oder zu widerlegen. Blind angenommene und ungeprüfte Werte sind immer schnell durch Ideen und Meinungen bedroht, die sich von ihnen unterscheiden. Wer Angst hat, in sich zu blicken und Verantwortung für die eigenen Fehler zu übernehmen, wird immer versuchen, die Freiheit anderer zu beschneiden. Solche Menschen verschließen ihr Herz und gestatten bewußt oder unbewußt Vorurteilen, Gerüchten und Halbwahrheiten, ihr Leben zu bestimmen. Das Ergebnis ist, daß gedankenlose und unbewußte Menschen andere gedankenlose und unbewußte Menschen dazu bringen, sich einem Anliegen anzuschließen, das keiner von ihnen versteht.

Immer gegen etwas oder jemanden zu sein, ist ein negativer Einsatz von Energie. Aus dem kranken Leib der Negativität kann aber nichts Positives wachsen. Genausowenig kann Negativität im Lichte der Wahrheit und des Bewußtseins wachsen. Jesus von Nazaret sagte es so: »Ein guter Baum kann keine schlechten Früchte hervorbringen und ein schlechter Baum keine guten« (Matthäus 7,18).

Innere Freiheit, die einzige Freiheit, die uns nie genommen werden kann, kommt erst zustande, wenn wir für uns selbst zu denken beginnen. Ohne klares und eigenständiges Nachdenken über unsere Werte wird unser Leben immer das gleiche bleiben. Wenn wir nicht für uns selbst denken und nicht versuchen, zu verstehen, was wir tun und warum wir es tun, wird das Leben zu einem nie endenden Kreislauf sich wiederholender Erfahrungen werden. Wie könnte sich irgendetwas ändern, wenn wir unsere Einstellungen nie untersuchen, sondern sie ungefragt durchs Leben tragen? Werden sie nie bewertet oder geprüft, so werden die gleichen Vorurteile, Ideen, Meinungen und Regeln unsere Freiheit automatisch und streng beschneiden.

Es kann keine größere Fessel geben und keinen größeren Beweis unserer Unfreiheit als unsere Unfähigkeit oder Weigerung, uns selbst objektiv zu untersuchen, ohne zu verdammen oder zu rechtfertigen. Wie Sokrates sagte, ist das ungeprüfte Leben nicht des Lebens wert. Welch eine fürchterliche Verschwendung wäre es, zu leben und zu sterben, ohne jemals die Freiheit zu berühren oder zu schmecken, die Person zu sein, als die Sie geschaffen wurden!

Freiheit ist zunächst und hauptsächlich eine innere Wirklichkeit. Die meisten von uns verbringen die erste Hälfte ihres Lebens damit, der Illusion äußerer Freiheit nachzujagen. Und es wird die ganze zweite Hälfte des Lebens oder mehr brauchen, um die Freiheit wiederzuerlangen, die von Anbeginn an unser Erbe war. An den inneren Toren der Freiheit müssen wir Wache stehen. Unsere Befreiung erfordert die Wachsamkeit, diejenigen Entscheidungen zu treffen, die es uns gestatten, im Lichte des Bewußtseins zu leben und zu wachsen.

In der geheimen Weisheit des Enneagramms liegen die Hinweise verborgen, mit Hilfe derer wir unsere seelische Hauptabhängigkeit neutralisieren und uns befreien können, nicht von unserer Persönlichkeit, sondern von ihren destruktiven Dimensionen.

Transformation: Eine ungewöhnliche Entscheidung

Transformation beruht auf einer Entscheidung, einer vernünftigen Entscheidung, die nicht von allen Menschen getroffen wird, denn Transformation verlangt harte Arbeit und ständige Wachsamkeit. Da ihr Wert durch Täuschung und Illusion verschleiert ist, meiden viele Menschen sie, übersehen sie oder weichen den Problemen aus, die eine Transformation einleiten könnten; oder sie zeigen auf andere Weise ihre Vorliebe für das Weiterschlafen. Seelischer und geistiger Schlaf ermöglicht uns die Beibehaltung unserer bequemen Routine und festigt die Illusion, die seelische Abhängigkeit und Fehlfunktion sei eine lebenspendende Wahrheit statt einer Täuschung, die zum Tode führt.

Wo gewohnheitsmäßig mentale Haltungen den Geist einschläfern, bildet ein bewußt künstlerisches Leben die einzige Kraft, die ihn wieder erwecken kann. Auf das Leben nur zu reagieren ist viel leichter, als eine wohldurchdachte Antwort, denn diese bedeutet aufwachen und frei sein zu müssen. Kreativ zu leben hängt nicht davon ab, KünstlerIn durch Farbe, Tanz oder Musik zu sein. Es geht vielmehr darum, das eigene Leben auf eine schöpferische Weise zu führen, das eigene Leben zu untersuchen, für sich selbst zu denken, sich bewußt zu entscheiden und für diese Entscheidungen die Verantwortung zu übernehmen, neue Lösungen für alte Probleme zu finden und mit Integrität das Wahre-Schöne-Selbst auszudrücken.

Seit der industriellen Revolution hat die westliche Zivilisation ihr Leben stark beschleunigt; und wir glauben, keine Zeit mehr für Dinge wie Schönheit, Staunen und Grundsatzfragen an das Leben verschwenden zu können. Statt dessen haben wir Instant-Beziehungen, Wegwerf-Werte und Fast-Food-

Verpflichtungen. Weil ein schöpferisches Leben harte Arbeit bedeutet, ziehen viele Menschen ein sicheres Leben vor.

Leben ist wie Autofahren: Je schneller wir fahren, um so schärfer muß unsere Aufmerksamkeit werden, um das Auto sicher auf der Bahn zu halten. In einem hohen Gang zu fahren, bedeutet, daß wir es nicht mehr riskieren können, auf die Landschaft oder einen atemberaubenden Sonnenuntergang zu schauen, weil wir sonst die Kontrolle verlieren könnten. Leben auf der Überholspur fordert, das Leben als ein Problem zu behandeln. Für eine solche Einstellung bleibt sogar die Sehnsucht nach Transformation ein Rätsel.

Ein sicheres Leben ist aber auch ein fehlgeleitetes Leben. Menschen, die nie eine Chance nutzen, die nie nach einer Verbesserung fragen, die ihren Freunden nie sagen, daß sie mit einer Beziehung unzufrieden sind, die für alle Fälle jeden Sonntag in die Kirche gehen, die die alten Verhaltensmuster ständig wiederholen, weil sie keine Unruhe wollen, die aus Gewohnheit jeden Dienstagabend Skat spielen, die jeden Abend fernsehen, nur weil es gerade läuft – solche Leute schlafen. Sie denken, fühlen oder tun nichts Schöpferisches. Es sind mechanische Menschen, die eine sichere Lebensweise gefunden haben. Menschen, die ihre Gedanken, Meinungen und Gefühle unterdrücken und sie im Unbewußten gären lassen, sind gefährlich. Sie werden zu Mittlern von Haß und Trennung. Solche schlafenden Menschen sind gefährlich für ihre eigene Gesundheit und die Gesundheit der Gesellschaft.

Aufzuwachen und kreativ zu leben bedeutet, sich den Prozessen des Denkens, Fühlens und Handelns zu unterziehen, mit anderen Worten, das theoretische, affektive und effektive Zentrum in gesammelter Aktion einsetzen zu lernen. Sicher zu leben bedeutet, die Gedanken und Gefühle zu unterdrücken, sich und andere offen oder versteckt negativ einzuschätzen, sich die eigene Unwichtigkeit zu bestätigen und andere zu beneiden, anstatt die an ihnen bewunderten Qualitäten nachzuahmen.

Jedesmal, wenn wir (ohne die Absicht, es zu befolgen) sagen »Ich wünschte, ich könnte...« oder »Was ich einmal gerne machen würde...«, so tun wir das, weil wir schlafen. Jedesmal, wenn wir negative Gedanken ausdrücken, indem wir sagen »Ich kann nicht...«, »Ich wünschte...«, »Ich habe keine Zeit zu...«, »Wenn doch nur...« oder »Ich habe nicht, was ich brauche, um zu...«, so lassen wir unsere Hauptabhängigkeit die Grundlage unseres wahren und tiefsten Selbst, des göttlichen Kindes in uns, des Wahren-Schönen-Selbst, unterhöhlen.

Wir alle sind mit einem göttlichen Funken in uns erschaffen, einem göttlichen Ebenbild oder Attribut, das den Kern unserer Persönlichkeit bildet. Alle religiösen Traditionen der Welt haben diese Sichtweise der Menschheit, wie sie auch deutlich in der Schöpfungsgeschichte des Alten Testaments zum Ausdruck kommt, wo Gott sagt: »Laßt uns Menschen machen als unser Abbild, uns ähnlich« (Genesis 1,26). Aber dieses göttliche Inbild kommt nicht unbedingt zum Ausdruck, nur weil es gegenwärtig ist. Ob wir es ausdrükken, unterdrücken oder verzerren, ist unsere persönliche *Wahl*. Da dieses göttliche Bild ein Teil von uns ist, der für göttliche Einflüsse und höheres Bewußtsein offen ist, nimmt die Entscheidung, es auszudrücken, zu unterdrücken oder zu verzerren, einen wichtigen Platz ein. Verfangen wir uns in fehlgeleiteter Motivation, so unterdrücken wir unsere Entscheidungsmöglichkeiten in dem falschen Glauben, daß unser Schicksal sich auf magische Weise enthüllen wird. Mentale Abhängigkeiten führen uns zu einem Mißbrauch unserer Freiheit und verzerren das göttliche Bild in uns zu egozentrischen Zwecken.

T. S. Eliot, ein großer moderner Dichter, beschreibt die zeitgenössische Unfähigkeit zu einem kreativen Leben:

> Über den himmlischen Gipfeln schwebt der Adler.
> Der Jäger mit den Hunden macht seinen Gang.
> Ewige Drehung angeordneter Gestirne,
> Ewige Wiederkehr gleicher Jahreszeiten,
> Welt aus Frühling und Herbst, Geburt und Sterben!
> Der endlose Kreislauf von Idee und Handlung,
> Endloser Erfindung und endloser Versuche
> Bringt Kenntnis der Bewegung, nicht aber der Stille;
> Kenntnis der Rede, nicht aber des Schweigens;
> Kenntnis der Wörter, aber Unkenntnis des Wortes.
> All unser Wissen nähert uns dem Tode;
> Näher dem Tode, doch nicht näher zu Gott.
> Wo ist das Leben, das wir beim Leben verloren?
> Wo ist die Weisheit, die wir im Wissen verloren?
> Wo ist das Wissen, das wir in Informationen verloren?
> Kreisläufe des Himmels in zwanzig Jahrhunderten
> Bringen uns fort von Gott und näher dem Staub.[2]

Solange wir uns selbst täuschen und an die Illusion glauben, wir seien frei und »gut drauf«, ist eine seelische Abhängigkeit bis hin zu einer kurzsichtigen Weltanschauung unvermeidlich. Die schöpferische Freiheit, die unendlichen Möglichkeiten zur Entwicklung des menschlichen Potentials zu erforschen, bleibt begraben. Negative, selbstgerechte und rechtfertigende Haltungen werden zu Bergen von Staub, auf die wir ein fehlgeleitetes Leben aufbauen. Wenn der Wind des Lebens bläst, zerstreut sich der Staub, und die Fundamente stürzen ein.

Wie können wir die Berge der negativen Einstellungen durchbrechen und frei werden für die ungewöhnliche Entscheidung zur Transformation? Warum scheinen manche Menschen zu erwachen und diese Entscheidung zu treffen, kehren jedoch nach kurzer Zeit in ihren Schlaf zurück? Warum laufen andere von einem spirituellen Erlebnis zum anderen, von einem Seminar zum anderen, von einer Religion zur anderen und scheinen endlos nach einer Transformation zu suchen? Welcher geheime Faktor veranlaßt manche Menschen, die ungewöhnliche Entscheidung zu treffen und hartnäckig durch alle Hindernisse hindurch zum Bewußtsein, zu Ganzheit und Heiligkeit zu gehen? Das Geheimnis liegt in dem Einsatz einer Person bei der Entwicklung positiver Einstellungen zu sich selbst, zu anderen und zum Leben.

Transformation: Eine ewige Liebesgeschichte mit der Freiheit

Das Gegenteil der Freiheit kann auf der physischen Ebene als Gefangenschaft, Sklaverei oder Gefesseltsein beschrieben werden. Im geistigen Bereich wird das Gegenteil der Freiheit genauer durch negative geistige Einstellungen benannt, denn diese schränken unsere Fähigkeit zu freien Entscheidungen stark ein.

Solche Einstellungen, die von ihrem Wesen her unbewußt sind, bilden das Überlebensprogramm der Egozentrik. Negative Einstellungen zu sich, zu anderen und zum Leben beherrschen und tyrannisieren alle. Können wir diese Schranken der Negativität nicht durchbrechen, ist keine Wandlung möglich.

Da geistige Einstellungen unbewußt sind, glauben wir, keine zu haben, viel weniger noch negative geistige Einstellungen. Statt dessen glauben wir, daß wir bestimmte Menschen, Dinge und Situationen eben mögen oder nicht. Wir halten nicht inne, um darüber nachzudenken, daß Vorlieben und Abneigungen aus unbewußten Einstellungen geboren werden, die wiederum auf Vorurteilen, Meinungen, Vorstellungen, begrenzten Informationen und geringem Wissen und Lebenserfahrung beruhen. Negative Einstellungen über uns selbst läuten die Totenglocke der schöpferischen Kraft. Wir brauchen andere Leute nur danach zu fragen, was sie von sich selber halten, um zu verstehen, wie leicht und schnell schöpferische Kraft sich in Negativität verliert.

Glauben die meisten Menschen, sie verdienten es, Versager zu sein? Ungeliebt zu sein? Abgelehnt zu werden? Die automatische Reaktion der meisten wäre: »Natürlich nicht!« Warum reicht dann das Maß an Erfolg, Liebe oder Bestätigung niemals aus? Warum verfallen wir dann, wenn wir uns als Versager fühlen, ungeliebt oder abgelehnt werden, in Selbstmitleid, Wut, Launen oder Groll? Würden wir nicht durch eine starke negative Einstellung beherrscht, dann würden wir ein Versagen nicht akzeptieren und die Ansicht einer anderen Person über uns nicht als definitive Aussage über unseren persönlichen Wert oder unsere Würde annehmen. Doch gerade weil wir solche negativen Einstellungen in bezug auf uns selbst haben, entwickeln wir ein unersättliches Bedürfnis nach Bestätigungen von außen.

Und wie sieht es mit den negativen Einstellungen zu anderen aus? Beurteilen, verdammen, hassen, verleumden, ignorieren, kontrollieren oder mißbrauchen wir einander? Gibt es in unserem Leben Eifersucht, Neid, Selbstsucht, Lüge oder Stolz? Weil wir alles im Leben durch unsere eigenen Einstellungen, Meinungen, Vorurteile und Illusionen sehen, ist es offensichtlich, daß die unbewußten negativen Einstellungen das Leben der meisten von uns fest im Griff haben.

Nach der Auskunft des Lexikons bedeutet Transformation eine Wandlung in Zusammensetzung, Struktur oder Charakter. Offenbar geht es also bei einer Transformation nicht um kosmetische, äußere Veränderungen, sondern um die eigentliche innere Arbeit. Wir können im Wandlungsprozeß nicht weiterkommen, sofern unsere Einstellung sich nicht ändert. Positive Einstellungen führen zu Verständnis, zur einzigen Kraft, die stark genug ist, unsere Hauptabhängigkeit zu neutralisieren, die bei einzelnen und in der Gesellschaft zu Gewalt führen kann.

Solange wir nicht bereit sind, durch das Loslassen unserer negativen Einstellungen für unser Selbst zu sterben, wird es »keinen Raum in der Herberge« des Selbst geben, um das Positive zu gebären. Das Licht des Bewußtseins bildet den Stern, der die Geburt positiver Einstellungen und des Verständnisses verkündet. Indem wir entscheiden, in der Herberge des Selbst weiterzuschlafen, verpassen wir das Wunder der Geburt, der Wiedergeburt und des neuen Lebens durch die Transformation.

Ist das Leben ein Kreislauf, wie Eliot sagt, so ist die Transformation eine Rückreise, die Heimreise zu unserem Kind, zu Wahrem-Schönem-Selbst, zur Person, als die wir erschaffen wurden. Die Transformation bringt das Licht des Bewußtseins ins Dunkle, in die verborgenen Orte in uns, in denen die Negativität ausgebrütet und vervielfacht wird. Unter dem Licht schrumpfen die negativen Einstellungen ein. Bei der Transformation geht es um das Leben, um den Rückgewinn der Wahrheit über uns und um das Aufdecken der Lügen, die wir über uns geglaubt haben, um überleben zu können.

Einfach ausgedrückt, ist die Transformation ein Sich-Verlieben in die Freiheit, in uns selbst, in andere und in das Leben. Die Transformation ist eine ewige Liebesgeschichte mit der Freiheit.

Entwicklung positiver Einstellungen

Soll die Liebe wachsen, so muß sie genährt werden. Damit die Transformation weiter wachsen kann, muß auch sie genährt werden, denn Sie müssen sie lieben und mit ganzem Herzen ersehnen. Sie können an der Entwicklung von fünf positiven Einstellungen arbeiten, die die Seele auf der Rückreise, auf ihrer Heimreise, nähren können. Werden diese fünf Einstellungen getreu ausgebildet, so wächst aus ihnen der Geist, der Sie dazu bringt, über die Logik hinaus die Wahrheit zu entdecken:

Selbstwahrnehmung
Selbst-Erinnerung
Metanoia (Umkehr)
Vergebung
Segnen der Vergangenheit

Diese positiven Einstellungen wirken progressiv, bauen aufeinander auf und sorgen durch Bewußtheit und Ehrlichkeit für neue Energie.

Selbstwahrnehmung

Bei der Selbstwahrnehmung geht es darum, den eigenen Gedanken, Gefühlen, Worten, Handlungen und Reaktionen gegenüber ein objektiver Zeuge zu werden, ebenso wie gegenüber den Reaktionen anderer auf uns. Die Absicht ist, eine innere Vision des Selbst zu entwickeln, die nicht verdammt, kritisiert oder urteilt, sondern einfach objektiv beobachtet, um sich die Wahrheit bewußt zu machen. Durch objektive Selbstbeobachtung wird Schlaukopf aktiviert.

Durch Selbstkritik und Selbstverachtung vertiefen wir unsere Negativität, denn dadurch produzieren wir nur Schuld und schlechte Gefühle gegen uns. Schuldgefühle führen schnell zu Selbstmitleid, das wiederum dazu führt, daß wir unsere Handlungen zu rechtfertigen versuchen. Jedesmal, wenn wir uns kritisieren, werden wir uns kurz darauf rechtfertigen müssen. Beides stellt eine Verschwendung von Zeit und Energie dar. Alles wird uns sauer, weil aus der Negativität nichts Positives hervorgehen kann.

Zur Entwicklung positiver Selbstwahrnehmung ist eine nicht beurteilende Haltung wesentlich. Das Material der Selbstwahrnehmung ist unsere Lebenserfahrung. Bemerken wir erst einmal, wie wir urteilen und andere innerlich verurteilen, auch wenn wir nur wenig Kenntnis von ihnen haben, können wir uns entscheiden, unsere automatischen Urteile zu unterlassen. Zunächst einmal müssen wir uns aber darüber bewußt werden, wann, warum und wie oft wir beurteilend sind.

Vor einiger Zeit nahm zum Beispiel eine Frau an einem Seminar teil, die sich weigerte, Notizen zu machen, und häufig durch aggressive und streitsüchtige Fragen unterbrach. Wir fragten uns nicht nur, warum sie überhaupt zu dem Seminar gekommen war, sondern wünschten uns auch insgeheim, sie wäre es nicht. Kurz darauf haben wir erfahren, daß diese Frau an Dyslexie litt. Sie hatte mit dem Lesen und Schreiben größte Schwierigkeiten und war ihr Leben lang der Lächerlichkeit preisgegeben gewesen. Nun bestand auch die Gefahr, daß sie aufgrund dieser Unfähigkeit ihren Lebensunterhalt zu verlieren drohte. Sofort wich unsere Verärgerung dem Mitgefühl. Warum? Weil wir jetzt verstehen konnten. Diese Erfahrung bildet sicher ein gutes Material zur Selbstwahrnehmung. Unser Urteil war aus einer eingebildeten Wirklichkeit entstanden, nicht aus Bewußtheit, Wahrheit oder Verständnis.

Verstehen wir einmal die Begrenzungen, die für uns aus Unbewußtheit, Schmerz und Eigennutz entstehen, können wir auch verstehen, daß andere Menschen mit den gleichen leidigen Wirklichkeiten ringen. Wo es weder Wachstum noch Entwicklung gibt, werden die Menschen immer eigensüchtiger, bitterer und bornierter. Durch positive Selbstwahrnehmung können wir unsere Freiheit zu neuen Entscheidungen entdecken und unser gottgewolltes Recht wiedererlangen, nicht negativ zu sein.

Warnung. Das Üben der Selbstwahrnehmung ist ein lebenslanger Prozeß, der große Bemühung erfordert. Wir neigen zu dem Glauben, uns selbst zu kennen, sind in Wahrheit aber noch nicht so weit. Würden wir uns selbst kennen, so gäbe es in Familien, Gemeinden, Städten, Völkern und auf der Welt keine Gewalt. Denn wo Verständnis regiert, ist Gewalt unmöglich; und Verständnis beginnt bei der Selbsterkenntnis. Nur durch das Verstehen von uns selbst und von anderen wird die Gewalt abnehmen und die Gesellschaft geheilt werden. Selbstwahrnehmung ist der erste Schritt in diesem Heilungsprozeß.

Zusammenfassung. Erkennen Sie objektiv Ihre Gedanken, Worte, Handlungen, Gefühle und Ihr rechtfertigendes Verhalten. Identifizieren Sie dann die Quelle des Leides und machen Sie sich klar, inwiefern solches Verhalten Ihre Egozentrik unterstützt. Von da aus können Sie neue Entscheidungen treffen und Ihr gottgegebenes Recht zurückerlangen, nicht negativ zu sein. Eine solche Einstellung nährt Sie bei der Heimreise, der Reise des verlorenen Sohnes oder der verlorenen Tochter, um sich mit dem Kinde, Wahrem-Schönem-Selbst, wieder zu vereinen.

Selbst-Erinnerung

Das Selbst zu erinnern, bedeutet paradoxerweise, zu *vergessen*, was wir zu sein *glauben*. Es bedeutet, die Definition über die äußere Hülle zu vergessen, über unseren Beruf, unsere soziale oder religiöse Stellung und über unsere Beziehungen zu anderen Menschen, ob diese nun höhere Positionen innehaben oder nicht. Selbst-Erinnerung bedeutet eine bewußte Entscheidung, denjenigen Teil von uns zurückzuerlangen, der positiv, verständnisvoll, liebevoll und frei erschaffen worden ist. Es ist die Wahl, das schlafende Kind, Wahres-Schönes-Selbst, zu erinnern, zu erwecken und uns mit ihm zu vereinen.

Während Sie die Kunst und Disziplin der Selbstwahrnehmung praktizieren, beginnen Sie die Negativität zu identifizieren und sich von ihr zu trennen. In den Augenblicken der Trennung vom Negativen können Sie Selbst-Erinnerung praktizieren – mit ihrem Wesen oder wahren Selbst in Kontakt kommen und es annehmen. Durch die Selbst-Erinnerung kommen Sie in Kontakt mit der inneren Wahrheit, der Bedeutung und dem Sinn des Lebens.

Alle Menschen sind dazu geschaffen, ihre Essenz, ihr Wesen zu erinnern und durch ihre innere Wahrheit und Bedeutung geleitet zu werden. Durch Vernachlässigung und Mißbrauch gehen diese wertvollen Teile des Selbst jedoch verloren, weil wir in eine egozentrische Welt geboren werden, selbst egozentrisch werden und aus dem Gleichgewicht kommen müssen, um zu überleben. Die falsche Persönlichkeit oder äußere Hülle, die zwanghafte Dimension Ihrer Enneagramm-Zahl wird dominieren und das Geheimnis von Wahrem-Schönem-Selbst erfolgreich verbergen, bis Sie beginnen, sich täglich zu erinnern und mit Ihrer inneren Wahrheit zu verbinden.

In dieser Selbst-Erinnerung entwickeln Sie den Mut, sich von täuschenden Bedürfnissen zu entleeren, die Antworten auf alle Lebensprobleme zu beinhalten scheinen. Durch die Erinnerung an die eigene Wahrheit werden die täuschenden Antriebe als Illusionen entlarvt, als leere Versprechungen, denen Sie wie Irrlichtern nachlaufen. Wie Jesus von Nazaret werden wir alle durch Versprechungen des Reichtums und der Macht versucht. Unbewußte und schlafende Menschen fallen auf diese Versuchungen immer herein.

Die Selbst-Erinnerung ist wie die Selbstwahrnehmung ein langer Prozeß, der großer Mühe bedarf. Anfangs ziehen Augenblicke der Selbstbewußtheit schnell vorbei, doch bringen sie ein höheres Bewußtsein und ein Verständnis dafür, zuvor unüberwindlich scheinende Probleme und Lebensschwierigkeiten zu lösen. Immer aber müssen wir für das falsche Selbst und unser gewöhnliches Selbstverständnis ersterben.

Warnung. Selbst-Erinnerung ist eine beängstigende Erfahrung, als würden wir über eine Klippe hinaustreten ohne Garantie, daß es unten einen festen Vorsprung geben wird, auf dem wir stehen können. Viele Menschen lehnen Selbstwahrnehmung und Selbst-Erinnerung ab, weil beide Mühe und den Mut erfordern, neue Entscheidungen zu treffen. Statt dessen laufen sie von Erlebnis zu Erlebnis, von Seminar zu Seminar, von Religion zu Religion in der ständigen Illusion, daß die Transformation ihnen einmal plötzlich zustoßen wird. Aber eine solche magische, billige oder leichte Transformation gibt es nicht. Aber es gibt ein berauschendes Gefühl der Freiheit, wenn wir beginnen, die Fesseln der Negativität, der Selbstkritik und Selbstrechtfertigung abzuwerfen und das federleichte Wahre-Schöne-Selbst zu umarmen.

Zusammenfassung. Wenn Sie auf der Basis des durch Selbstwahrnehmung erlangten Wissens handeln, können Sie sich von Ihren negativen Einstellungen und falschen Selbstbildern trennen und sich täglich etwas Zeit nehmen, um sich daran zu erinnern, wozu Sie in Wahrheit erschaffen sind. Wenn Sie die Ganzheit und Freiheit Ihres Wesens wiedererlangen, verlieren die unbewußt angenommenen falschen und äußerlichen Selbstdefinitionen an Energie und können Ihre Gedanken, Worte, Gefühle und Handlungen nicht mehr kontrollieren. Mit dem neuen Bewußtsein des Wahren-Schönen-Selbst brauchen Sie sich von äußeren Umständen, Erwartungen und negativen Vorstellungen nicht mehr treiben zu lassen.

Metanoia

Die sorgfältige Praxis der beiden vorigen positiven Einstellungen führt zur Frucht der *metanoia* (griechisch: *meta* – Veränderung, *nous* – Geist). Metanoia wird durch einen Augenblick höheren Bewußtseins oder einem Augenblick der Gnade entzündet und erweitert den geistigen Horizont, um neue Möglichkeiten zu erfassen, neue Einsichten zu gewinnen oder das Verständnis der Wahrheit und des Lebenssinnes zu erweitern. Bis wir auf neue Weise zu denken beginnen, bleibt Transformation unmöglich. Metanoia leitet eine neue Denkweise ein.

Enthüllt erst das Licht des Bewußtseins neue Möglichkeiten, müssen wir zu entdecken und zu entscheiden beginnen, was wir opfern wollen. Opfer sind immer erforderlich, so daß »Raum in der Herberge« entsteht, um das Mögliche wirklich werden zu lassen.

Metanoia ist sowohl eine *spezifische* als auch eine *praktische* Anwendung der Gnade in unserem Leben. Durch die Erfahrungen der Selbstwahrnehmung erkennen wir zunächst auf welche besondere Weise wir urteilen, kritisieren und uns selbst oder anderen gegenüber zerstörerisch verhalten. In den Augenblicken der Selbst-Erinnerung vereinen wir uns dann mit Wahrem-Schönem-Selbst, mit dem Ganzen, Gesunden, Kreativen und Freien, während wir unser falsches, egozentrisches Selbst bewußt zurückweisen. Eine solche Bewegung schafft den inneren Raum, *unseren Geist zu wandeln*, unsere Haltung zu uns, zu anderen und zu unserer Lebenslage, und unsere schöpferische Kraft auf spezifische und praktische Weise neu zu leiten.

Wenn Sie bei allgemeinen Formulierungen bleiben (z. B.: »Ich will nie wieder wütend werden« oder »Ich will mich nicht mehr ablehnen« oder »Ich will nicht mehr versuchen, andere zu kontrollieren«), so fallen sie direkt in den Schlafzustand, ins Unbewußte zurück. Diese alte, gewohnte Denkweise verhindert, daß Metanoia in unserem Leben Raum gewinnt.

Zusammenfassung. Metanoia ist der Moment, in dem das Licht des Bewußtseins, die Gnade, die Wahrheit über uns und unsere Lebensbezüge leuchtet. Wird die Wahrheit enthüllt, so gewinnen wir ein tieferes Selbstverständnis und entdecken schöpferische neue Wege, mit den Lebenskämpfen umzugehen. Die Wahrheit deutet auch auf dasjenige hin, was geopfert werden muß – ungesunde Einstellungen, Beziehungen, Ideen und Gefühle so daß neues Leben und Freiheit sich entwickeln können. Metanoia findet in unserem Leben *spezifische* und *praktische Anwendung*. Das spezifische Antworten auf Metanoia hat einen kumulativen Effekt, der schließlich zum göttlichen Bewußtsein oder zur Transformation führt.

Vergebung

Die Unfähigkeit oder mangelnde Bereitschaft, wirkliche oder eingebildete Verletzungen zu vergeben, ist das herausragende Hindernis für menschliches Wachstum, für Freiheit und unser Potential. Die meisten von uns tragen ganze Anklagelisten gegen Eltern, Lehrer, Institutionen, Freunde, LiebhaberInnen, Kinder, und Feinde in ihrem Inneren.

Diese Listen von Beleidigungen und Verletzungen liegen zwar hauptsächlich unter der Oberfläche unserer Alltagsaktivitäten, doch besitzen sie die Kraft, unsere Fähigkeit zu normaler und direkter Funktion einzuschränken. Beobachten Sie nur, wie häufig jemand etwas Gedankenloses oder absichtlich Verletzendes sagt. Die nächsten Stunden oder Tage werden mit einer inneren oder vielleicht auch nach außen gerichteten Untersuchung der vorhandenen Listen von Beleidigungen dieser Person verbracht. Die verletzte Person wird unterdessen immer ärgerlicher. Und während der gesamten Zeit der Beschäftigung mit Rachegedanken und Selbstmitleid verlieren wir unsere Energie, unsere Kreativität; unseren Frieden und unsere Freiheit. All diese in einem flachen Grab direkt unter der Bewußtseinsoberfläche vergrabenen Klagen werden natürlich zu einem Komposthaufen der Negativität und liefern schließlich die Hauptnährstoffe für psychische, geistige und psychosomatische Krankheiten.

Während wir in der täglichen Disziplin der Selbstwahrnehmung, Selbst-Erinnerung und Metanoia wachsen, dehnen sich Bewußtsein und Aufmerksamkeit aus und vertiefen unser Verständnis unseres menschlichen Gesamtzustandes. Wir beginnen zu verstehen, bis in unser Knochenmark hinein zu wissen, daß wir verwundete, schlafende und unbewußte Menschen nicht anders können, als andere schlafende und unbewußte Menschen zu verletzen.

Dieser unvermeidbare Kreislauf des Verletzens kann nur geändert oder gewandelt werden, wenn Individuen erwachen und bewußt werden. Wenn wir uns unserer Negativität, unserer Fehler und unserer Borniertheit bewußt werden, beginnen wir den versteckten Schmerz und die Kämpfe in allen anderen Menschen zu verstehen, die auf diesem Planeten gelebt haben, leben oder leben werden. Und wo wahres Verständnis herrscht, kann Gewalt nicht existieren. Vergebung bedeutet also einfach, die Frucht zu ernten, die uns auf der Heimreise nähren wird. Sie ist eine Gabe, die Sie sich selbst geben können, eine so üppige Gabe, daß ihr Segen überquillt und das Leben aller anderen bereichert.

Dieses Konzept der Vergebung leugnet auf keinen Fall die Wichtigkeit, durch den Schmerz und die berechtigte Wut hindurchzugehen, die durch Dinge verursacht werden, die Ihnen zustoßen können. Sie müssen sich bewußt mit den nur zu wirklichen körperlichen, emotionalen, geistigen und seelischen Wirkungen auseinandersetzen, unter denen Sie durch das Verschulden von anderen leiden können. Wenn Sie sich Ihr Leiden nicht bewußt machen und an seiner Auflösung arbeiten, so wird die Bürde Ihres Leides immer schwerer. Gerade durch das Durcharbeiten Ihrer Lebensprobleme werden Ihre Wunden geheilt, und Gewalt wird durch Verständnis und Mitgefühl ersetzt.

Zusammenfassung. Vergebung läßt bewußt werden, *was im Inneren bereits geschehen ist*. Vergebung ist die Annahme der Frucht Ihrer eigenen harten Arbeit und Mühe, zu erwachen und bewußt zu werden, die frohe Vereinigung des Ich mit dem Wahren-Schönen-Selbst. Die für schlafende, unbewußte Menschen so unnatürliche Vergebung wird für bewußt gewordene Menschen so natürlich wie das Atmen. Für die bewußte Persönlichkeit wird Vergebung zu einer Lebensweise.

Segnen der Vergangenheit

Wenn Sie in das wandelnde, gnadenvolle Licht eines bewußten Lebens eintauchen, findet Heilung spontan statt. Heilung geht weit über die gegenwärtige Wirklichkeit hinaus. Wie ein ewiges Echo reist sie durch Zeit und Raum über die Gipfel des Triumphes und durch die Täler der Dunkelheit und des Leides. Während Sie in der Gegenwart Heilung finden, werden Ihre Vergangenheit und Zukunft zu einem untrennbaren, ungebrochenen Ganzen verbunden.

Jede Lebenserfahrung, ganz gleich wie schmerzhaft oder destruktiv sie zu ihrer Zeit schien, wird zu einer Stufe auf dem Berge der Transformation und Transzendenz. Wenn wir dies schließlich begreifen, jubeln wir laut vor Dankbarkeit. Durch Dankbarkeit segnen und weihen wir unsere Vergangenheit. In einem solchen Segensgebet fallen auch die letzten Ketten, die uns an vergangenes Leid gebunden haben, von uns ab. Wenn Sie Ihre Vergangenheit segnen, werden Gipfel und Täler geebnet zu einer geraden Straße des Lichts in Ihre Zukunft. Sehen Sie einmal deutlich, wo Sie gewesen sind, dann kennen Sie Ihre Zukunft und wissen, wo Ihr Schicksal liegt. Das dankbare Segnen der Vergangenheit bildet den Schlüssel, der die Tür zu einer Zukunft in Freiheit, Glück und Ganzheit aufschließt.

Wie auch in bezug auf die Vergebung bedeutet das Segnen der Vergangenheit nicht, sie von ihren schmerzhaften Elementen reinzuwaschen. Es geht vielmehr darum, zu untersuchen, was in Ihrem Leben geschehen ist, das Leid einzugestehen und damit so umzugehen, daß Sie das Geschenk dieser Situation für sich und andere finden. Mit den Geschenken aller unserer Lebenssituationen in den Händen haben wir Grund genug, alles in Frieden zu segnen.

Zusammenfassung. Im Segnen der Vergangenheit aus den tiefsten Gründen unseres Wesens heraus verschmilzt unser Geist mit der Tugend der Demut. Das Segnen der Vergangenheit ist Ihr persönliches Gebet für die Einheit – in Ihnen selbst und um die ganze Erde. Dieses Gebet schließt sich an und verstärkt die Kraft des Gebetes, das Jesus von Nazaret in der Nacht betete, bevor er starb. Indem er seine Vergangenheit segnete, sprach er: »Ich in ihnen und Du in mir. So sollen sie vollendet sein in der Einheit, damit die Welt erkennt, daß Du mich gesandt hast und die Meinen ebenso geliebt hast wie mich« (Johannes 17,23). Ihre Vergangenheit dankbar zu segnen bedeutet, sich durch universellen Frieden und Einheit dem Leben zu weihen.

Transformation: Das innere ökologische Gleichgewicht

Transformation ist der Prozeß, durch welchen wir um das feine Gleichgewicht zwischen innerem Idealismus und äußerem Realismus ringen. Während wir dieses empfindliche Gleichgewicht suchen, müssen wir unbedingt die innere Verschmutzung unter Kontrolle halten und Energie sparen.

Transformation ist weit davon entfernt, eine scheinheilige Übung in Selbstgerechtigkeit zu sein, wie manche glauben mögen. Es geht um einen leidenschaftlichen, praktischen Prozeß mit den Füßen auf dem Boden und erhobenem Haupt. Einer unserer geistlichen Mentoren soll in dieser Hinsicht gewarnt haben: »Achtet darauf, nicht so spirituell zu werden, daß ihr auf Erden zu nichts mehr nutze seid.«[3]

Die innere Verschmutzung zu kontrollieren heißt zu lernen, die negativen Gedanken und Emotionen auszuschließen, welche die Gewässer des Geistes und der Seele vergiften. Sind die inneren Gewässer einmal verschmutzt, und das gilt für die ganze Menschheit, so bedarf es großer Mühe, sie wieder zu reinigen. Sie müssen auch wachsam sein, um wiederkehrende Verschmutzungen zu vermeiden. Diese Verschmutzung kontrollieren wir durch Selbstwahrnehmung, durch Aktivierung des Schlaukopfes.

Die innere Energie zu sparen, heißt das Rückgrat zu stärken, das Wissen und den Willen, indem wir unser Recht ausüben, destruktive Beziehungen und ungesundes Verhalten aus unserem Leben auszuschließen. Wenn Sie Ihr unantastbares Recht zurückfordern, positive Entscheidungen zu treffen, steigt das Niveau Ihrer schöpferischen Energie drastisch an.

Wie jedes Projekt der Rückgewinnung verläuft die Transformation in mehreren Stufen. Es gibt Zeiten, in denen solche Stufen wiederholt beschritten werden müssen, weil beim ersten Mal etwas schiefgegangen ist. Außerdem werden sich verschiedene Lebensbereiche auf unterschiedlichen Stufen des Transformationsprozesses befinden. Manche Bereiche werden schon weiter fortgeschritten sein, andere gerade beginnen und noch andere nicht einmal erkundet oder entdeckt sein.

Die Transformation, die Wandlung, ist ein inneres Projekt der Rückgewinnung, die durch vier natürliche Stadien verläuft. Diese Stadien oder Bewegungen der Transformation sind auf dem Diagramm »Der Wandlungsprozeß« dargestellt.

Die reflektive Bewegung

Die reflektive Bewegung wird durch eine oft verschleierte Aktion des Göttlichen in Bewegung gesetzt, durch Gnade. Gnade gibt uns den Mut, unsere Lebensweise in Frage zu stellen, die durch unsere im Enneagramm beschriebene Hauptabhängigkeit verschmutzt wird.

186 Der Flug des Schwanes

Der Wandlungsprozeß

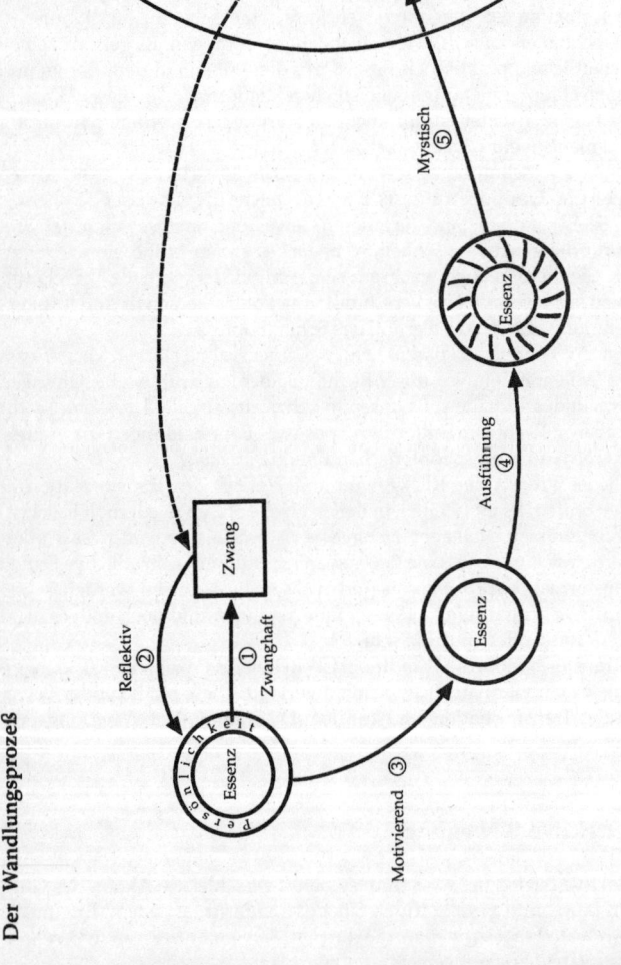

© Copyright 1990 Theodore E. Dobson und Kathleen V. Furley

Das ist häufig eine sehr schmerzhafte Erfahrung, die Menschen erst genügend schockieren muß, damit sie einen langen, ehrlichen Blick auf ihr Leben werfen können. Wenn Sie sich verletzlich fühlen oder die Kontrolle verloren haben, kann die Gnade leichter und schneller durch Ihre illusionären Schutzmechanismen hindurchleuchten. Schmerzhafte Erfahrungen im Leben sind unvermeidlich und absolut notwendig, wenn Sie aufwachen und auf sinnvollere Weise leben wollen. Sind solche Erfahrungen intensiv genug, so kann eine neue Idee Ihren Geist betreten und eine neue Lebenssicht aufkommen.

Ist diese schmerzhafte oder sonstige Erfahrung nicht intensiv genug, unsere Egozentrik zu durchstoßen, so sinken wir direkt wieder in den Schlummer zurück. Dort bleiben wir und glauben zufrieden an die Illusion, daß unsere inneren Gewässer sauber seien.

Diese Bewegung beginnt mit Fragen wie: Ich frage mich, ob das und das auf mich zutreffen könnte? Warum tue ich dieses oder jenes? Was geschieht, wenn ich mich auf eine bestimmte Situation oder Beziehung einlasse? Könnte es sein, daß ich diese oder jene Reaktion durch diese oder jene Einstellung hervorrufe? – Solche Fragen sind Versuche, der Realität ins Auge zu schauen und den eigenen Anteil, die Verantwortung für die Kontamination des eigenen Lebens zuzugeben.

Die reflektive Bewegung ist eine Zeit der Erkenntnis und der klaren Vision. Während wir begreifen, daß wir ein persönliches Säuberungsprojekt einleiten müssen, erwacht der kreative Denkprozeß.

Ein Beispiel für die reflektive Bewegung stammt von einem Mann, dessen Vater unerwartet gestorben war. Während der schweren Tage unmittelbar nach dem Tod seines Vaters sprachen seine Frau und er oft über ihre Dankbarkeit, daß der Tod schnell und schmerzfrei war. Die reflektive Bewegung, erzählte er später, hatte in einer unruhigen Nacht begonnen, kurz nachdem er wieder heimgekommen war. Als er über die vergangenen Tage nachdachte, wurde ihm klar, daß nicht die Trauer oder der Verlust am deutlichsten waren. Vielmehr waren ihm noch zwei Erfahrungen sehr bewußt, die damals so natürlich wie das Atmen schienen, für ihn im Rückblick jedoch höchst ungewöhnlich waren. Zum einen erinnerte er sich daran, daß er oft, sehr oft, kleine stille Dankgebete für Gottes Gnade im Sterben seines Vaters gebetet hatte. Das zweite war die Erkenntnis, daß er direkt nach dem Schock, als er vom Tode seines Vaters erfuhr, ein alles durchdringendes Vertrauen und Frieden erfahren hatte. Ohne jeden Zweifel wußte er, daß sein Vater »zu Hause«, daß er im Himmel war.

Solche Erlebnisse mögen für manche Menschen nicht ungewöhnlich sein, doch für ihn waren sie es. Seit ihrer Schulzeit hatten weder seine Frau noch er mit irgendwelchen religiösen Praktiken zu tun gehabt. Zuletzt hatte er gebetet, als er in seiner Jugend mit seinem Vater zur Kirche gegangen war. Seine Mutter war gestorben, als er noch ein Baby war, und sein Vater hatte nicht mehr geheiratet. »Seltsam«, so dachte er, »Vater hat mir ein Geschenk gegeben; und ich hatte keine Gelegenheit, es zu benutzen, bevor er starb.«

Dann richteten sich seine Gedanken auf seine eigenen Kinder, die neun, elf und 15 Jahre alt waren. Er fragte sich, wie sie damit umgehen würden, wenn er heute sterben würde. Eines Tages würden sie mit seinem Tod umgehen müssen. Wo würden sie Trost und Frieden finden? Sicherlich nicht, wo er ihn gefunden hatte. Wie könnten sie auch? Sie waren niemals in einer Kirche gewesen. Dann kamen ihm noch mehr Fragen: War es schon zu spät, das Thema aufzubringen? Was würden die Kinder denken? Würden sie ihn auslachen, weil er nun »erlöst sei«? Sicherlich gäbe es einen Weg, das Thema anzuschneiden.

Während in jener Nacht die Ideen, Möglichkeiten und Erinnerungen seinen Geist überfluteten, fühlte er eine Erregung, eine Hoffnung auf das Leben, die er schon seit langer Zeit nicht mehr gefühlt hatte. Gewiß, er hatte einen Fehler gemacht – doch war es nie zu spät. Abgesehen davon hatte er Herausforderungen immer geliebt!

Die Tragödie war für ihn zu einer Zeit der Gnade geworden, zu einer Gelegenheit, Neues zu erkunden. Ihm war klar, wie er diesen Moment der Erkenntnis im Leben anzuwenden hatte. Und die Herausforderung? Sie bestand darin, sich auf sensible und verbindliche Art in diese Richtung zu bewegen und diejenigen, die er liebte, einzuschließen statt auszugrenzen oder zu bedrohen.

Das Bewußtsein, daß ein Lebensbereich danach ruft, näher betrachtet zu werden, kann sich auf verschiedene Weise melden. Es kann durch eine plötzliche Intuition geschehen, durch einen nagenden Gedanken, durch eine ständige Gereiztheit, durch eine unerklärliche Traurigkeit oder ein Gefühl der Leere oder Langeweile. Das Leben ist eine Lehrerin, die ihre Schüler ständig herausfordert, zu ergründen, zu fragen und nach Lösungen für anscheinend unlösbare Rätsel zu suchen. In der reflektiven Bewegung begreift der Schüler, daß es da eine Lektion zu lernen gibt. Durch Nachdenken, durch Forschen und durch Suchen nach dem Leben beginnt er dann die richtigen Fragen zu stellen. In dieser Phase herrscht der Idealismus vor.

Selbst wenn Sie einen Problembereich identifiziert und die richtigen Fragen gestellt haben, folgt daraus noch nicht automatisch die Transformation. Der Prozeß hat mit dieser Bewegung gerade erst begonnen; und Sie befinden sich, sollte er hier abbrechen, in einem schlimmeren Zustand als zuvor. Der Gestank des verschmutzten Flusses ist stark genug geworden, um bemerkt zu werden; die Notwendigkeit einer Reinigung ist deutlich geworden. Wenn Sie nun die Verantwortung für das Projekt nicht übernehmen, werden Sie unweigerlich anderen das Verschmutzungsproblem zuschieben und darauf hinweisen, daß andere Flüsse viel mehr verschmutzt sind als der Ihre.

Wo immer wir uns weigern, unsere eigenen Probleme zu lösen, projizieren wir diese Probleme schnell auf andere, werden verurteilend, kritisch und wütend auf Menschen, die ähnliche ungelöste Probleme haben. Doch überall, wo wir andere verurteilen und verdammen, verkünden wir tatsächlich allen den Zustand unserer eigenen ungelösten Probleme. Es liegt eine tiefe Weisheit in dem Spruch: Es ist besser, zu schweigen und für einen Narren gehalten zu werden, als zu sprechen und alle Zweifel daran zu beseitigen.

Zusammenfassung. Die reflektive Bewegung der Transformation wird durch eine göttliche Gnadenhandlung eingeleitet. Transformation beginnt im Geist, mit einer neuen Idee, einer Einsicht und einer Selbstbewußtheit. Die göttliche Wahrheit lädt das verborgene Selbst ein, zu wachsen und stärker zu werden. Aus der Tiefe unserer inneren Gewässer singt eine Stimme leise Lieder der Erinnerung und verbindet uns mit Wahrem-Schönem-Selbst. In der reflektiven Bewegung lauschen wir den Weisheitsgesängen des Flusses und kontemplieren die embryonalen Möglichkeiten, die in der Sehnsucht nach einem neuen Leben geheimnisvoll verborgen liegen. Wird diese Sehnsucht nach einem neuen Leben abgetrieben, so wird das Opfer mit dem Schwert verurteilender Einstellungen und Verdammungen auch andere zu Opfern machen.

Die Motivationsbewegung

Die Motivationsbewegung beginnt mit dem Erfassen der durch die reflektive Bewegung erzeugten Vision. Diese Phase wird zu einer Zeit persönlicher Einschätzung, Beurteilung und Vorbereitung. Auf dieser Stufe übernimmt man für das eigene Leben die Verantwortung mit Hilfe innerer Aussagen wie »Ich könnte...« oder »Meine Möglichkeiten sind...« oder »Ich bin fähig zu...«. Es ist eine Zeit der Sammlung und Beurteilung von Informationen aus inneren und äußeren Quellen.

Hierbei handelt es sich um die schwierigste Phase. Der Idealismus verflüchtigt sich schnell, und der Realismus wird zum steten Begleiter. Doch gehört zum Wesen des Realismus, jedes Hindernis zu vergrößern und jede Aussicht, ein Hindernis zu umgehen, zu verkleinern. Der Realismus geht am Flußufer entlang und trägt die Bleischuhe des Pessimismus, wobei er murmelt: »Du kannst nicht!« Der Idealismus hingegen tanzt lachend auf den Winden des Optimismus und ruft zurück: »Natürlich kannst du!« Es bedarf der gerissenen Art des Schlaukopfes, sie davon zu überzeugen, daß sie einander brauchen.

Praktisch gesehen, handelt es sich um eine Zeit, sich negative Gedanken, Worte, Emotionen und Handlungen bewußt zu machen – die Arbeit der Selbstwahrnehmung – und sich von diesen negativen Mustern zu trennen. Es ist auch die Zeit der Vereinigung mit Wahrem-Schönem-Selbst durch die Selbst-Erinnerung.

Wird die Negativität wieder stärker und stiehlt Ihnen Energie, so summen Sie das Lied des Flusses, die »Litanei des Wahren-Schönen-Selbst«, um die Ihnen zukommende Stärke wiederzuerlangen und zu festigen.

Litanei des Wahren-Schönen-Selbst

Negative Gefühle sind nicht »Ich«
Negative Gedanken sind nicht »Ich«
Negative Worte sind nicht »Ich«
Negative Taten sind nicht »Ich«
Wer also bin Ich?
Ich bin Ich
Ich bin Geheimnis
Ich bin Wahres-Schönes-Selbst
Ich bin ein Kind Gottes
Ich bin die göttliche Gegenwart im Inneren
Ich bin göttliche Gegenwart,
die sich von Innen her manifestiert
Ich bin positiv, kreativ und frei
Erschaffen unter Sternen
Zu einem Leben auf den Gewässern bewußter Liebe
Ich erinnere mich! Ich jubele!

Während der Motivationsbewegung sammeln Sie aus äußeren Quellen Kenntnisse, die Ihnen helfen können, Ihren Traum wirklich werden zu lassen. Wird eine Ausbildung benötigt? Welche Ausbildungsmöglichkeiten bestehen? Gibt es finanzielle Hindernisse? Welche Stipendien oder Stiftungen stehen zur Verfügung, und wie bewirbt man sich darum?

Wird eine Selbsthilfegruppe gebraucht? Was für Selbsthilfegruppen gibt es und wie kommt man mit ihnen in Verbindung?

Steht es an, ein kleines Geschäft zu eröffnen? Wie betreibt man die Marktforschung? Wie entwickelt man eine finanzielle Planung? Wie sind die Eigentumsverhältnisse? Kommt alleinige Inhaberschaft in Frage? Oder eine Partnerschaft? Soll eine Gesellschaft gegründet werden?

Liegt das Ziel in geistigem Wachstum? Was bedeutet das? Wäre ein geistlicher Führer oder eine Mentorin hilfreich? Wie oft wollen Sie sie treffen? Gibt es Einkehrzeiten oder Workshops, die hilfreich wären?

Forschen, suchen, fragen und erkundigen Sie sich. Und vor allem, bleiben Sie positiv. Für alle Lebensprobleme haben Instant-Lösungen nie einen bleibenden Wert, und es wäre eine Illusion, daran zu glauben.

Es ist auch eine Zeit zu entscheiden, was Sie zu opfern bereit sind, um Zeit mit dem Aufräumen des Unrates verbringen zu können, der an Ihrem Flußufer verstreut liegt. Projekte der Wiedergewinnung erfordern harte Arbeit und Mühe. Ist es Ihr Projekt wert, dafür etwas von Ihrer kostbaren Fernsehzeit aufzugeben? Wie sieht es mit der Zeit aus, die Sie für ein Bier nach der Arbeit brauchen? Wäre es ein Ballspiel wert? Lohnt sich die Mühe, ein Buch zu lesen? Oder mehrere Bücher? Lohnt es sich, ein Tagebuch zu führen, sich Zeit zum Meditieren zu nehmen oder für Übungen früher aufzustehen? Wieviel ist es wert? Überhaupt etwas?

Sie müssen die Transformation von ganzem Herzen ersehnen, sonst wird sie nicht stattfinden. Transformation gibt es nicht umsonst, und Heilung gibt es nicht umsonst; nicht einmal Leid und Täuschung sind umsonst zu haben. Alles hat seinen Preis. Der Preis der Transformation und Heilung ist das Opfer der Egozentrik. Der Preis des Leides und der Illusion ist der Tod von Wahrem-Schönem-Selbst.

Vielleicht denken Sie, daß Sie nach der Entdeckung einer neuen Vision, nach der Einleitung ihrer Realisierung im Leben, nach der Überwindung des negativen Denkens und der Entscheidung, was Sie dafür opfern wollen, – daß Sie bei alledem so viel Mühe in die Transformation gesteckt haben, daß nichts mehr schiefgehen kann. Leider ist das aber nicht so. Auch in dieser Phase kann der Prozeß noch abbrechen, und wenn er es tut, sind die Folgen schmerzhaft. Wenn die Notwendigkeit eines Projektes zur Wiedergewinnung eigener Kraft deutlich in Sicht ist und auch ein Plan nicht durchzuführen, werden Selbstkritik und Selbstbeschuldigung die Folge sein. »Ich hatte meine Chance und habe sie verpaßt«, wird das Thema Ihrer Selbstgespräche sein. »Jetzt muß ich mit dem verkorksten Zustand leben und so tun, als wäre es in Ordnung, als wäre er nicht da.«

Weigern wir uns aus irgendwelchen Gründen zu tun, was wir tun können und sollten, so wenden wir unsere Kritik und unsere verurteilende Haltung gegen uns. Falls Sie sich verurteilen und selbst verdammen, so stehen Sie gerade der Tatsache gegenüber, daß die wandelnde Gnade auf der Ebene der Motivationsbewegung abgebrochen ist.

Zusammenfassung. Auf der Stufe der Transformation, die wir Motivationsbewegung nennen, schätzen Sie Ihre inneren Stärken und äußeren Mittel ein. Aufgrund der harten Arbeit, negative Einstellungen auszuschalten, vermehrt Ihre schöpferische Kraft sich sprunghaft. Dies ist eine Zeit der Sammlung von Kraft und Selbstbestätigung. Wenn Sie aufhören, die inneren Gewässer zu verschmutzen, und den Unrat an ihren Rändern aufsammeln, so tritt eine neue größere Vision der Schönheit und Kraft des Flusses auf. Zu guter Letzt vereinen sich nackt und verletztlich Ihr Idealismus und Ihre Realismus. In den heiligen Gewässern des Seelenleibes regt sich neues Leben. Gott ist gut, das Leben ist gut, ich bin gut. Lassen Sie das neue Leben aber sterben und in Ihrem Seelenleib verwesen, so werden die heiligen Gewässer mit Selbstnegation, Selbstkritik und Bitterkeit vergiftet.

Die ausführende Bewegung

Die ausführende Bewegung zeigt im Transformationsprozeß die vorstehende Geburt an. Jetzt hängt an der Herberge ein Schild »Zimmer frei«. Dieses ist die Stufe des Mitmachens, der Aktualisierung. Die Vision der ersten Stufe und die Sehnsucht der zweiten Stufe bilden die Knochen, die nun mit Fleisch umgeben werden. Nun atmen Sie ständig Leben in einen zuvor leblosen Teil von sich; und die ganze Schöpfung jubelt, wenn die inneren und äußeren

Lebensgewässer zusammenströmen. Der neue Fluß fließt mit seiner stillen Kraft anmutig durch die ausgetrocknete Landschaft des Lebens, segnet und belebt.

Die ausführende Bewegung ist eine Zeit des Tuns und des Seins. Der folgende Auszug aus einem Gedicht von einem unbekannten Autoren beschreibt diese Bewegung passend:

> So bepflanze Deinen eigenen Garten
> Und bewässere Deine eigene Seele,
> Statt auf jemanden zu warten,
> Der Dir Blumen bringt.
> Und Du bist wirklich stark
> Und Du bist wirklich wertvoll
> Und Du lernst und lernst...
> So sicher der Morgen kommt... Du lernst.

Die harte Arbeit dieser Lebensphase wird durch den in den ersten beiden Bewegungen gewonnenen Impuls weitergetrieben und durch die Begeisterung genährt, die in der Kreativität freigesetzt wird. Das einzige, was den inneren Garten noch verderben und die inneren Gewässer austrocknen kann, ist auf dieser Stufe der *Stolz*. Wenn Sie sich selbst als über den Rest der Menschheit erhoben bewundern, weil Sie sich die Mühe gemacht haben, sich zu verändern, so überschreiten Sie die feine Grenze zwischen Selbstvertrauen und Überheblichkeit. Wo der Stolz sich einschleicht, fällt Wahres-Schönes-Selbst wieder in den Schlaf zurück. Wenn dann der innere Boden ausgetrocknet und hart geworden ist, tritt hämisch die Egozentrik wieder aus dem Schatten hervor, um die Herrschaft zu übernehmen.

Zusammenfassung. Die ausführende Bewegung bedeutet Leben, Freiheit, Erfolg, Vollendung. Das Mögliche wird wirklich. Während Sie lernen, mit dem Rhythmus des eigenen Lebens zu gehen, mit dem Rhythmus des inneren Flusses zu schwingen, nimmt Ihre schöpferische Kraft zu. Das Leben beginnt mit dem Tanze des Schicksals zu pulsieren, und nur der Stolz kann diesen natürlichen Lebensrhythmus noch unterbrechen.

Die mystische Bewegung

Durch göttliches Handeln wird der gesamte Transformationsprozeß begonnen, beendet und genährt. Die anfängliche göttliche Aktion in der reflektiven Bewegung findet in der mystischen Bewegung ihre Erfüllung.

Je mehr Mühe Sie darauf verwenden, jeden Aspekt Ihres Seins vom Wandlungsprozeß durchdringen zu lassen, um so bewußter wird es Ihnen, wie wenig Sie verstehen und wie weit Sie noch zu gehen haben. Aus diesem Bewußtsein entsteht auch das Verlangen und die Kraft, mit der Reise fortzufahren.

Sie treten in die mystische Bewegung ein, indem Sie sich dem Transformationsprozeß völlig hingeben, indem Sie ihn mit ganzem Herzen wünschen und sich ihm völlig überlassen. Das bedeutet, Sie müssen zulassen, daß die Gnade in einem Lebensbereich nach dem anderen die reflektive, motivierende und ausführende Bewegung initiiert. Und während Sie so die zwanghafte Dimension Ihres Enneagramm-Musters überwinden, wird das göttliche Bild im Kern Ihres Wesens offenbart. Mit großer Mühe können Sie Widerstände überwinden, und die Wandlung wird Ihnen zur Gewohnheit. Es ist leicht einzusehen, warum viele dieses Ziel nicht erreichen, denn es erscheint so entrückt und schwer faßbar; es fehlt ihnen die Inspiration, nach den Sternen zu greifen.

In der ersten Lebenshälfte bleibt unser inneres Potential schlafend und passiv, während unser äußeres Leben aktiv ist und von Illusionen und Egozentrik kontrolliert wird. Während unsere Lebensweise immer mehr vom Wandlungsprozeß bestimmt wird, findet eine subtile und alles umfassende Verschiebung statt. Das Bewußtsein und die Wahrheit beginnen ihr Licht auf den Reichtum und die Weite unserer Innenwelt zu werfen.

Wir fangen an zu verstehen, daß die Wirklichkeit nicht im Sichtbaren, Berührbaren und Besitzbaren liegt, sondern vielmehr im Unsichtbaren, Unfaßbaren und dem, was niemand besitzen kann. Tatsächlich beginnen *wir* der Wirklichkeit zu gehören. Der Brennpunkt unserer Aufmerksamkeit, unserer Energie und Freiheit richtet sich auf die Innenwelt. Die Außenwelt hingegen wird passiv, friedlich, ruhig. Wahres-Schönes-Selbst ist aktiv damit beschäftigt, einen Garten zu pflanzen und die Seele zu bewässern. Und die Früchte dieses Liebesdienstes können nun frei an die Welt verschenkt werden.

Der Schwerpunkt unseres Lebens liegt nun mehr auf dem Geben als auf dem Nehmen, mehr auf dem Sein als auf dem Tun, mehr auf dem Hören als auf dem Reden, mehr auf dem Lieben als auf dem Geliebtwerden, mehr auf dem Verstehen als auf dem Verstandenwerden.

Indem wir den Transformationsprozeß erleben, werden wir in die mystische Bewegung *hineingezogen*; es ist nicht etwas, was wir selbst *tun*. Das Paradoxe an dieser Bewegung liegt darin, daß Sie der oder die einzige sind, denen es völlig unbewußt bleibt, was in Ihnen geschieht.

Es gibt keine Möglichkeit mehr, von dieser Bewegung noch abgebracht zu werden, denn in ihr vervollkommnet sich die Heimreise. Ohne es zu erkennen, sind wir zur Quelle zurückgekehrt, zum Anbeginn, wo wir »diesen Ort zum ersten Mal erkennen«. Die Vereinigung des Selbst mit Wahrem-Schönem-Selbst ist vollzogen, und Himmel und Erde verbinden sich zu einem großen kosmischen Schicksalstanz.

Anmerkungen

1 Siehe Maurice Nicoll – *Psychological Commentaries in the Teaching of Gurdjieff and Ouspensky*, Bd. 3, S. 1039–41. Ein großer Teil des Materials in diesem Kapitel ist durch Nicolls Gedanken beeinflußt.
2 T. S. Eliot – *Choruses from ›The Rock‹* in: T. S. Eliot – *The Complete Poems and Plays 1909–1950*, New York 1962, S. 96
3 David Geraets OSB, Abt der Benediktinerabtei in Pecos, Neu-Mexiko.

Kapitel 8
Wo der Fluß frei fließt
Das göttliche Bild und die lebenslange Suche

> Wir alle spiegeln mit enthülltem Angesicht die Herrlichkeit des Herrn wieder und werden so in sein eigenes Bild verwandelt, von Herrlichkeit zu Herrlichkeit, durch den Geist des Herrn.
>
> *Paulus*

Die letzten fehlenden Puzzle-Stücke werden gefunden, wo der Fluß frei fließen kann. Bisher haben die neun Hauptabhängigkeiten die Gewässer verschlammt, die Ufer verschmutzt und die Schönheit des Universums verhüllt.

Vor langer Zeit wurden Wahres-Schönes-Selbst und Schlaukopf grausam getrennt. Doch Schlaukopf weigerte sich, Wahres-Schönes-Selbst zu vergessen. So führte Schlaukopf mit Geduld, Gerissenheit, Selbstwahrnehmung und Selbst-Erinnerung seine lebenslange Suche nach der Vereinigung mit dem verlorenen Wahren-Schönen-Selbst fort. Wo der Fluß frei fließen kann, wird Schlaukopf zu guter letzt mit einem neuen Namen gekrönt, und die wahre Identität von Wahrem-Schönem-Selbst wird entschleiert.

Die Auflösung des Rätsels

Das an den Quellen der Persönlichkeit zurückgelassene göttliche Bild, auch bekannt als Wahres-Schönes-Selbst, ist bei jedem im Enneagramm beschriebenen Muster unterschiedlich. Hinweise auf die Identität von Wahrem-Schönem-Selbst können wir in der mystischen Tradition des Judentums, der Kabbala, finden. In der kabbalistischen Lehre geht es um die Sefiroth, die zehn Ausdrucksformen Gottes.

Die erste Sefira ist die Krone, Kether. Sie umfaßt die Ganzheit und Einheit Gottes, die das Nicht-Sein oder Nichts Gottes in sich schließt. Kether ist ewig und hat keinen Anfang. Die neun göttlichen Bilder oder Gesichter Gottes, die von Kether, der Krone, ausfließen, entsprechen den neun Mustern des Enneagramms. So kann das göttliche Bild und die lebenslange Suche jedes Enneagramm-Musters folgendermaßen benannt werden:

Das göttliche Bild der PerfektionistInnen (Eins) ist Chochma, die Weisheit. Für ihre unablässige, lebenslange Suche nach dem Wahren-Schönen-Selbst werden die PerfektionistInnen mit dem neuen Namen der WegbereiterInnen gekrönt.

Das göttliche Bild der HelferInnen (Zwei) ist Bina, die Unterscheidungskraft. Für ihre unablässige, lebenslange Suche nach dem Wahren-Schönen-Selbst werden die HelferInnen mit dem neuen Namen der GefährtInnen gekrönt.

Das göttliche Bild der GewinnerInnen (Drei) ist Chessed, die Liebe. Für ihre unablässige, lebenslange Suche nach dem Wahren-Schönen-Selbst werden die GewinnerInnen mit dem neuen Namen der Motivierenden gekrönt.

Das göttliche Bild der IndividualistInnen (Vier) ist Gebura, die Kraft. Für ihre unablässige, lebenslange Suche nach dem Wahren-Schönen-Selbst werden die IndividualistInnen mit dem neuen Namen der Aufbauenden gekrönt.

Das göttliche Bild der BeobachterInnen (Fünf) ist Tif'ereth, die Schönheit. Für ihre unablässige, lebenslange Suche nach dem Wahren-Schönen-Selbst werden die BeobachterInnen mit dem neuen Namen der ForscherInnen gekrönt.

Das göttliche Bild der MitstreiterInnen (Sechs) ist Nezach, die Dauer. Für ihre unablässige, lebenslange Suche nach dem Wahren-Schönen-Selbst werden die MitstreiterInnen mit dem neuen Namen der Stabilisierenden gekrönt.

Das göttliche Bild der TräumerInnen (Sieben) ist Hod, die Majestät. Für ihre unablässige, lebenslange Suche nach dem Wahren-Schönen-Selbst werden die TräumerInnen mit dem neuen Namen der Erleuchtenden gekrönt.

Das göttliche Bild der KämpferInnen (Acht) ist Jessod, das Fundament. Für ihre unablässige, lebenslange Suche nach dem Wahren-Schönen-Selbst werden die KämpferInnen mit dem neuen Namen der MenschenfreundInnen gekrönt.

Das göttliche Bild der BewahrerInnen (Neun) ist Schechina, die göttliche Gegenwart. Für ihre unablässige, lebenslange Suche nach dem Wahren-Schönen-Selbst werden die BewahrerInnen mit dem neuen Namen der UniversalistInnen gekrönt.

Tausend Leben würden nicht ausreichen, um die Herrlichkeit des göttlichen Bildes, das in jeder Person lebt, zu begreifen und zu enthüllen. Wir können jedoch Hinweise entdecken und nebelhafte Einblicke erhaschen, die uns die Wichtigkeit der harten Wandlungsarbeit verstehen lassen und uns dazu ermutigen. Diese flüchtigen und numinosen Hinweise können die innere Schau unseres Schicksals erweitern und klären. Wir, die Autorin und der Autor, hatten das Privileg, mit der Suche nach Hinweisen und dem Erhaschen von Blicken auf diese neun göttlichen Bilder beginnen zu dürfen. Wir wurden auf einem gewundenen Pfad durch die Kabbala, die hebräischen

Schriften, die christlichen Schriften, die Bhagavad Gita und die Schriften vieler Mystiker geführt, so daß diese Forschung zu einem der tiefsten Erlebnisse unseres Lebens geworden ist. Schließlich waren wir in der Lage, uns für fünf Charakteristika zu entscheiden, die in allen diesen Schriften in der Beschreibung jedes bestimmten Gesichtes Gottes verwendet werden. Im folgenden versuchen wir mit je drei Sätzen zu beginnen, das Wunder und Geheimnis eines jeden Antlitzes Gottes mitzuteilen. Die drei Aussagen, die einem jeden charakterisierenden Begriff folgen, sind natürlich ebenso mystisch, verborgen und unbegrenzt wie die Bilder Gottes selbst. Wir hoffen, daß unsere Arbeit Ihr Verlangen danach anregt, tiefer in dieses sich entfaltende Mysterium einzutauchen, und zwar nicht nur für Ihr eigenes Enneagramm-Muster, sondern auch für die acht anderen. Denn gemeinsam ergeben sie ein großartiges Mosaik, das die Schönheit im Kern des menschlichen Wesens enthüllt.

Obwohl wir uns der Schwächen unseres Versuches bewußt sind, präsentieren wir diese Aussagen doch mit dem Gebet, daß Sie, unsere LeserInnen, die Arbeit durch Ihre eigenen Studien und Ihr Nachdenken fortführen werden, während Sie auf dem Pfade der Transformation heimreisen.

An die Beschreibungen des göttlichen Bildes eines jeden Musters schließt sich eine Beschreibung des neuen Namens an, den jedes Muster bei seiner lebenslangen Suche nach dem Menschlichen, Heiligen und Verborgenen erhält. Diese Beschreibung bildet einen Versuch, jedes Muster frei von seinen Zwängen darzustellen und das göttliche Bild an seinem Kern klarer zu zeigen. Es überrascht uns nicht, daß die goldene Regel »Behandele andere, wie du von ihnen behandelt werden möchtest« in der positiven Beschreibung eines jeden Musters ihre besondere Anwendung findet. In dem Diagramm »Göttliches Bild und lebenslange Suche« werden die Namen für alle Enneagramm-Muster zusammengefaßt.

Göttliches Bild

Das göttliche Bild im Kern des Musters der PerfektionistInnen ist Chochma, die Weisheit. Weisheit ist praktisch, führend, unabhängig, einsichtig und engagiert.

Praktisch. Eine Fertigkeit, die für die Verbesserung der Welt zum Einsatz gebracht wird, leitet die göttliche Energie zu ihrem erwünschten Ziel.

Im Feuer der Erfahrung geprüfte Theorien bilden das Bollwerk der Aktivitäten, die den menschlichen Geist befreien.

Es ist üblich, aber unrealistisch, sofortige persönliche Veränderung zu wollen; die göttliche Umsicht leitet die Seele durch die Wachstumsstufen.

Führend. Die Leitung der Menschheit auf dem rechten Pfade erhebt den Blick des menschlichen Geistes zum göttlichen Ziel der Menschheit und adelt jede Aufgabe auf dem Wege.

Göttliches Bild und lebenslange Suche

© Copyright 1990 Theodore E. Dobson und Kathleen V. Hurley

Ein ethischer Zugang zum Leben begabt die Gesellschaft mit innerer und zwischenmenschlicher Integrität und stärkt die Struktur der Gemeinschaft durch Hoffnung.

Ein entdeckungs- und experimentierfreudiger Geist bringt nützliche Hilfsmittel hervor, die gern mit anderen geteilt werden.

Unabhängig. Wird das Verlangen, persönliche Schwächen zu beherrschen, durch Geduld ausgeglichen, so enthüllt es die göttliche Güte in der Welt.

Die Fähigkeit, zu kämpfen und das rechte Ziel ausdauernd zu verfolgen, ist Zeichen des großmütigen Geistes.

Im Schmelztiegel persönlicher Leistung wird eine Weisheit geboren, die andere unbeirrbar auf ihrem individuellen Wege zu ihrem persönlichen Schicksal führen kann.

Einsichtig. Das Annehmen der Zerbrechlichkeit wie auch des Potentials der Menschheit öffnet den Geist für die Weisheit und das Herz für die Liebe.

Die Fähigkeit, sich in das Ringen im menschlichen Leben einfühlen zu können, öffnet die Augen des Herzens; ein derart geformtes Herz kann in den Herzen anderer lesen.

Fragen, die andere sanft dazu ermutigen, ihr Leben zu beurteilen, sind kostbare Gaben bei der Suche nach dem Göttlichen.

Engagiert. Geistiges Wachstum entwickelt ein stilles Selbstvertrauen, das das Leben anderer mit einem göttlichen Strom befruchten kann, der nicht durch das Bedürfnis nach Kontrolle verschmutzt ist.

Die Anwendung der Stärke göttlicher Gaben auf menschliche Aufgaben erweitert das Herz, befreit den Verstand und festigt den Geist, um froh mit den Prinzipien des Universums zu leben.

Wenn neue Horizonte mit bejahender und inspirierender Einstellung dargestellt und angenommen werden, wird ein Blick auf die Fülle des menschlichen Potentials frei.

Lebenslange Suche: WegbereiterIn werden

Wenn PerfektionistInnen von ihrem Bemühen Abstand nehmen, alles, was ihnen wichtig ist, nach ihren eigenen Maßstäben zu perfektionieren, werden sie zu WegbereiterInnen. Statt dessen öffnen sie ihre Herzen und ihren Geist für einen weiteren, umfassenderen und komplexeren Zugang zum Wachstum und zur Leistung. Sie werden zu FührerInnen und LehrerInnen für andere, indem sie harmonische Arbeitsbeziehungen entwickeln, aus denen kreative Teams entstehen. Durch produktiven Einsatz zur Verfügung stehender Mittel geben sie vitale Beiträge zum Fortschritt der Menschheit. Mitten unter vielen Projekten und Aktivitäten erreichen sie ein größeres Ziel, die Erfindung eines neuen Wertesystems, das bei anderen positive Einstellungen und Kreativität pflegt und ermutigt.

Sie können anderen gut zuhören und Ansätze zu Neuerungen entdecken. Dann können sie andere mit großer Phantasie herausfordern und inspirieren, diese Möglichkeiten und Potentiale zu verwirklichen. Sie bejahen neue Ideen und Ausdrucksformen und entwickeln eine philosophische Weisheit, aus der heraus sie der Welt kosmische Wahrheiten eröffnen können. Aufgrund ihrer praktischen Natur können sie ihre philosophischen Ideen auf den Alltag anwenden.

Auch im privaten Bereich können sie ihre Führungsqualität zeigen. Sie akzeptieren persönliche und kollektive Unvollkommenheiten und bauen dadurch ein festes Fundament für die Gemeinschaft auf. Da sie gern mit anderen lachen und ihre Zuneigung zeigen, werden sie zu wertvollen Freunden und wichtigen Familienmitgliedern. Sie befähigen und ermutigen andere, das Beste aus sich zu machen, und öffnen ihr Potential zur Überwindung von Schwächen und zu Beiträgen für die Gesellschaft.

Auf diese Weise offenbart sich bei ihnen der Schlüssel zur Transformation. Die goldene Regel bedeutet für ihr Leben, daß sie Zeit und Mühe, die sie zuvor nur für ihr eigenes Streben nach Perfektion eingesetzt hatten, zum Zusammensein mit anderen aufbringen. Wenn sie sich in fehlgeleiteter Motivation verfangen, haben sie ein Bedürfnis nach mehr Zeit und Energie. Als

Eiferer sind sie entschlossen, alles ihnen Wichtige so umzuändern, daß es ihren hohen Maßstäben entspricht. Ihr wirkliches Bedürfnis besteht jedoch darin, ihre Heftigkeit zu mildern, so daß ihre Seele von der Schönheit und dem Wunder des Lebens genährt werden kann.

Ihre Illusion besteht darin, daß das Glück im Angriff auf jede Wirklichkeit liegt, die ihnen nicht paßt, und sie zu dem zu machen, was sie haben wollen. Das Glück kommt in Wirklichkeit aber dadurch zu ihnen, daß sie das menschliche Wesen und die Welt insgesamt akzeptieren als eine Mischung von Schönem und Mangelhaftem, von Stärke und Schwäche.

Zwei: Die HelferInnen

Göttliches Bild

Das göttliche Bild im Kern des Musters der HelferInnen ist Bina, das Verständnis. Verständnis ist sensibel, geschickt, dankbar, loyal und kontemplativ.

Sensibel. Für die Augen des Herzens wird das verborgene Leiden anderer sichtbar, um in den Armen des göttlichen Mitgefühls gewiegt und genährt zu werden.

Leidenschaft und Intelligenz fließen zusammen und erschaffen eine Identifikation mit allem Lebendigen und Wachsenden.

Wärme und Fürsorge bilden eine schützende Geborgenheit, in der das Heilige der Persönlichkeit geachtet und die Wunden des Lebens geheilt werden.

Geschickt. Ein nicht zu entmutigender Geist und innere Freiheit graben vielschichtige Möglichkeiten aus, um alle scheinbaren Hindernisse zu überwinden.

In Beziehungen, die auf vielen Ebenen zustande kommen, entsteht eine Atmosphäre, in der die Einzigartigkeit jeder Person geschätzt und gepriesen wird.

Die Hoffnung der Menschheit liegt in der Fähigkeit jeder Person, die unwiederholbare Begabung anderer bewußt und demütig zu respektieren.

Dankbar. Dankbarkeit, die wie Weihrauch aus dem innersten Heiligtum des Göttlichen aufsteigt, wird zu einem Segen, der das Universum wie der süße Duft des Frühlingsregens durchströmt.

Wertschätzung öffnet Herz und Kopf für neue Perspektiven in der Schönheit, Feinheit und dem Wunder des Lebens.

Aus der Anerkennung der vielfältigen Gaben des Lebens und der ernsthaften und demütigen Heiligung allen Lebens entsteht die Freiheit, Großes zu erreichen.

Loyal. Um die zarten Stücke zerbrochener Leben zu schützen, bedarf es einer sanften Stärke, die zu einem gewaltigen Respekt vor den Errungenschaften des menschlichen Geistes anwächst.

Aus dem Bekenntnis zu den Idealen der menschlichen Befreiung wird eine Solidarität mit den Erniedrigten, Gebeugten, Kranken und Bedürftigen in schöpferischer Treue geboren.

Aus der Einheit zwischen zwei Menschen wird eine Nähe geboren, die jede Selbstsucht unterbindet und die Menschheit zu ihrem göttlichen Schicksal vorantreibt.

Kontemplativ. Durch Nachdenken über sich selbst und furchtloses Ergründen der Leere entsteht eine Stärke des Geistes, die dem Göttlichen begegnen und mit ihm verschmelzen kann.

Glaube und Selbstbeherrschung stehen in Kommunion mit der Quelle allen Lebens als die Fackeln am Tor der Freiheit, um den Weg zu erleuchten, die Wahrheit zu enthüllen und das Leben in anderen und für andere zu entzünden.

Aus einem Leben, das unter die Führung des göttlichen Lichtes gerufen ist und diesen göttlichen Ruf voll ausdrücken darf, entspringt Gnade wie ein lebenschaffender Strom.

Lebenslange Suche: GefährtIn werden

Wenn HelferInnen ihre Hauptabhängigkeit zügeln können, anderen zu dienen, um ihre Dankbarkeit zu erhalten, werden sie zu GefährtInnen. Statt dessen entwickeln sie eine Wertschätzung für wechselseitige Beziehungen. Von diesem Prinzip geleitet, befreien sie ihr eigenes Potential durch gesunde Sorge und Wertschätzung für sich selbst. Sie entdecken ihr Bedürfnis, ein weiteres Interessensspektrum zu entwickeln, und nehmen sich die Zeit und Energie, um ihren persönlichen und intellektuellen Horizont zu erweitern. Nachdem sie an ihrer persönlichen Entwicklung gearbeitet haben, gehen sie nun Beziehungen ein, in denen sie sich mitteilen, aber auch andere aus der Reserve locken können und sich so gegenseitig stärken.

HelferInnen, die zu GefährtInnen werden, setzen ihre angeborene Sanftheit und ihren gewaltfreien Zugang zum Leben auf neue Weise ein. Anstatt andere in abhängigen Beziehungen an sich zu binden, verwenden sie ihre Einsichten und Begabungen nun dafür, schöpferische Lösungen für kollektive Probleme herauszufinden und auszusprechen. Indem sie Fragen stellen und mehrere Alternativen zu einer gegebenen Situation aufzeigen, lassen sie anderen Freiheit. Mit handfester Zuneigung rufen sie bei anderen das Beste hervor und bestätigen es, wobei sie für alle Menschen Respekt zeigen, seien sie schwach oder stark. Statt sich zwanghaft auf die unmittelbaren Bedürfnisse der nächstbesten Person zu konzentrieren, entwickeln sie eine größere Perspektive im Leben. Eine neue Vision leitet ihre kurz- und langfristigen Pläne, und sie bekommen ein angemessenes Gefühl für die Prioritäten, indem sie ihre Erfahrungen und Ziele abwägen. Waren sie zuvor nur mit den Bedürfnissen und Gefühlen der Menschen um sich herum beschäftigt, so haben sie jetzt ein tieferes Verantwortungsgefühl gegenüber dem Ausgang der Projekte, mit denen sie oder andere zu tun haben.

Auf diese Weise offenbart sich bei ihnen der Schlüssel zur Transformation. In ihrem Leben bekommt die goldene Regel die Bedeutung, daß sie sowohl dienen als auch sich bedienen lassen und dadurch von ihrem selbstgemachten Podest der Überlegenheit herabsteigen. Ist ihre Motivation fehlgeleitet, so haben sie das Verlangen, sich auf die Bedürfnisse und Gefühle von anderen zu konzentrieren, damit ihnen gedankt wird und sie für wichtig gehalten werden. Ihr wahres Bedürfnis ist jedoch, sich selbst zu erforschen und ihre eigenen Schwächen und Bedürfnisse zu entdecken, so daß in ihren Beziehungen ein wechselseitiges Geben und Nehmen entstehen kann.

Ihre Illusion liegt darin, daß sie Glück nur im Bedienen anderer Menschen ohne Rücksicht auf sich selbst finden können. In Wirklichkeit finden sie ihr Glück jedoch in wechselseitigen Beziehungen, in denen sie als Personen Würde und Wert haben, unabhängig davon, was sie für andere tun.

Drei: Die GewinnerInnen

Göttliches Bild

Das göttliche Bild im Kern des Musters der GewinnerInnen ist Chessed, die Liebe. Liebe ist sublim, verletzlich, bedingungslos, schöpferisch und ermutigend.

Sublim. Über die menschlich festgelegten Begrenzungen hinausdrängend, segelt der Geist mit einem nicht unterdrückbaren Impuls zum Leben und Wachstum hin.

Die Lebensweise derer, die den göttlichen Wegen verpflichtet sind, zeichnet sich durch eine wagemutige, wilde und freie Sorge für andere aus.

In der Hingabe an das Göttliche sucht eine große Fähigkeit zur Selbstaufopferung das transzendente Lebensprinzip.

Verletzlich. Durch Herzensgründe wird eine große Gefühlstiefe aktiviert und widmet sich dem Erwecken des Bewußtseins im Hinblick auf die Heiligkeit des menschlichen Lebens.

Eine offene und aktive Beziehung zu allem Leben wird begonnen, indem das Göttliche eingeladen wird, in die verborgenen Gründe des Herzens zu leuchten, wie ein Lichtstrahl einen Kristall durchdringt.

Die Seele, die zu ihrer göttlichen Mitte gezogen wird, erlangt Reinheit und kann sich kraftvoll in der Wirklichkeit ausdrücken, um zu einer Streitmacht der göttlichen Strategie zu werden.

Bedingungslos. Durch Begeisterung und Treue dem Leben gegenüber werden unerschöpfliche Kraftquellen freigesetzt, die dem göttlichen Werk der Einheit geweiht werden.

Ein Blick auf die durchscheinende Vision der Schöpfung inspiriert Möglichkeiten, das Geheimnis anderer Menschen zu erkunden, das in Wahrheit dem eigenen tiefsten Selbst gleicht.

Eine unwiderstehliche Freude und Dankbarkeit für die Gabe des Lebens setzt sich für alles Lebendige und Bewegliche ein und hat ihren Grund im Göttlichen.

Schöpferisch. In einem künstlerischen und kreativen Leben drückt sich die Erkenntnis der Hand des Meisters im menschlichen Geist aus, ein leidenschaftliches Verlangen danach, den göttlichen Urheber des Lebens zu kennen und von ihm gekannt zu werden.

Aus der Hoffnung und dem Glauben an eine grundlegende Güte, die das Universum durchdringt, wird eine Synthese und Vermittlung spiritueller Philosophien geboren.

In der spontanen Freude am Wachstum und Erfolg aller spiegelt sich die Gabe der göttlichen Ermutigung, die danach verlangt, in der Welt manifestiert zu werden.

Ermutigend. Begeisterung und Phantasie fachen die Sehnsucht des menschlichen Geistes, sich auf die abenteuerliche Reise zu persönlichem Wachstum zu begeben, zu einer Flamme an.

Die Begabung des menschlichen Geistes wird im Prisma der Leistung gebrochen, überschüttet die Menschheit mit vielen Farbschattierungen und ruft alle zur Lebendigkeit.

Die frei verschenkte Liebe trotz Unwürdigkeit erzählt der Welt von der Gnade, von der Möglichkeit, daß das Göttliche mitten im Menschlichen ein Heim findet.

Lebenslange Suche: Motivierende werden

Wenn GewinnerInnen ihr zwanghaftes Bedürfnis unterdrücken, sich durch Leistung ein gutes Image zu verschaffen, werden sie zu Motivierenden. Sie entwickeln dann gesunde Beziehungen, die mit anderen und unter anderen Einheit fördern. Sie benutzen ihre schöpferischen Kräfte, um neue Visionen für die Zukunft zu gestalten, die jetzt nicht mehr nur aus ihren persönlichen

Zielen entstehen, sondern auch aus den kollektiven Vorstellungen der anderen. Werden diese Visionen in eine erreichbare Realität übersetzt, so können sie Autorität und Verantwortung unter allen Beteiligten schöpferisch delegieren. Indem sie lernen, anderen zu trauen und andere zu schätzen, beginnen sie, sich selbst zu trauen und sich selbst zu schätzen. Deshalb brauchen sie nicht mehr im Mittelpunkt zu stehen und die ganze Anerkennung für einen Erfolg für sich zu beanspruchen.

Indem sie an ihren Beziehungen arbeiten, gründen sie ihre Bekanntschaften auf gegenseitige Zuneigung und Achtung. Sie fühlen sich im Umgang mit anderen immer wohler und inspirieren sie zu größeren Erfolgen. Da sie in der Lage sind, Talent und Stärken zu erkennen, locken sie diese bei anderen hervor, indem sie ihnen Selbstvertrauen in ihre Fähigkeiten vermitteln.

Erfolg um des Eindrucks willen wird durch ein unvergängliches Interesse daran ersetzt, die eigene und die Persönlichkeit anderer zu entwickeln. Sie machen es zu ihrem Ziel, zu einem herausragenden Mitglied der menschlichen Rasse zu werden und sich über Kleinmut und Egozentrik zu erheben. Ihre hohen Ideale werden ausgeglichen durch eine optimistische Akzeptanz der menschlichen Begrenztheit. Da sie sich Zeit lassen, über ihr Leben und die göttlichen Geheimnisse nachzudenken, entwickeln sie eine gesunde Selbstliebe und finden zu einem Verständnis des wahren Lebenssinnes. Aus dieser Bewegung entsteht eine philosophische Natur, die sie in Künsten, Erzählungen und Beziehungen ausdrücken können.

Auf diese Weise offenbart sich bei ihnen der Schlüssel zur Transformation. In ihrem Leben bekommt die goldene Regel die Bedeutung, den Erfolg, den sie sonst um ihres Selbstwertgefühls willen für sich selbst behalten hätten, mit anderen zu teilen. Fangen sie sich in fehlgeleiteter Motivation, so spüren sie ein Bedürfnis nach Konkurrenz, um guten Eindruck zu machen. Ihr wirkliches Bedürfnis besteht jedoch darin, anderen gegenüber verletzlich zu werden, indem sie ihr affektives Zentrum öffnen und andere in ihr Leben aufnehmen.

Ihre Illusion besteht darin, daß sie ihr Glück nur durch harte Arbeit zum Erreichen ihrer Ziele finden können. In Wahrheit finden sie Glück jedoch in echten und herzlichen Beziehungen. Indem andere ihnen wichtig genug werden, daß sie sich ihnen gegenüber öffnen können, finden sie für ihre Projekte und ihren Arbeitseinsatz einen Sinn.

Vier: Die IndividualistInnen

Göttliches Bild

Das göttliche Bild im Kern des Musters der IndividualistInnen ist Gebura, die Kraft. Die Kraft ist klardenkend, lebensfördernd, standhaft, leidenschaftlich und aufbauend.

Klar denkend. Im Hindurchdringen zum Kern menschlicher Erfahrung wird zuvor verborgene und verstreute Weisheit hervorgeholt und vereint.

Wahrnehmende Analyse und Synthese werden zu Katalysatoren für die Erforschung neuer Möglichkeiten und die Initiierung eines kreativen Gedankenflusses.

Aus dem Widerstehen gegen kollektives Denken ergeben sich Haltung und Werte, die über die Mittelmäßigkeit hinausweisen und das göttliche Bewußtsein stetig erweitern.

Lebensfördernd. Respekt vor Wahrheit und Weisheit bringt LehrerInnen hervor, die mit ihren kommunikativen Fertigkeiten die SchülerInnen zu neuen Bewußtseinshöhen führen können.

Anhand klarer gedanklicher Kategorien können sich die mentalen Kräfte erweitern, um die ganze Wirklichkeit und alle Menschen enthusiastisch aufzunehmen.

Die Sensibilität für Formen bringt ein Harmoniegefühl hervor, das sich künstlerischen Ausdruck sucht und die Seele mit Schönheit und Liebe nährt.

Standhaft. Die Zuverlässigkeit in Beziehungen mit Leidenden und Problembeladenen bringt eine geduldige Stärke hervor, die die göttliche Hingabe an die Welt spiegelt.

Die Menschheit ist berufen, die Kommunion zu erreichen, die über alle Kommunikation hinausgeht, nachdem ihr die Vielfalt der Motive bewußt geworden ist, die allen Handlungen von Menschen und Institutionen zugrunde liegen.

Die aus einer inneren Vision sich erhebende Inspiration und die Energie, die aus dem Glauben entsteht, daß das Gute über das Böse triumphieren wird, vereinen sich, um die Welt zu verändern.

Leidenschaftlich. In der Intensität der Gedanken und des Ausdrucks zeigt sich eine Begeisterung für das Leben, welche die Schwingen des menschlichen Geistes entfalten kann, um auf das Göttliche zuzufliegen.

Die Wunde des göttlichen Heilers produziert große Energie, um das Bewußtsein und die Einheit in der ganzen Schöpfung zu fördern.

Das wache Wahrnehmen der Schönheit und des Wunders des Göttlichen inspiriert einen respektvollen und schöpferischen Einsatz im Ringen der Menschheit sowie die Entschlossenheit, seine Bedeutung zu entdecken.

Aufbauend. Durch das dauernde Streben des schöpferischen Geistes, die materielle Welt zu gestalten, entwickelt sich eine Ruhe des Geistes, in der das Göttliche offenbar wird.

Im Ofen der Läuterung und der Selbstdisziplin wird das reine Gold der Originalität zu praktischen und bleibenden Gaben geformt, die die göttliche Qualität und Leistung spiegeln.

Die idealistischen Aspirationen des menschlichen Geistes sind die Quelle der Welten, die noch in Liebe und Gerechtigkeit aufzubauen sind.

Lebenslange Suche: Aufbauende werden

Wenn IndividualistInnen ihr Bedürfnis beherrschen, alle Aufmerksamkeit auf sich zu richten, werden sie zu Aufbauenden. Diese Bemühung gibt ihnen die Freiheit, ihre angeborene Kreativität auf konstruktive Weise nach außen zu lenken und die Welt zu verändern. Mit ihrem Verlangen nach Originalität und ihren aus intuitiver Wahrnehmung und begrifflichem Denken geborenen Ideen stellen sie überholte Modelle in Frage. So sind sie oft unendliche Quellen für schöpferische Antworten und Verbreiter neuer Möglichkeiten.

Sie entwickeln die Selbstdisziplin und die innere Kraft, die aus Standhaftigkeit hervorgehen. Ihr größter Vorzug ist ihre Fähigkeit, Informationen zusammenfassen und Ideen verfeinern zu können. Wenn sie die Nutzlosigkeit der Selbstbezogenheit erkennen, bringen sie den Erfindungsreichtum und die Flexibilität mit, Ideen auf praktische Weise umzusetzen. Indem sie ihre Kräfte darauf lenken, das Leben für andere zu verbessern, entwickeln sie eine offene und positive Einstellung zu sich, zu anderen und zum Leben.

Aufgrund ihres tiefen Gefühls für andere werden sie zu treuen FreundInnen, die das Leid und den Schmerz anderer über ihre eigenen Interessen stellen können. Indem sie ständig daran arbeiten, den Gefühlen anderer gegenüber sensibel zu werden und von ihrem eigenen Bedürfnis, verstanden zu werden, Abstand zu nehmen, bauen sie bleibende Freundschaften auf. Mit den vielfältigen Interessen und Talenten, mit denen sie gesegnet sind, tragen sie kreativ zum Leben anderer bei. Daraus erwächst ihnen mehr und mehr eine Begeisterung und ein Optimismus für das Leben, für sich und die Welt.

Auf diese Weise offenbart sich bei ihnen der Schlüssel zu ihrer Transformation. Die goldene Regel bedeutet in ihrem Leben, daß sie andere zum Mittelpunkt ihrer Aufmerksamkeit machen, so wie sie sich wünschen, daß andere ihnen gegenüber sensibel sind. Fangen sie sich in fehlgeleiteter Motivation, so spüren sie das Bedürfnis, ihre Kräfte auf das Verständnis ihrer eigenen Gefühle zu konzentrieren und sich um die Erfüllung ihrer eigenen Bedürfnisse zu bemühen. Ihr wahres Bedürfnis ist jedoch, die Kräfte ihres Verstehens dafür einzusetzen, daß in der Welt Verbesserungen erreicht werden.

Ihre Illusion besteht darin, daß sie Glück nur in der Konzentration auf sich selbst finden können. In Wahrheit finden sie das Glück jedoch darin, daß sie sich auf andere konzentrieren und dadurch die Befangenheit in sich selbst verlieren, was ihnen ermöglicht, die Welt zum Besseren zu beeinflussen.

Fünf: Die BeobachterInnen

Göttliches Bild

Das göttliche Bild im Kern des Musters der BeobachterInnen ist Tif'ereth, die Schönheit. Schönheit ist gnädig, ehrlich, spekulativ, vielseitig und aktiv.

Gnädig. Logik demaskiert die menschlichen Eigenheiten und bringt eine beständige Geduld und Betroffenheit hervor, in der sich die göttliche Freundlichkeit spiegelt.

Wissen um seiner selbst willen ist nur ein Schmuck; doch wenn es zu einem guten Nutzen gebracht wird, erhebt es die Seele und verbessert die menschliche Verfassung.

Sich selbst dienende Weisheit urteilt und verdammt; anderen dienende Weisheit öffnet Herz und Kopf für das göttliche Schicksal der Menschheit.

Ehrlich. Unwiderstehliche Wißbegier bezüglich des Lebens und der Menschen führt zur Entdeckung der reinen Wahrheit im Dienste aller.

Offenheit für alle Fakten und Ideen, ob man mit ihnen übereinstimmt oder nicht, ist Zeichen eines großen Geistes.

Geist, der göttliches Licht auf eine Situation zu werfen vermag, stammt aus einer Seele, die durch Gleichgewicht und klare Schau gestaltet ist.

Spekulativ. Der Menschheit wird weniger durch jene gedient, die große neue Ideen auszudenken wagen, als vielmehr durch jene, die es wagen, die kleinste neue Idee in die Praxis umzusetzen.

Der abenteuerlustige Kopf, der mit dem göttlichen Impuls zum Fortschritt des menschlichen Geistes in Berührung ist, bringt Entdeckungen aus dem Zustand der bloßen Möglichkeit bis zur Verwirklichung in einer neuen und besseren Welt.

Wo Verstand und Geist im Dienste der Menschheit zusammenfinden, schimmert die göttliche Schönheit hervor und scheint als ein Leuchtfeuer des Wachstums.

Vielseitig. Vieldimensionale Errungenschaften sind Zeichen eines funkelnden Geistes, der auf seiner Suche nach Weisheit alles aufnimmt und von einem Verlangen nach Echtheit bewegt ist.

Göttliche Milde macht der menschlichen Suche nach dem Herausragenden die Schönheit eines jeden Teiles der Schöpfung verfügbar, ganz gleich wie winzig oder schlicht es sei.

Eine durch göttliche Intelligenz belebte Phantasie wird zur schöpferischen Stimme, durch die der schlummernde Geist der Schöpfung geweckt werden kann, um auf den universellen Ruf zur Vereinigung mit dem Göttlichen zu antworten.

Aktiv. Aus der Freundschaft mit göttlichem Respekt und göttlicher Liebe folgt das Verlangen, soviel wie möglich der Schöpfung aus erster Hand zu erleben.

Gewöhnlich wird der Wunsch nach einer Verbesserung der Welt durch Kritik ausgedrückt; doch ist die Fähigkeit, wirkliche Verbesserung hervorzubringen, die Frucht einer beständigen Liebe zum Leben.

Die Freude des Einsatzes und der Leistung gehört jenen, die geduldig und des Wertes ihrer Beiträge sicher sind.

Lebenslange Suche: ForscherIn werden

Wenn BeobachterInnen ihr Verlangen danach, Zeit für einsames Nachdenken zu haben, zurückhalten können, so werden sie zu ForscherInnen. Diese Bewegung verschafft ihnen den Raum, ihren großen Wissensspeicher für das Wohl der Menschheit einzusetzen. Sie haben bewegliche und flexible Denkprozesse entwickelt, die sich wirksam mit komplexen und mehrdeutigen Problemen auseinandersetzen können. Wenn sie keine Angst mehr haben, sich auf das Leben einzulassen, zeigen sie eine wilde Entschlossenheit, sich mit Fragen zu beschäftigen, bevor diese zu Problemen werden.

Sie werden für eine intellektuelle Offenheit bekannt, die ihnen gestattet, sich von neuen Vorstellungen beeinflussen zu lassen. Ihre Liebe für neue Theorien macht sie zu natürlichen Befürwortern der Veränderung; und sie verstehen neue und aufregende Ideen humorvoll, selbstsicher und sachkundig zu verbreiten. Da sie die Freiheit schätzen, besonders im gedanklichen Bereich, können sie Menschen befreien, indem sie respektvoll andere dazu ermutigen, sich eigene Meinungen zu bilden.

In Spannungssituationen beziehen sie andere in ihre Überlegungen ein und können ihr Urteil zurückhalten, woraus sich eine gesteigerte Bewußtheit und Empathie für die Gefühle und Bedürfnisse anderer ergibt. So können ihnen auch die Fragen anderer wichtig werden. Indem sie Mitgefühl ausüben, heben sie das Bewußtsein der Gesellschaft und bewirken Gerechtigkeit. Ihren besonderen Beitrag können sie häufig durch das Lehren leisten. Das Ergebnis ihrer Transformation ist besonders ihre Beziehungsfähigkeit. In Gesellschaft fühlen sie sich immer wohler und finden tiefere Zufriedenheit darin, sich in Bekanntschaften, Freundschaften und verbindlichen Beziehungen mitzuteilen wie auch auf geistiger Ebene.

Auf diese Weise offenbart sich bei ihnen der Schlüssel zur Transformation. Die goldene Regel hat in ihrem Leben die Bedeutung, daß sie das Wissen, das sie für sich behalten wollten, mit anderen teilen. Fangen sie sich in fehlgeleiteter Motivation, so spüren sie das Bedürfnis, Zeit für sich zu haben, um nachzudenken, zu analysieren, zu abstrahieren und zu begreifen. Ihr wahres Bedürfnis ist jedoch, sich auf das Leben anderer einzulassen. So wird ihr Denken durch die Gesichtspunkte anderer gemäßigt, und ihre Fähigkeit, die Welt auf positive Weise zu beeinflussen, kann sich erweitern.

Ihre Illusion besteht darin, daß sie Glück nur im Alleinsein finden. In Wahrheit aber finden sie das Glück in der Verbindung mit anderen. Private Habsucht wird durch offene Großzügigkeit ersetzt.

Sechs: Die MitstreiterInnen

Göttliches Bild

Das göttliche Bild im Kern des Musters der MitstreiterInnen ist Nezach, die Dauer. Die Dauer ist ausdauernd, ausgeglichen, lebhaft, gemeinschaftsbewußt und hingebungsvoll.

Ausdauernd. Die göttliche Beharrlichkeit begegnet allen Hindernissen mit der festen Entschlossenheit, die Schwierigkeiten unabhängig von persönlichen Kosten zu überwinden.

Lebensbejahung entsteht aus einer stetigen und leidenschaftlichen Fürsorge, die andere auf ihrer täglichen Suche nach dem heiligen Gral der Erfüllung und der Wahrheit ermutigt und stützt.

Reinheit des Herzens aktiviert den Geist zu einer gewissenhaften Suche nach persönlichem und geistigem Wachstum, das zur Gemeinschaft mit anderen erforderlich ist.

Ausgeglichen. Der Glaube an die grundlegende und unzerstörbare Güte des menschlichen Geistes führt zu einer Wertschätzung der Gelassenheit und zu einer Mäßigung extremer Positionen.

Logik und gesunder Menschenverstand übersteigen egozentrische Zielsetzungen und verbinden individuelle Gaben und Werte für das Gemeinwohl.

Aus dem Göttlichen gestärkte Freiheit manifestiert sich durch die schöpferische und liebevolle Unterscheidungskraft, die die Tugenden der Offenheit und des Selbstopfers von der Spreu der Selbstsucht und der Vorurteile trennt.

Lebhaft. Ansteckende Begeisterung und Freude über das Geschenk des Lebens erwecken in den Herzen anderer längst vergessene freudige und wundervolle Erlebnisse.

Die Widerspiegelung der göttlichen Eltern wird durch die Liebe und den Jubel sichtbar, die zum Glück anderer ausgedrückt werden.

Aus dem Leuchten körperlicher Gesundheit entsteht Lebensfreude; das Leuchten geistiger Gesundheit strahlt auf andere aus und vervielfältigt sich in ihnen.

Gemeinschaftsbewußt. Die unwiderstehliche Schlichtheit und unfaßbare Gegenwart des Göttlichen bildet ein zweischneidiges Schwert, das all die Komplexitäten durchschneidet, hinter denen die Gesellschaft ihre Gleichgültigkeit gegenüber sozialen Problemen verbirgt.

Aus dem Schmelztiegel göttlicher Liebe fließt die Nahrung, die das leidenschaftliche Trachten nach Gerechtigkeit und fairer Behandlung für alle am Leben erhält.

Aus der schöpferischen Spannung des Gleichgewichts zwischen Meditation und Aktion entsteht ein göttliches Bewußtsein für Gelegenheiten, zu lehren, zu heilen und die Menschheit zu ihrem angemessenen Schicksal zu führen.

Hingebungsvoll. Das Königreich des Herzens enthält die Schatzkammer der Motivation, zur Mitte des Gemeinschaftslebens zu werden.

Aus göttlichem Mitgefühl und Verstehen ergeben sich tiefe Beziehungen, die allen Versuchungen, Schwierigkeiten und Mißverständnissen widerstehen können.

Der Glaube an die Wichtigkeit des Individuums bringt unermüdliche Bemühungen hervor, den einzigartigen Ausdruck und die Schönheit des Göttlichen zu ermöglichen.

Lebenslange Suche: Stabilisierende werden

Wenn MitstreiterInnen ihr Bedürfnis nach innerer Sicherheit auf der Basis äußerer Gesetze, Normen und Traditionen zurückhalten, so werden sie zu Stabilisierenden. Indem sie das Zentrum ihrer eigenen Autorität und ihres Friedens gewinnen, werden sie zu kraftvollen Ruhepunkten in einer unsicheren und angsterfüllten Welt. Mit ihrer fast unendlichen Geduld, zwischen den Unterschieden der Menschen zu vermitteln, können Stabilisierende Gleichgewicht in jede Gesellschaft bringen, in der sie sich als Mitglieder einsetzen. Sie werden zu ExpertInnen, wenn es darum geht, eine vertraute Atmosphäre zu schaffen, in der neue Ideen ermuntert und Veränderungsmöglichkeiten unterstützt werden. Obwohl sie auch andere Denk- und Verhaltensweisen zu schätzen wissen, verleiht ihre natürliche konservative Neigung ihnen die Fähigkeit, Ecken abzurunden und anderen Menschen in der Kunst, sich in eine Gemeinschaft einzufügen, weiterzuhelfen.

Sie verstehen gerade das richtige Maß an Druck auszuüben, damit andere ihre Wahrnehmungen ausweiten und ihre schöpferische Kraft dazu einsetzen können, den Lebensstandard für alle zu heben. Mit ihrer natürlichen Begabung, Gleichgewicht und Harmonie unter Menschen herbeizuführen und zu erhalten, fördern, errichten und erhalten sie Gemeinschaftswerte auf verschiedenen Ebenen zugleich. Sie lernen die Herausforderung neuer Vorstellungen zu schätzen, besonders wenn diese das Leben der Menschen in ihrer Gemeinschaft verbessern können.

Ihr größtes Ringen wird sich darum drehen, die Würde der einzelnen über ihre eigenen Vorurteile, Meinungen und Regeln zu stellen. Da sie an diesem Aspekt ihrer Persönlichkeit so hart arbeiten müssen, kann die Akzeptanz und die Achtung individueller Freiheit auch zu ihrer größten Stärke werden. Indem sie lernen, sich von wirklichen oder vermeintlichen persönlichen Beleidigungen zu lösen, wird Vergebung zu ihrem besonderen Kennzeichen. Menschen mit Wertesystemen, die sich von den ihren unterscheiden, werden weniger bedrohlich, während ihre Welt und ihre Lebenserfahrung durch neue Interessen, Kenntnisse und Verständnismöglichkeiten erweitert wird.

Auf diese Weise offenbart sich bei ihnen der Schlüssel zur Transformation. Die goldene Regel bedeutet im Leben der Stabilisierenden, daß sie sich ernsthaft darum bemühen, anderen so viel Sicherheit zu vermitteln, wie sie selbst gern fühlen möchten. Fangen sie sich in fehlgeleiteter Motivation, so spüren sie das Bedürfnis nach etwas, das ihre Ängste besänftigt, manchmal nach Regeln, manchmal nach Mißachtung von Regeln, manchmal nach hektischer Aktivität. Ihr wahres Bedürfnis ist jedoch die innere Ruhe, die nur aus stillem Nachdenken entsteht.

Ihre Illusion besteht darin, daß sie Glück nur in der Zugehörigkeit zu einer Gruppe finden können. In Wirklichkeit entsteht ihr Glück jedoch daraus, daß sie ihre innere Autorität entdecken, ausüben und auf ihre Umwelt mit offener Akzeptanz zu antworten lernen.

Sieben: Die TräumerInnen

Göttliches Bild

Das göttliche Bild im Kern des Musters der TräumerInnen ist Hod, die Majestät. Majestät ist schillernd, beharrlich, philosophisch, edel und scharfsinnig.

Faszinierend. Eine überschäumende Einstellung und Lebenssicht kann zum Brunnen werden, aus dem andere lebensspendendes Wasser trinken können.

Lebendigkeit erschafft ein Magnetfeld, das alles Gute des Universums in seinen Rahmen zieht.

Optimistisches und phantasievolles Denken verbinden sich zu einer schöpferischen Vitalität, welche die transzendenten Charakteristika im menschlichen Geist hervorlockt und belebt.

Beharrlich. Die ständige Anwendung von Energie im Leben schafft Vitalität wie auch nützliche Hilfsmittel zum Fortschritt der Menschheit.

Eine positive Einstellung und unerschütterliche Lebensliebe machen aus der irdischen Reise eine Folge von Herausforderungen, durch die Schwierigkeiten und Probleme überwunden werden können.

Hartnäckige Suche und Analyse klären und vereinfachen die Fragen, die einzelne und Völker im Morast der Ineffektivität festhalten.

Philosophisch. Aus der aufmerksamen Beobachtung menschlichen Verhaltens und menschlicher Motive entsteht eine tiefe Sensibilität und Reaktionsfähigkeit auf die menschlichen Verhältnisse.

Die Geheimnisse des Universums warten auf ihre Offenbarung durch Meditation und die entschiedene Entwicklung begrifflicher Systeme.

Von einem kontemplativen Geist strahlen Weisheit und Stärke aus und setzen sich fast magisch in Lehre und Beratung um.

Edel. Kultiviertheit und hohe Ideale zeugen von einer großartigen Liebe und tiefen Wertschätzung des Lebens, die sich in Kunst, Musik, Dichtung und Sprache ausdrücken.

Der beständige Respekt für die individuelle Würde führt zu einem großmütigen und großzügigen Wesen.

Mit königlichem und heldenhaftem Charme wird die Wohltätigkeit gegen alle zur Krone des Ruhmes.

Scharfsinnig. Mit unnachgiebiger Milde wird der menschliche Geist angezogen, das göttliche Geheimnis wahrzunehmen und mit ihm zu verschmelzen.

Wo ein klarer Intellekt, wohlgeschliffene mentale Kräfte und wissenschaftliche Phantasie eingesetzt werden, können die Potentiale der Zukunft in konstruktive Lösungen für die Gegenwart verwandelt werden.

Wenn die Gaben der Gemeinschaft klug und umsichtig angewendet werden, führen sie unversöhnliche Gegensätze unaufhaltsam zu einer geeinten Vision.

Lebenslange Suche: Erleuchtende werden

Wenn TräumerInnen ihr Verlangen nach Bequemlichkeit überwinden können, so werden sie zu Erleuchtenden. Haben sie die Freiheit, die ganze Wirklichkeit des Lebens in den Blick zu nehmen, so können sie ihre mentalen Kräfte zur Lösung von Problemen einsetzen, die man bislang für unlösbar hielt. Sie verbreiten positives Denken und erweitern die Horizonte des Möglichen. Da ihnen kein Problem unüberwindlich erscheint, können sie durch eine vorsichtige Konzentration ihres ständigen Flusses neuer, schöpferischer Ideen konkrete und praktische Lösungen entwerfen.

Aufgrund ihres angeborenen Optimismus sind sie in der Lage, für innovative Projekte eine enthusiastische Unterstützung aufzubringen. Es handelt sich oft um charismatische Persönlichkeiten, die durch ihre fließende und vielseitige Kommunikationsgabe Gruppen auf subtile und angenehme Weise zu Entscheidungen führen können. Erleuchtende sind natürliche PhilosophInnen und LehrerInnen, die auf der praktischen Seite auch unternehmerisch tätig werden und unmögliche Träume wahr werden lassen können.

Sie verfügen über eine wachsende Fähigkeit zur Kommunikation auf der emotionalen Ebene und zum Bestehen emotional schwieriger Situationen. Sie lernen, sich Zeit zur Kontemplation zu nehmen und verwenden diese Erfahrungen, um sich selbst kennenzulernen, persönliches Wachstum zu finden und sich Schwierigkeiten und Schwächen zu stellen. Die Früchte dieser Innenbewegung ernten sie in ihren Beziehungen. Freunde und die Familie werden ihre Kommunikationsfreudigkeit in persönlichen Belangen bemerken.

Auf diese Weise offenbart sich bei ihnen der Schlüssel zur Transformation. Die goldene Regel zeigt sich in ihrem Leben in der Verantwortung für schwierige und unangenehme Projekte, während sie bisher auf egozentrische Weise von anderen erwartet haben, daß diese die Arbeit für sie tun. Fangen sie sich in fehlgeleiteter Motivation, so richtet sich ihr Bedürfnis darauf, alle leidvollen und unbequemen Situationen zu umgehen. Ihr wahres Bedürfnis aber ist die Ausdauer, Freude und Leid so zu integrieren, daß sie sich persönlich für die Verbesserung der Zustände in ihrer Umgebung einsetzen können.

Ihre Illusion besteht darin, daß das Glück in einer unablässig optimistischen Haltung zu finden sei. In Wirklichkeit aber finden sie das Glück durch die Entwicklung des ganzen Spektrums ihrer Gefühle und durch eine realitätsbezogene Hingabe an das Wohl der Menschheit.

Acht: Die KämpferInnen

Göttliches Bild

Das göttliche Bild im Kern des Musters der KämpferInnen ist Jessod, das Fundament. Das Fundament ist geweiht, eifrig, opferbereit, inspirierend und realistisch.

Geweiht. Aus der Verbindung mit dem Göttlichen durch verbindliche Liebe entsteht eine Hingabe an die Beseitigung menschlichen Leides und an die Feier des Lebens.

Indem der menschliche Geist die Heiligkeit der ganzen Schöpfung anerkennt, wird er transparent und offenbart den göttlichen Geist und die Quelle des Lebens und der Güte.

Die Unterwerfung unter die göttliche Autorität schafft die Rahmenbedingungen für einen heiligen Einsatz von Stärke und Macht.

Eifrig. Ein gesunder und begeisterter Einsatz für Gerechtigkeit und Gnade entsteht aus der ständigen Ergebung in die Erfahrung des Göttlichen.

Ein gewissenhafter Ehrgeiz für höhere Ziele öffnet das Tor zum kreativen Denken und zu humanitärem Handeln.

Ein aufrichtiges Anerkennen der menschlichen Zerbrechlichkeit initiiert einen lebenslangen Gang durch den Schmelztiegel göttlichen Mitgefühls.

Opferbereit. Leidenschaftliche Betroffenheit erweitert das menschliche Bewußtsein, um an der Ganzheit und Heiligkeit der Menschheit mitzuarbeiten.

Aus der Abgabe von Macht und Kontrolle und dem darauf folgenden Tod des Ego erhebt sich das Privileg, vom gemeinsamen Brunnen des Lebens trinken und die Verwundeten der Welt zu den gleichen erquickenden Wassern tragen zu dürfen.

Die vergrabenen Schätze des Herzens werden unter hohen persönlichen Kosten und mit übermenschlichen Anstrengungen ausgegraben und in tiefer Nähe mit anderen geteilt.

Inspirierend. Durch ein schöpferisches Leben und hohe Ideale wird in den Herzen der Niedergetretenen das Feuer der Hoffnung und Entschlossenheit entflammt.

Ein erfinderischer Umgang mit Schwierigkeiten vertreibt die Verwirrung und verleiht dem menschlichen Geist Energie und Selbstvertrauen.

Lebhaftigkeit und Lebenslust verbinden sich zu einem ansteckenden Katalysator, der den Visionen, Potentialen und dem Schicksal anderer Kraft verleiht.

Realistisch. Gesunder Menschenverstand und Phantasie verbinden sich, um in der materiellen Welt mit Hilfe gesunder Mittel Fortschritt und Verbesserungen zu bewirken.

Eine Verwurzelung im Naheliegenden und Wahren schafft ein unfehlbares Richtungs- und Sinngefühl.

Echtheit, Selbstdisziplin und starke Liebe sind die Tugenden, durch die sich Himmel und Erde in einer natürlichen und tiefgreifenden Harmonie vereinen.

Lebenslange Suche: MenschenfreundInnen werden

Wenn KämpferInnen ihr Bedürfnis bewältigen können, ihre Kraft zum Selbstschutz einzusetzen, werden sie zu MenschenfreundInnen. Statt dessen setzen sie ihre Stärke, ihren Einfluß und ihren Überschwang zum Wohle anderer und für die universelle Gerechtigkeit ein. Sie können andere auf kraftvolle und zugleich mitfühlende Art führen. Furchtlos setzen sie ihre Mittel und ihren Ruf aufs Spiel, um die Bürde des Unrechts zu erleichtern und erlangen große Fertigkeit darin, notwendige Veränderungen herbeizuführen. Sie sind praktische InnovatorInnen, deren Fähigkeiten zur Schlichtung sich dann erweisen, wenn sie sich für individuelle Rechte in der Gesellschaft einsetzen.

Da sie Motive genau deuten können, mäßigen sie ihren politischen Instinkt durch Sensibilität und Mitgefühl. Sie überzeugen andere von der Richtigkeit einer Vision, indem sie diese auf eine Weise mitteilen, die an die Tiefen der menschlichen Seele rührt. Sie motivieren andere und können sie auf kreative Weise dazu bewegen, diese Vision zum allgemeinen Wohl umzusetzen. Indem sie Verantwortung verteilen und koordinieren, bringen sie ein unerschütterliches Gruppengefühl hervor.

Sie zeigen in persönlichen Beziehungen ein wachsendes Bewußtsein der Gefühle und Bedürfnisse anderer; und ihr Verlangen nach einer Verständigung vom Herzen her öffnet ihnen neue geistige Tiefen. Wenn der Kontakt mit dem Göttlichen sie von Hintergedanken befreit, wird ihr Leben von Gnade und humanitären Zielen bestimmt. Wo sie ihre scharfsinnigen Beobachtungen und Strategien einbringen, erwecken sie bei anderen die Stärke, sich Problemen und Schwierigkeiten zu stellen.

Auf diese Weise offenbart sich bei ihnen der Schlüssel zur Transformation. Die goldene Regel nimmt in ihrem Leben die Bedeutung an, Stärke, die zuvor egozentrisch eingesetzt wurde, mit anderen zu teilen. Sie müssen lernen, anderen die gerechte Behandlung zukommen zu lassen, die sie für sich selbst gefordert hatten. Fangen sie sich in fehlgeleiteter Motivation, so entsteht bei ihnen das Bedürfnis nach Einfluß in bestimmten Situationen, so daß sie sich und ihre Interessen schützen können. Das wirkliche Bedürfnis der MenschenfreundInnen richtet sich aber auf Barmherzigkeit und Mitgefühl und auf die daraus entstehende Einheit mit anderen.

Ihre Illusion besteht darin, daß Glück nur in der Beherrschung von Menschen und Situationen durch die eigenen Pläne zu finden sei. In Wirklichkeit finden sie ihr Glück aber durch die frohe Erfahrung, Teil der menschlichen Familie zu sein und die Gefühle, Bedürfnisse und Sorgen anderer in die eigenen Ziele mit einzuschließen.

Neun: Die BewahrerInnen

Göttliches Bild

Das göttliche Bild im Kern des Musters der BewahrerInnen ist Schechina, die göttliche Gegenwart. Göttliche Gegenwart ist mitfühlend, unvoreingenommen, schlicht, erfinderisch und mystisch.

Mitfühlend. Geduld und Großzügigkeit sind die stets gegenwärtigen Tugenden auf einer Reise, die Menschen zu GefährtInnen werden läßt und der menschlichen Seele Leben einhaucht.

Toleranz erweitert das Herz und läßt alle Grenzen einstürzen, um schließlich die ganze Menschheit in Liebe zu umfangen.

Die Rücksicht auf andere verschmilzt mit einem selbstlosen Verstehen, das die Schwachen in Zeiten der Niedergeschlagenheit aufrecht hält.

Unvoreingenommen. Der Mangel jeder Spur von Vorurteilen und die uneingeschränkte moralische Integrität bringen eine Weisheit hervor, die in der Welt Einheit und Frieden vermitteln kann.

Wo es um wesentliche Werte und menschliche Bedürfnisse geht, ist das Ringen um Rücksicht auf alle der schmale Weg zur göttlichen Gerechtigkeit.

Ernsthaftigkeit und Verständnis bilden das Kräftegleichgewicht, das mitten in Konflikten und Schwierigkeiten eine bleibende innere Harmonie sichert.

Schlicht. Die Abwesenheit von materiell Überflüssigem führt zu einer Einfachheit des Lebens, die göttliche Wahrheiten und Werte klar offenbaren kann.

Die Schönheit und der Frieden der Natur nähren die Seele und erweitern das Bewußtsein zum Begreifen der göttlichen Weisheit.

Eine einfache Moral und ein verzeihendes Herz bringen eine Klarheit der Seele hervor, durch welche das göttliche Licht auf die Menschheit scheinen kann.

Erfinderisch. Selbstloser Dienst durch den klugen Einsatz der verfügbaren Gaben der Erde aktiviert einen schöpferischen und begabten Geist.

Die geschickte Anwendung von Prinzipien auf praktische Probleme bringt einen Erfindungsreichtum hervor, der die Fähigkeiten des Verstandes erweitert.

Die ständige Dankbarkeit für die bereits empfangene göttliche Liebe rüstet den Geist für den vor ihm liegenden Aufstieg.

Mystisch. Selbstbewußtheit und Selbsterkenntnis umhüllen die Seele in ihren eigenen inneren Konflikten und enthüllen ein Verlangen nach Einheit mit dem Göttlichen.

Die Offenbarung des göttlichen Antlitzes im Inneren inspiriert Größe in der Seele und ruft sie über sich selbst hinaus, um ihr kosmisches Potential zu enthüllen.

Mit Hilfe einer im Schmelztiegel des Selbstverständnisses geklärten geistigen Kraft kann die Erkenntnis der universellen Werte die wahre Bedeutung des Lebens erhellen.

Lebenslange Suche: UniversalistIn werden

Wenn BewahrerInnen ihr Bedürfnis nach Frieden um jeden Preis, auch um der Abwertung aller Personen oder Situationen, die ihre Ruhe stören könnten, überwinden, so werden sie zu UniversalistInnen. Statt dessen lernen sie, im Leben Stellung zu beziehen und Verantwortung auch über persönliche Befriedigung hinaus anzunehmen, wobei sie ihre Stärke dazu einsetzen, die Leidenschaft für das Leben bei anderen zu ermutigen, statt sie zu ersticken. Ihr Lebensziel wird die Förderung selbstlosen Dienstes. Dieses Ziel erreichen sie durch eine aktive Akzeptanz und ein Interesse an anderen, unabhängig von deren Ideen, Ansichten und Vorurteilen. Wegen ihres universellen Respektes vor der Menschheit entwickeln sie die Fähigkeit, in jeder Situation Konflikte zu lösen und Frieden zu verbreiten.

Indem sie aus ihren eigenen tiefen Quellen zehren, bewegen sie sich mit einer stillen, inneren Kraft durch das Leben und oft auch mitten durch verwirrende Situationen. Streß und Aufregung stören sie nicht. Wenn eine Situation es erfordert, so übernehmen sie auf würdige und unmittelbare Weise Verantwortung. Still setzen sie hohe Gerechtigkeitsideale in ihrem persönlichen Leben um.

Sie können bei anderen hervorragend schöpferische Ideen und Potentiale unterstützen, bekräftigen und ermuntern. Ihre eigenen Vorstellungen teilen sie frank und frei mit und lernen, ihre Werte und Gefühle bescheiden und ungeschützt auszudrücken. Sie sind wegen ihrer Umgänglichkeit und herzlichen Gastfreundlichkeit bekannt. Andere werden durch ihre Hingabe an Organisationen inspiriert, die für hohe Ideale beispielgebend sind und durch Dienen führen.

Auf diese Weise offenbart sich bei ihnen der Schlüssel zur Transformation. Die goldene Regel bedeutet in ihrem Leben, an der Freisetzung ihrer Lebensfreude zu arbeiten, die durch ihr zwanghaftes Verlangen nach Frieden gefangen gehalten wurde, und dadurch auch Leidenschaft für Größe und Freiheit bei anderen hervorzurufen. Ihr eigener Friede entsteht, indem sie sich leidenschaftlich auf Beziehungen einlassen und in Familie und Gemeinschaft ihren Teil der Verantwortung tragen. Werden BewahrerInnen in fehlgeleiteter Motivation gefangen, so haben sie das Bedürfnis, durch Unterdrückung von Leidenschaften, Vermeidung echter Beziehungen und Ignorieren wichtiger Probleme und Personen Ruhe zu gewinnen. Ihr wirkliches Bedürfnis ist jedoch, ihre eigene Wichtigkeit und ihre tiefe Leidenschaft für das Leben zu erkennen und diese Werte bei anderen zu achten.

Ihre Illusion besteht darin, daß sie Glück nur zu finden meinen, indem sie Verantwortlichkeiten abstreifen und ein glattes, lockeres Äußeres beibehalten. In Wirklichkeit finden sie ihr Glück jedoch, indem sie die Tiefe und Weite ihrer Gefühle und ihre Liebe zum Leben anderen eröffnen, und dadurch ihre universelle Liebe und Hingabe gestalten und mitteilen, die sie schließlich zur Arbeit an Gerechtigkeit und Frieden für alle Menschen führen.

Überwindung der Illusionen

Der Schwan kann uns vom Anfang bis zum Ende unseres Lebens als ein Leitsymbol dienen. Das Bild des Schwanes mit seinem langen, anmutigen Hals als phallischem Symbol und seinem weichen, gerundeten Körper als weiblichem Symbol ruft Visionen der Ganzheit wach, der Integration von Kraft und Anmut sowie von männlichen und weiblichen Komponenten in jeder Person. Wie die Weisheit des Enneagramms selbst verkörpert der Schwan Geheimnis und Verheißung der Harmonie durch Komplexität und Vielfalt.

Der Ausdruck »Schwanengesang« drückt den mythischen Glauben daran aus, daß Schwäne im Augenblick ihres Todes besonders süß singen. Dieses Lied soll die Seele der ZuhörerInnen ansprechen und enthüllt dadurch die geheime Sehnsucht nach der Illusion, an der alle hängen. Doch muß gerade diese Illusion sterben, bevor wir uns zur Höhe der Transformation und Auferstehung erheben können.

Seit unvordenklichen Zeiten hat die Erscheinung eines weißen Schwanes, der graziös über ein funkelndes Gewässer gleitet, die unergründliche Sehnsucht angerührt, unser Leben der Reise zur Transformation zu widmen. Wenn eine solche Umkehr ernst gemeint ist, beginnen wir unweigerlich den in verlockende Nähe rückenden Traum einer Welt zu träumen, in der Gewalt und Trennung überwunden sind und die Einheit durch individuelle Transformation erreicht ist.

Sofern wir für uns und andere kein Rätsel mehr sein müssen, können wir unsere Kräfte auf die Offenbarung unseres wahren Wesens als eines heiligen Mysteriums lenken. Und während wir versuchen, das göttliche Bild im Kern unseres Wesens zu manifestieren, machen wir den Traum von einer Welt des Verständnisses und der Einheit ein Stück wirklicher. Dieser Traum entsteht in uns, wenn wir das durch die geheime Weisheit des Enneagramms enthüllte Versprechen der Wandlung in unser tiefstes Wesen aufnehmen.

Kapitel 9
Bepflanze deinen Garten, bewässere deine Seele
Vom Zwang zur Freiheit

Bald lernst Du den feinen Unterschied,
Eine Hand zu halten oder eine Seele anzuketten;
Und Du lernst, daß Liebe nicht Anlehnung bedeutet
Und Gemeinschaft nicht Sicherheit.
Und Du lernst, Deine Niederlagen anzunehmen
Mit erhobenem Kopf und offenen Augen,
Mit der Würde des Schülers
Und nicht mit dem Trotz eines Kindes.
Und Du lernst, daß in der Dunkelheit des
  Kämpfens
Sich Annahme und Ergebung vermählen,
Um Dich mit neuem Leben zu erfüllen.
Und mit der Zeit lernst Du, daß selbst der
  Sonnenschein
Brennt, wenn Du ihm zu lange ausgesetzt bist.

So bepflanze Deinen eigenen Garten
Und bewässere Deine eigene Seele,
Statt auf jemanden zu warten,
Der Dir Blumen bringt.
Und Du bist wirklich stark
Und Du bist wirklich wertvoll
Und Du lernst und lernst...
So sicher der Morgen kommt... Du lernst.

(Autor unbekannt)

Es wäre eine Nachlässigkeit von uns, dieses Buch abzuschließen und die kraftspendende Botschaft des Enneagramms auf einer Höhe zu lassen, die als Phantasiegeschichte mißverstanden werden könnte. Die Untersuchung des göttlichen Bildes und der lebenslangen Suche eines jeden Musters offenbart die edle Bestimmung einer jeden Person, die sich zur harten Arbeit des Erwachens und der Bewußtwerdung entscheidet. Doch wenn wir unsere

Füße nicht fest auf der Erde unseres alltäglichen Lebens gegründet lassen, verkehren sich diese hohen Gedanken und Möglichkeiten schnell in Tagträume und Phantasien. Obwohl das Enneagramm sicherlich eine inspirierende innere Weisheit vermittelt, soll es doch auch praktisches Wissen bieten, das uns ermöglicht, auf gesunde und lebensfördernde Weise zu leben, zu arbeiten und Beziehungen zu gestalten.

Die im Enneagramm enthaltene Wahrheit ist nicht deshalb wahr, weil jemand dies behauptet. Weisheit wird dann zur Wahrheit, wenn wir sie im Leben anwenden und die positiven Wirkungen der Transformation, der Heilung, der Freiheit und des Friedens im Laufe der Zeit unser Leben zu durchdringen beginnen.

Wir gehen davon aus, daß das Enneagramm für Sie zur Wahrheit werden wird, weil Sie es in sich aufnehmen, seine Weisheit verstehen und sich aus den sinnlosen Verhaltensmustern herausentwickeln, die Sie an einem Leben in Freiheit gehindert haben. Die verborgene Verheißung Ihrer Persönlichkeit wird sich, wie die Blätter einer Knospe, täglich entfalten, wobei kleine und oft scheinbar unbedeutende Schwächen sich zu unvorstellbaren Stärken wandeln. Die Wahrheit wird Ihnen zu einer dynamischen, lebendigen und wachsenden Wirklichkeit, weil Sie Ihren eigenen Garten bestellen und Ihre eigene Seele bewässern. Sie werden selbst zur Wahrheit.

Dieses letzte Kapitel ist für all diejenigen unter uns geschrieben, die es müde sind, nur den Gartenweg entlanggeführt zu werden, und sich entschlossen haben, ihre eigene Gartenarbeit zu erledigen und eigene Pfade anzulegen. Obschon das Bepflanzen eines inneren Gartens sich deutlich vom Anlegen eines Gartens im Hinterhof unterscheidet, gibt es einige Grundprinzipien, denen GärtnerInnen beiderlei Art klugerweise folgen sollten.[1]

Als erstes arbeiten ernsthafte GärtnerInnen daran, ihren Boden zu verbessern, statt mit schwierigem Boden weiterzuleben. Irgend etwas wird auf fast jedem Boden wachsen, zumindest Unkraut. Doch welcher Gärtner möchte einen Garten haben, dessen Boden nur begrenzte Möglichkeiten bietet, statt ihn nach seinen eigenen Wünschen umzugestalten?

Bei entsprechendem Klima kann jeder Boden so modifiziert werden, daß darauf die Pflanzen wachsen, die die GärtnerInnen anbauen möchten. Das Schlüsselwort heißt hier: *modifizieren*. GärtnerInnen verwerfen den Boden nicht, sondern fügen die Nährstoffe hinzu, die ihn in ein reiches und fruchtbares Gleichgewicht bringen.

Wie beginnen Sie nun, einen Garten zu planen? Als ersten Schritt kümmern Sie sich um eine objektive Bodenanalyse, die Ihnen folgende Fragen beantwortet: Wie ist Ihr Boden zusammengesetzt? Welche natürlichen Stärken und Einschränkungen bietet er? Welche Nährstoffe fehlen, um die erwünschten Arten und Qualitäten an Pflanzen wachsen zu lassen? Um eine solche Bodenanalyse zu bekommen, müssen Sie eine Handvoll Erde in ein Laboratorium einsenden.

Oberflächlich betrachtet mag es grundlegend und simpel klingen, eine Handvoll Ihrer inneren Erde für eine innere Bodenanalyse abzugeben. Grundlegend ja, aber nicht simpel. Wenn der Zweck einer solchen Bodenanalyse in der Modifikation des Bodens liegen soll, so konfrontiert uns schon der erste Schritt mit der Hauptschwierigkeit des menschlichen Wesens: Wir wissen gar nicht, ob wir wirklich eine Modifikation wollen. Wir hängen sehr daran, daß die Dinge bleiben, wie sie sind. Wir zeigen eine sture Entschlossenheit, gute Saat in den gleichen Boden zu werfen – immer wieder mit der falschen Hoffnung, daß aus irgendwelchen magischen Gründen die Ernte dieses Jahr besser sein wird.

Jährlich verschwenden AmateurgärtnerInnen genügend Kubikmeter Wasser, um eine ganze Wüste zur Oase zu machen, nur um ein paar verschrumpelte – aber selbst angebaute – Tomaten zu ernten. Wird es ihnen im nächsten Frühjahr zu peinlich sein, auf ihren Flecken Boden zurückzukehren, um ein neues Beet mit Setzlingen zu bepflanzen? Keinesfalls! Sollte ihnen der Garten auch in diesem Jahr wieder nicht gelingen, können sie es immer noch Mutter Natur vorwerfen, die nicht für das richtige Wetter gesorgt hat, oder dem Nachbarn, der ihren Garten während des Urlaubs nicht genügend gegossen hat.

Wir mögen über solche leicht durchschaubaren Ausreden lachen, doch praktizieren wir in unseren inneren Gärten stets das gleiche Prinzip. Wir hängen an unserer Handvoll Erde und wollen sie nicht loslassen, wobei wir ständig glauben, die Lebensumstände oder andere Menschen seien der Grund für den Mangel an Glück oder Wachstum in unserem Leben. Darüber hinaus lähmt uns die Aussicht auf eine innere Bodenanalyse. Was geschieht, wenn ich meinen Boden in ein Labor schicke und er dort verwechselt wird? Verschwende ich dann meine Kräfte darauf, die Probleme anderer Leute zu lösen? Lohnt es sich denn wirklich, Zeit und Mühe auf den Anbau eines Gartens zu verwenden, insbesondere eines inneren Gartens? Wäre es nicht viel sinnvoller, mein Leben akzeptieren zu lernen, meinen Boden, die Dinge, wie sie sind, und das Beste daraus zu machen, ohne diese innere Arbeit so ernst zu nehmen? Das alles sind richtige Fragen und verbreitete Ängste, und nur Sie selbst können entscheiden, welche Antwort für Sie die richtige ist. Es ist immer riskant, das Gewohnte für das Unbekannte aufzugeben, und es gibt keine Garantien. Doch oft machen wir uns nicht bewußt, daß selbst dann, wenn wir uns an das Vertraute klammern, unsere einzige Sicherheit die ist, daß nichts sicher ist.

Sie müssen sich deshalb folgende Fragen beantworten: Bin ich bereit, das vertraute und bequeme Selbstbild aufzugeben, um die genaue Seelenanalyse mit allen Stärken und Schwächen zu bekommen, wie das Enneagramm sie bietet? Ist es der Mühe wert? Lohnt sich der Schock? Will ich die Verantwortung haben?

Vor ein paar Jahren stießen wir auf folgende Geschichte, die sehr tiefsinnig illustriert, daß uns weder im Leben noch im Tode irgendwelche Versprechungen gemacht oder Garantien gegeben werden. Wenn Sie immer noch das Risiko fürchten, Ihren vertrauten, aber versagenden Garten der Zwänge für den unbekannten, grünen Garten der Wandlung abzugeben, wird Ihnen diese Geschichte vielleicht helfen, Ihr Dilemma zu lösen.

Es war einmal ein alter Mann auf der wunderschönen Insel Kreta. Seine Liebe zu seinem Land war tief und schön. Als er bemerkte, daß er sterben würde, ließ er sich von seinen Kindern nach draußen bringen und auf seine geliebte Erde legen. Bei seinem letzten Atemzug griff er neben sich und nahm etwas Erde in seine Hände. Er starb als ein glücklicher Mann.

Nun trat er vor die Tore des Himmels. Als alter Mann mit weißem Bart kam Gott hinaus, ihn zu grüßen. »Willkommen«, sprach er, »du bist ein guter Mann gewesen. Komm mit hinein in die Freuden des Himmels.« Als aber der alte Mann auf die Himmelstür zuging, sprach Gott: »Aber bitte, du mußt die Erde loslassen.«

»Niemals!« sagte der alte Mann und trat zurück. »Niemals!«

Da ging Gott traurig fort und ließ den alten Mann vor den Toren. Zeitalter verstrichen, da kam Gott wieder heraus, diesmal als ein Freund, ein alter Trinkgefährte. Sie nahmen ein paar Schluck, erzählten sich alte Geschichten, und dann sprach Gott: »Nun, es wird jetzt Zeit, in den Himmel zu gehen, mein Freund. Also los.« Und sie gingen auf die Himmelstür zu. Und wiederum bat Gott den alten Mann darum, seine Handvoll Erde loszulassen, und wiederum weigerte er sich.

Weitere Zeitalter gingen vorüber. Da kam Gott wieder heraus, dieses Mal als eine frohe und verspielte Enkeltochter. »Ach, Opa«, sagte sie, »du bist so lieb, und wir vermissen dich alle. Komm doch bitte mit herein.« Der alte Mann nickte, und sie half ihm auf, denn mit der Zeit war er nun sehr alt und gebrechlich geworden. Ja, er war so gebrechlich, daß er seine rechte Hand, die die Erde Kretas hielt, mit der linken stützen mußte. Als sie auf die Himmelstür zugingen, verließen ihn seine Kräfte. Seine verkrümmten Finger ließen sich nicht mehr zu einer Faust zusammenhalten, und der Boden rieselte zwischen seinen Fingern durch, bis die Hand leer war. Dann betrat er den Himmel. Das erste, was er sah, war seine geliebte Insel.[2]

Für all diejenigen, die bereit sind, eine Handvoll des Gewohnten ohne Garantie für das Unbekannte zu riskieren, folgt hier eine geraffte Bodenanalyse für die neun im Enneagramm verborgenen Gärten.

Eins: PerfektionistInnen werden zu WegbereiterInnen

Grenzen des Bodens

PerfektionistInnen sind ernsthafte Menschen, deren Bodenoberfläche von den vier Winden fortgetragen wird, während sie ihre Lebensperspektive verlieren und durch Details an die Erde gebunden werden. Ihr unbewußter Zwang, jede vor ihnen liegende Aufgabe zu vollenden, verlangt ihnen eine solche Entschlossenheit ab, daß daraus Wut und Ärger entstehen. Da sie sich selbst zu hohe Maßstäbe setzen, rückt ihnen ihr Ziel immer gerade außer Reichweite. Diese überverantwortlichen Menschen werfen sich dann selbst vor, es nicht intensiver versucht zu haben und nicht weiter vorgedrungen zu sein.

Als ordentlichen und schwer arbeitenden Menschen wird ihnen nie bewußt, daß auch sie einen Teil an dem sie umgebenden Chaos haben. Sie haben vielmehr den Eindruck, daß andere ihr großzügiges Wesen ausnutzen. Dabei erkennen sie nicht, daß ihr übertriebenes Verantwortungsgefühl und ihr Verlangen danach, für gut gehalten zu werden, die eigentliche Wurzel des Problems sind. Die Winde der Ungeduld, der Selbstkritik und der Kritik an anderen führen zu einer so starken Erosion, daß nur ein schwaches Selbstbild zurückbleibt.

Modifikation des Bodens

PerfektionistInnen müssen ihre tödliche Umklammerung mit der Verantwortung lösen und sich an einer kühlen Brise erfrischen können, statt sich vom Wind forttragen zu lassen. Sie müssen lernen, zu lachen und zu spielen und sich oder das Leben nicht zu ernst zu nehmen. Sie brauchen dringend kurze Auszeiten, in denen sie ihre Prioritäten neu setzen und einen allgemeinen Blick auf das Leben werfen können, damit sie eine weitere Perspektive bekommen, die ihnen den Sinn und die Bedeutung ihres Lebens zeigt.

Sie müssen sich Zeit nehmen, über den Sinn von Verantwortung nachzudenken und zu lernen, für ihr eigenes Leben verantwortlich zu sein, anderen aber die Verantwortung für ihr Leben zu lassen. Zwei wichtige Fragen für PerfektionistInnen sind: Wohin gehe ich in meinem Leben? Und: Wie komme ich dahin?

Stärken des Bodens

Das göttliche Bild der PerfektionistInnen ist die Weisheit. Sie verfügen über eine angeborene praktische Weisheit, die sie im täglichen Leben gewissenhaft und kreativ anwenden. Sie sind natürliche Führungspersonen, weil sie ethisch, loyal und realistisch sind und tiefe Achtung vor der Erde und allen Lebewesen haben. Im Fortgang ihrer inneren Wandlungsarbeit werden sie feststellen, daß ihre Weisheit sich auf unsichtbare wie auch sichtbare Wirklichkeiten ausweitet.

Zwei: HelferInnen werden zu GefährtInnen

Grenzen des Bodens

Bei HelferInnen zeigt sich ein üppiges, grünes Oberflächenwachstum, das sich schnell mit allen umgebenden Lebensformen vernetzt. Da sie es vermeiden, an ihrem Innenleben zu arbeiten, verschrumpeln ihnen viele Früchte noch am Stamm – Projekte, die nie ganz zu Ende gebracht wurden, und wichtige private Entscheidungen, die sich selbst überlassen blieben. In ihrem Privatleben breiten sich Impulsivität und ein Mangel an Disziplin aus.

Sie sind so stark in das Leben anderer einbezogen, daß sie in ihren eigenen Gefühlen und Bedürfnissen nicht mehr verwurzelt sind. Sie kommen deshalb zu der Überzeugung, daß ihre Existenz von erhaltener Anerkennung und Dankbarkeit abhängt. Ihr Leben erhält nur dadurch Sinn, daß sie andere verhätscheln und für andere sorgen. Obwohl ihre innere Einstellung eigentlich besitzergreifend und manipulativ ist, werden sie von anderen wie »Heilige« behandelt. Deshalb fällt es ihnen schwer, sich aus den Verwicklungen herauszuziehen und ihren eigenen Garten zu pflegen. Geht der Rückzug umgekehrt von anderen aus, so wenden HelferInnen sich schnell grüneren Weiden zu.

Modifikation des Bodens

HelferInnen müssen die Wurzeln ihrer persönlichen Bedürfnisse und Gefühle tief in den Boden versenken. Sie müssen es lernen, sich direkt mitzuteilen, sich Ziele zu setzen, Selbstbeherrschung zu pflegen und eine Bestimmtheit zu entwickeln, die es ihnen ermöglicht, sich gesunde Grenzen zu setzen, die in ihrem Leben bisher gefehlt haben.

Wenn sie ihr Leben nicht mehr von eigenen oder fremden Gefühlen bestimmen lassen, dann gewinnen sie die Freiheit zu vernünftigen Entscheidungen, die nicht mehr nur auf äußerem Anschein beruhen. Sie können sich dadurch Gutes tun, daß sie sich für Ideen öffnen, die ihre Überzeugungen in Frage stellen und sich mit Büchern, Kursen und Menschen auseinandersetzen, die anders sind als sie selbst, statt sich immer wieder ihre Annahmen, Ideale und Maßstäbe bestätigen zu lassen.

Stärken des Bodens

Das göttliche Bild der HelferInnen ist das Verständnis. Sie haben die Gabe, andere zu stärken und sich in der Vielschichtigkeit menschlicher Bedürfnisse und Gefühle auszukennen. Ihre Fähigkeit, vorurteilsfrei zuzuhören, gibt ihnen im Bereich der Vermittlung und Diplomatie zahllose Möglichkeiten.

Durch die Transformation verbindet sich ihr sanfter, gewaltfreier, fürsorglicher und empfänglicher Charakter mit Selbsterkenntnis und Selbstbewußtheit.

Drei: GewinnerInnen werden zu Motivierenden

Grenzen des Bodens

GewinnerInnen sind auffällige Menschen, die bei sich und ihrer Arbeit übergroßes Gewicht auf das äußere Erscheinungsbild legen. Das ist die Falle, die sie dazu verleitet, sich nur an Bestätigung aus äußeren Quellen zu halten. Da sie das Innenleben und die persönliche Dimension unterbewerten, zögern sie nicht, alles – sich, andere, die Umstände – zum Gewinn von Anerkennung einzusetzen.

Aufgrund der Geringschätzung des Innenlebens steigt ihre Entschlossenheit, auf ihre Umgebung Kontrolle auszuüben. Doch kann kein Erfolg der Welt die aus dieser Vernachlässigung entstehende innere Leere füllen. Im Bereich ihrer Beziehungen entwickeln sie hauptsächlich oberflächliche Bekanntschaften, die nicht viel Mühe kosten. Es besteht immer die Gefahr, daß sie überheblich, kalt und sogar grausam werden, weil sie ihre Verletzlichkeit mit undurchdringlichen Mauern aus Schutzmechanismen umgeben. Aber nur die Verletzlichkeit kann ihre Persönlichkeit mildern.

Modifikation des Bodens

Die Welt der persönlichen Beziehungen und Gefühle kann das zementartige Grundgestein aufbrechen, das unter der scheinbar gesunden Bodenoberfläche der GewinnerInnen liegt. Die Feuchtigkeit, die ein echtes Selbst zum Wachsen braucht, entsteht dann, wenn sie es langsamer angehen lassen und sich Zeit für Freundschaften und für ihr Innenleben nehmen.

GewinnerInnen müssen ihre vielfältigen Interessen sammeln, die sie in ständiger Bewegung halten. Für diese starken, sturen und zielstrebigen Menschen ist eine objektive Selbstbeobachtung besonders notwendig, damit sie bemerken, wie sie mit ihren Worten und Meinungen Beziehungen unterhöhlen. Sie sollten sich ein persönliches Tagebuch ihrer Gefühle, Sehnsüchte und persönlichen Einsichten anlegen – nicht ihrer Ideen und Pläne.

Stärken des Bodens

Das göttliche Bild der GewinnerInnen ist die Liebe. Als optimistische Visionäre haben sie die Fähigkeit, andere zu herausragenden Leistungen zu inspirieren. Ihre natürlichen Führungsqualitäten, Kreativität und Einsatzbereitschaft beziehen sich sowohl auf die vorliegenden Aufgaben wie auch auf das Ziel. Sie können ihre hohe Fertigkeit im Lesen der verborgenen Motive anderer Menschen zum Guten oder Schlechten einsetzen. Ihre tiefe Sorge für andere ist ein verschwendetes Gefühl, bis sie es durch die Transformation auszudrücken lernen.

Vier: IndividualistInnen werden zu Aufbauenden

Grenzen des Bodens

Der Boden der IndividualistInnen hat Abflußprobleme, was sie in die stete Gefahr bringt, in einer stagnierenden Lage emotionalen Leides zu ertrinken. Diese innerlich starken Menschen scheinen äußerlich zart und sogar zerbrechlich. Ihre hohe Konzentration auf den persönlichen Bereich sorgt dafür, daß sie alles persönlich nehmen, alle Bemerkungen, Ideen, Projekte und Andeutungen. Diejenigen, die den Kommentar gemacht oder eine Vorstellung ausgesprochen haben, fühlen sich deshalb verwirrt und frustriert, wenn die IndividualistInnen darin ihr inneres Bedürfnis befriedigen, Mittelpunkt der Aufmerksamkeit zu sein.

Aufgrund ihrer emotionalen Maßlosigkeit, ihrer mangelnden äußeren Disziplin und ihres Verlangens, umsorgt zu werden, werden sie zu meisterhaften Manipulatoren von Menschen. Die Kombination gut entwickelter verbaler Fähigkeiten, ihr dramatisches Flair und ihr Pessimismus lassen sie oft gerade dann arrogant erscheinen, wenn sie sich eigentlich unsicher und unfähig fühlen.

Modifikation des Bodens

Die Drainageprobleme der IndividualistInnen lassen sich durch harte Arbeit, Disziplin und die Ausrichtung ihrer Kräfte auf das Tun statt auf das Fühlen lösen, wobei sie auch ein gesundes Ventil für ihren schöpferischen Genius finden. Die Deutung des Lebens anhand ihrer persönlichen Gefühle muß einer objektiveren, nüchterneren und genaueren Wahrnehmung Platz machen.

Wenn sie von Emotionen überwältigt werden, werden sie gelähmt und brauchen körperliche Bewegung, um wieder ins Gleichgewicht zu kommen. Jede Aktivität – Spazierengehen, Briefe schreiben, Blumen umtopfen oder Hausarbeit – kann den inneren Druck lösen und ihrer Kraft neue Richtung geben. Mit der Zeit wird es den IndividualistInnen leichter fallen, ihre negativen Einstellungen zu erkennen und sich bewußt positive Gegenstücke zu suchen, woraus sie ein gesundes und positives Selbstbild ziehen können.

Stärken des Bodens

Das göttliche Bild der IndividualistInnen ist die Kraft. Diese empfänglichen Menschen haben eine tiefe Liebe und Bewunderung für andere. Ihre bemerkenswerte Sensibilität, die nach innen gerichtet solchen Schmerz verursacht, wird in der Außenwelt zur Quelle von Originalität und Kreativität. Sie haben eine natürliche Gabe, klar zu denken und geschickt mit Worten und Vorstellungen umzugehen, und entdecken mit fortschreitendem Transformationsprozeß endlose Gelegenheiten, die ihnen hierfür zur Verfügung stehen.

Fünf: BeobachterInnen werden zu ForscherInnen

Grenzen des Bodens

BeobachterInnen verbringen ihr Leben mit dem Analysieren und nochmaligen Analysieren und der Modifikation des Bodens, ohne jedoch jemals dazu zu kommen, etwas zu pflanzen. Sie haben Freude daran, den Garten des Lebens aus sicherer und ruhiger Distanz heraus zu untersuchen und zu überprüfen. Da sie selbst nur beobachten und nachdenken, ohne sich persönlich einzulassen, können sie leicht die Gefühle, Schmerzen und Bedürfnisse anderer als oberflächlich abwerten.

Da sie sich wenig auf den Alltag einlassen und extrem viel Zeit allein mit Nachdenken und Grübeln verbringen, entsteht dadurch leicht die Situation, daß Familienmitglieder ihre sozialen Belange miterledigen. Ihre mentale Maßlosigkeit findet unbewußt ein Gegengewicht in impulsiven Anfällen zur gierigen Befriedigung ihrer körperlichen Gelüste oder ihres Verlangens nach materiellem Besitz. Durch ihren kryptischen, unpersönlichen Kommunikationsstil sorgen sie für Entfremdung, die sie als das alleinige Problem der anderen interpretieren. Andere wiederum schätzen sie als übersensibel, zu gefühlsbetont und deshalb nicht objektiv ein.

Modifikation des Bodens

Die Lösung für den Garten der BeobachterInnen ist einfach. Sie müssen die Saat der persönlichen Beteiligung am Leben säen und anfangen, Zeit mit engen Beziehungen zu »verschwenden«, sie müssen lernen, die Gefühle und Bedürfnisse bei sich und anderen zu achten. Obwohl sie nie erwartet haben, daß andere oder das Leben ihnen etwas schenken, was sie nicht verdient haben, glauben sie nicht dafür verantwortlich zu sein, die Welt besser zu hinterlassen als sie sie vorfanden.

Diese Haltung korrigieren sie, indem sie Beiträge für die Welt leisten, zum Beispiel dadurch, daß sie alles Wissen weitergeben, das sie in den Jahren der Beobachtung und Analyse angereichert haben, und dadurch den intellektuellen Horizont anderer Menschen erweitern. Die Angst, sie wären unfähig oder unfertig, irgend jemandem irgend etwas zu geben, können sie durch Geben überwinden. Im Verlaufe dessen heilen Gefühle und Beziehungen ihr lebenslanges Leid an der Leere und Einsamkeit.

Stärken des Bodens

Das göttliche Bild der BeobachterInnen ist die Schönheit. Ihr abenteuerlustiger Geist, ihre Liebe zur Natur und ihre Wertschätzung aller neuartigen Dinge gehören zu ihren größten Stärken. Durch ihre Vielseitigkeit, ihren Humor und ihre Offenheit für neue Ideen in Kombination mit ihrer angeborenen Intelligenz werden sie zu ausgezeichneten VerbreiterInnen des Fortschritts und der Veränderung. Wenn sie sich auf die Wandlung einlassen, lernen sie ihre Stärken im persönlichen Bereich einzusetzen, um darin Erfüllung zu finden.

Sechs: MitstreiterInnen werden zu Stabilisierenden

Grenzen des Bodens

MitstreiterInnen lassen ihren Boden von ExpertInnen analysieren, trauen aber der Genauigkeit ihrer Ergebnisse nicht und müssen deshalb noch überprüfen, was alle anderen darüber denken. Sie verzetteln ihre Kräfte so in einem Wirbelwind der Aktivität. Sie sind von vielen Befürchtungen geplagt: Entscheidungen zu treffen, angenommen zu werden, respektiert zu werden oder allein zu sein, um nur einige zu nennen. Diese zeigen im Zusammenhang mit ihrem Bedürfnis nach Strukturen und Regeln ihr grundlegendes

Gefühl der Angst. Das kompensieren sie, indem sie für alles die Verantwortung übernehmen, außer für sich.

Sie reden zuviel und klagen ständig unter der Maske echter Betroffenheit, um ihre Sorgen anderen aufdrängen und dies als Liebe bezeichnen zu können. Die ihnen eigene Sturheit macht sie anfällig dafür, andere hart nach unpersönlichen Gesetzen statt nach persönlichen Umständen zu beurteilen. Wenn sie sich nicht angemessen um ihr eigenes Leben kümmern, nutzen andere sie aus, und sie spielen dann die MärtyrerInnen.

Modifikation des Bodens

MitstreiterInnen müssen schließlich ihre Bodenanalyse akzeptieren und anfangen zu pflanzen. Indem sie ihre Aktivitäten bremsen, gewinnen sie Kontrolle über ihr Leben und entdecken die innere Autorität, die jenen Frieden hervorbringt, nach dem sie sich sehnen.

Für MitstreiterInnen ist es entscheidend, sich Zeit zum Nachdenken zu nehmen, denn nur dann werden sie es wagen, ihre grundlegenden Lebensfragen zu beantworten: Wo gehe ich hin? Was ist mir wirklich wichtig? Wo liegen meine wirklichen Verantwortlichkeiten, im Gegensatz zu denen, die ich annehme? Welche Überzeugung habe ich bezüglich der wichtigen Fragen meines Lebens, unabhängig von Gesetzen, Regeln oder Autoritäten? – Dies sind nur einige Beispiele für die unzähligen Fragen, die sie stellen, damit andere sie ihnen beantworten. Nun müssen sie ihre eigenen Rätsel lösen. Auf dieser Suche werden sie dahin gelangen, ihren eigenen intellektuellen Fähigkeiten trauen zu können; und ihre lebenslangen Ängste werden erleichtert.

Stärken des Bodens

Das göttliche Bild der MitstreiterInnen ist die Dauer. Durch ihre hohen moralischen Maßstäbe und ihre Opferbereitschaft zugunsten anderer kommen sie in Vertrauenspositionen. Ihre Loyalität, ihre Gastfreundschaft, ihre Begeisterung für das Leben und ihre echte Sorge um andere kann einzelne Menschen heilen und Gemeinschaften verbinden. Ihr auf einer gefestigten persönlichen Vision gegründetes Selbstvertrauen wird im Verlauf ihrer Transformation weiter wachsen.

Sieben: TräumerInnen werden zu Erleuchtenden

Grenzen des Bodens

Statt ihre Gaben zur Vorstellung und Planung eines besseren Gartens einzusetzen, verwenden TräumerInnen sie nur im Bereich der Phantasie. In ihren reichen und fruchtbaren Boden streuen sie zuviel Saat – Pläne und Aktivitäten – und dünnen sie weder aus, noch bewässern sie sie genug. Mit ihrer Neigung zum magischen Denken behandeln sie Phantasielösungen und direktes Handeln, als wäre es das gleiche. Sie ziehen ein oberflächliches Leben vor und lassen das Leben oft an sich vorüberstreichen, weil sie ihre angeborene Intelligenz und ihr gutes Herz dem Gott des Wohllebens und der phantastischen Ideen opfern.

Durch den Verbleib im Reich der Ideen können sie so ausschließlich optimistisch sein, daß sie alle Tatsachen oder Gefühle ausblenden, die sie auf die Wirklichkeit stoßen könnten. Ihre Neigung, alles Vergnügliche überzudosieren, hindert sie an der Entwicklung von Disziplin und am Hervorbringen bleibender Werte.

Modifikation des Bodens

Das unersättliche Verlangen der TräumerInnen nach allem Angenehmen macht eine hohe Dosis Realismus und harter Arbeit notwendig, um ihrer Vergnügungssucht die richtigen Grenzen zu setzen. Sie müssen begreifen, welche Vorteile ein sorgfältiger Plan zum Bepflanzen und Pflegen eines Gartens hat; dann wird mit der harten leistungsorientierten Arbeit auch ihre Selbstachtung steigen.

Im beruflichen und privaten Bereich konzentrieren sie sich auf Ziele und erreichen diese, wobei sie in ihrer Fähigkeit, Hindernisse zu überwinden, einen ganz neuen Enthusiasmus entdecken. Der Lohn dieser Mühe wird die Verwirklichung des wundervollen Gartens sein, von dem sie immer geträumt haben, denn auf diesem Wege fügen sie ihrem Leben die fehlende Ingredienz zu: die schöpferische Kraft, die der Disziplin und persönlichen Beteiligung entspringt.

Stärken des Bodens

Das göttliche Bild der TräumerInnen ist die Majestät. Ihre geistige Brillanz und ihre tiefe Menschenliebe sind eine versteckte ernsthafte Seite von ihnen, mit der sie sich jetzt anfreunden. Sie sind fröhliche KollegInnen und angenehme MitarbeiterInnen. Ihre scharfsinnige Beobachtungsgabe und visionäre Natur offenbart sich, während sie den Garten ihrer Transformation bepflanzen und pflegen.

Acht: KämpferInnen werden zu MenschenfreundInnen

Grenzen des Bodens

Da KämpferInnen wenig oder gar kein Verständnis für Sensibilität bei sich oder anderen haben, hinterlassen sie nach sich häufig einen Weg der Verwüstung, wie ein wildgewordener Bulldozer. Viel zu häufig reden sie, lassen andere zuhören und sind dann stolz wie Oskar über ihre Kommunikationsfähigkeit und Redebegabung. Sie möchten diejenigen, die ihnen nahestehen, lieben und schützen, doch ähneln ihre Bemühungen häufig eher einem Hagelsturm als einem sanft tränkenden Regen.

Sie verbreiten ihre persönliche Auffassung von Gerechtigkeit mit der Härte der Mittagssonne und beachten dabei die Zwischentöne und Schattierungen mildernder Umstände wenig oder gar nicht. Da sie gewöhnlich bekommen, was sie wollen, neigen sie zur Arroganz. Haben sie eine Entscheidung einmal getroffen, so meißeln sie sie in Stein und werden unflexibel.

Modifikation des Bodens

Die Härte des Bodens der KämpferInnen wird durch häufiges Pflügen in Zeiten der Reflexion und Meditation in Mutterboden verwandelt. Aus der Bodenverbesserung durch die Entwicklung der geistigen Seite entsteht die Fruchtbarkeit des Mitgefühls und der Verletzlichkeit. Da sie viel auf Kompetenz und die Außenwelt zählen, suchen sie sich in den Zeiten der Reflexion Anregung durch Bücher, Kassetten, Seminare und Vorträge von ExpertInnen.

Mit einer Vielfalt von Gesichtspunkten können sie gut umgehen, indem sie sie mit ihrem angeborenen Gefühl für Wahrheit und Aufrichtigkeit sortieren. Indem sie Ruhezeiten des Nachdenkens und Zuhörens mit produktiven Zeiten der Arbeit und des Gesprächs abwechseln lassen, finden sie zu einer Wertschätzung von Beziehung und Mitmenschlichkeit.

Stärke des Bodens

Das göttliche Bild der KämpferInnen ist das Fundament. Ihre starke Menschenliebe und ihr Einsatz für diese drückt sich auf neue Weise warmherzig und sensibel aus. Es handelt sich um Menschen, die in der Welt einen bleibenden Eindruck hinterlassen, und nur das Mitgefühl stellt sicher, daß es sich um einen positiven handeln wird. Je weiter sie auf die Transformation zuschreiten, um so deutlicher wird sich bei diesen natürlichen Führungspersönlichkeiten ihre Leidenschaft für die universelle Wahrheit und Gerechtigkeit ausdrücken.

Neun: BewahrerInnnen werden zu UniversalistInnen

Grenzen des Bodens

Der Sandboden der BewahrerInnen ermöglicht es ihnen, ein widersprüchliches äußeres und inneres Leben zu führen. Im beruflichen und sozialen Bereich sind sie warm, freundlich, umgänglich, locker und begeisterungsfähig. Da ihr Innenleben aber durch einen Mangel an Feuchtigkeit ausgetrocknet ist, sind sie im Privatleben häufig unaufmerksam, zurückgezogen, passiv-aggressiv und vergeßlich denen gegenüber, die ihnen nahe sind.

Mit ihren Gedanken und Gefühlen sind sie sehr zurückhaltend, um sich gegen Unruhe, Spannung oder Streit zu schützen. Daraus wird leicht Betrug, wenn sich die persönlichen Konflikte so anhäufen, bis sie praktisch nicht mehr damit umgehen können, ohne die Beziehung zu zerstören. Ganz gleich wie schwierig ihr persönliches Leben wird, werden sie fortfahren zu phantasieren, wie anders das Leben sein würde, wenn die Umstände sich veränderten, wenn andere sich änderten – aber nie, wenn sie selbst sich änderten.

Modifikation des Bodens

Durch Hinzufügung der organischen Substanzen von Emotionen und Interesse an der persönlichen Dimension entsteht die notwendige Verlagerung der Aufmerksamkeit aus dem öffentlichen in den privaten Bereich. Es wird große Mühe kosten, in ein ehrliches Gespräch mit PartnerInnen, Familie und Freunden zu kommen.

Es wird ihnen schwerfallen, ihre lang unterdrückten Gefühle wach werden zu lassen und sie als wertvoll anzunehmen, weil dabei schmerzhafte Emotionen und vergrabene Erinnerungen aufgedeckt werden. Das Führen eines Tagebuchs und therapeutische Anleitung sorgen für die Verläßlichkeit, die dem Prozeß Dauer verleiht. Da sie in der Vergangenheit gefangen sind, ist es wesentlich, sich auf die Gegenwart und die Zukunft zu konzentrieren und sich Ziele zu setzen.

Stärken des Bodens

Das göttliche Bild der BewahrerInnen ist die göttliche Gegenwart. Sie sind mit einer sanften und doch kraftvollen inneren Stärke begnadet, die allen Widrigkeiten widerstehen kann. Wenn sie diese Eigenschaft in warmen und liebevollen Beziehungen ausdrücken, wird sie zu einem friedvollen Hafen. Diese freundlichen, geduldigen und erfinderischen Menschen werden auf dem Wege der Wandlung ihre beträchtlichen Heilungsgaben entdecken.

Es ist unser aller geheimer Traum, in uns selbst einen Ort zu finden, an dem alle Wunden geheilt, an dem die Kräfte erneuert werden, wo wir Erquickung finden und neue Träume gebären können. Dieser heilige Ort wird so viele Formen und Gestalten haben, wie es Menschen gibt. Wir konnten hier jedoch nur ein Bild als Beispiel wählen, nämlich den verborgenen, inneren Garten.

Die Pflege dieses verborgenen Gartens kann das sinnvollste Geschenk sein, das sie sich selbst machen können. An diesem heiligen Ort werden sie das Göttliche berühren und von ihm berührt werden. Hier fallen allmählich all die kleinen trennenden Wahrheiten fort, und nur *die* Wahrheit bleibt.

Wir hoffen, daß dieses Buch Ihnen geholfen hat, die in Ihnen liegende großartige Schönheit und Stärke zu entdecken, und daß Sie fortfahren werden, den verborgenen Garten Ihrer Seele zu pflegen. Frohes Gärtnern!

Anmerkungen

1 Die Hinweise über das Gärtnern, über Bodenzusammensetzung und -analyse, etc. stammen aus: *Ortho's Complete Guide to Successful Gardening*, San Francisco 1983, S. 342–75.
2 William J. Bausch – *Storytelling: Imagination and Faith*, 1984, S. 127–28.

Glossar

Abhängige Prägung: Eines der drei Problemlösungsverfahren. Diese Haltung wird eingenommen von PerfektionistInnen (1), HelferInnen (2) und MitstreiterInnen (6). Sie beschreibt einerseits das Verlangen zu wissen, was andere tun, um selbst über den nächsten Schritt entscheiden zu können, und andrerseits das Verlangen nach sozialen Beziehungen mit anderen. Siehe auch *aggressive Prägung* und *zurückgezogene Prägung*.

Affektives Zentrum: Eine der Intelligenzformen des menschlichen Geistes. Sein Zweck ist Verbundenheit und Transzendenz, doch wird es gewöhnlich verwendet, um die kleine Welt der Gefühle, Emotionen und Beziehungen zu manipulieren. Bevorzugt wird es von HelferInnen (2), GewinnerInnen (3) und IndividualistInnen (4). Siehe auch *Zentren*, *effektives Zentrum* und *theoretisches Zentrum*.

Aggressive Prägung: Eines der drei Problemlösungsverfahren. Diese Prägung beeinflußt GewinnerInnen (3), TräumerInnen (7) und KämpferInnen (8). Sie beschreibt das Verlangen, die Welt nach eigenem Belieben umzuformen und zu gestalten. Siehe auch *abhängige Prägung* und *zurückgezogene Prägung*.

Angst: Im Enneagramm das Gefühl, daß von Menschen oder Situationen, die andere Wertmaßstäbe als die eigenen haben, Gefahr ausgeht; die Hauptabhängigkeit der MitstreiterInnen (6).

Aufbauende: Die lebenslange Suche der IndividualistInnen (4).

Ausführende Bewegung: Die dritte Bewegung des Transformationsprozesses. Diese Bewegung setzt die in der reflektiven Bewegung gewonnene neue Vision in Handlung um. Sie stellt also die erste Bewegung des Transformationsprozesses dar, in der äußere Veränderungen auftreten. Siehe auch *Motivationsbewegung*, *mystische Bewegung* und *reflektive Bewegung*.

Ärger: Im Enneagramm die Unzufriedenheit mit allem, was nicht vollkommen ist, und das Verlangen, es nach den eigenen Vorlieben umzuformen; die Hauptabhängigkeit der PerfektionistInnen (1).

Begierde: Im Enneagramm ein intensives Verlangen nach Macht, Einfluß oder Lebensintensität; die Hauptabhängigkeit der KämpferInnen (8).

Bennett, John G.: Schüler Gurdjieffs und einer der ersten Lehrer des Enneagramms im Westen, Autor mehrerer Bücher über das Enneagramm und über den Transformationsprozeß.

BeobachterInnen: Name des Persönlichkeitsmusters im Enneagramm, das der Zahl Fünf auf dem Enneagrammkreis entspricht, wenn es seiner Hauptabhängigkeit unterliegt. Siehe auch *Gier*, *theoretisches Zentrum*, *Weg der Unterwerfung* und *zurückgezogene Prägung*.

BewahrerInnen: Der Name des Persönlichkeitsmusters im Enneagramm, das der Zahl Neun auf dem Enneagrammkreis entspricht, wenn es seiner Hauptabhängigkeit unterliegt. Siehe auch *Gleichgewichtspunkte*, *effektives Zentrum*, *Trägheit*, *Weg der Vermittlung* und *zurückgezogene Prägung*.

Bewegung gegen die Pfeile: Der Ausdruck bezieht sich auf die Pfeile innerhalb des Enneagrammkreises und bedeutet, daß die besten Eigenschaften derjenigen Zahl übernommen werden, von welcher der betreffende Pfeil ausgeht. Es ist die schwierigste Richtung, die man im Leben einschlagen kann und führt zur Neutralisation der Hauptabhängigkeit, zur Wandlung. Siehe auch *Intensivierung*, *Bewegung mit den Pfeilen* und *Neutralisation*.

Bewegung mit den Pfeilen: Der Ausdruck bezieht sich auf die Pfeile im Enneagrammkreis und bedeutet die Übernahme der schlimmsten Qualitäten derjenigen Zahl, auf die der betreffende Pfeil zeigt. Es ist die am leichtesten einzuschlagende Richtung und führt zur Intensivierung der Hauptabhängigkeit.

Siehe auch *Intensivierung, Bewegung gegen die Pfeile* und *Neutralisation*.
Bina: Siehe *Verständnis*.
Chessed: Siehe *Liebe*.
Chochma: Siehe *Weisheit*.
Dauer: Die siebte Sefira, Nezach, die das göttliche Bild der MitstreiterInnen (6) im Wandlungsprozeß des Enneagramms bildet. Siehe auch *Sefiroth*.
Effektives Zentrum: Eine der Intelligenzarten des menschlichen Geistes. Sein Zweck ist die Bewegung, die Absicht und Energie, um das persönliche Dasein in der Welt vollenden zu können. Doch wird es gewöhnlich dazu eingesetzt, die Sicherheit zu bewahren und sich auf die eigenen instinktiven Reaktionen und das Dasein zu beschränken. Es wird bevorzugt von KämpferInnen (8), BewahrerInnen (9) und PerfektionistInnen (1).
Siehe auch *affektives Zentrum, Zentren* und *theoretisches Zentrum*.
Erleuchtende: Die lebenslange Suche der TräumerInnen (7).
Flügel: Dieser Ausdruck bezieht sich auf die Zahlen beiderseits einer bestimmten Zahl im Enneagrammkreis. Es heißt, man nehme einige Eigenschaften von einem oder von beiden dieser »Flügel« an, um die eigene Persönlichkeit zu erweitern oder abzurunden. Siehe auch *Flügelmuster*.
Flügelmuster: Dieses sind die Muster oder Zahlen im Enneagramm, die sich an den Rändern oder »Flügeln« eines jeden Zentrums befinden: Zwei und Vier im affektiven Zentrum, Fünf und Sieben im theoretischen Zentrum, Acht und Eins im effektiven Zentrum. Diese Muster erweitern oder runden ihre Persönlichkeiten ab, indem sie Qualitäten von einer der beiden oder von beiden Zahlen ihres eigenen Zentrums übernehmen und Qualitäten einer oder aller Zahlen ihres Sekundärzentrums. Diese Art, die Flügel zu verstehen, umfaßt das sonst übliche Verständnis des Begriffes (erklärt unter Flügel), ermöglicht aber eine größere Vielfalt im Ausdruck der Enneagramm-Muster. Siehe auch *Gleichgewichtspunkte, Zentren, Primärzentrum, Sekundärzentrum, Tertiärzentrum* und *Flügel*.
ForscherInnen: Die lebenslange Suche der BeobachterInnen (5).
Fundament: Die neunte Sefira, Jessod, die das göttliche Bild der KämpferInnen (8) im Wandlungsprozeß des Enneagramms darstellt. Siehe auch *Sefiroth*.
Gebura: Siehe *Kraft*.
GefährtInnen: Die lebenslange Suche der HelferInnen (2).
GewinnerInnen: Der Name des Persönlichkeitsmusters im Enneagramm, das der Zahl Drei auf dem Enneagrammkreis entspricht, wenn es seiner Hauptabhängigkeit unterliegt. Siehe auch *affektives Zentrum, aggressive Prägung, Gleichgewichtspunkte, Täuschung* und *Weg der Vermittlung*.
Gier: Im Enneagramm das exzessive oder unstillbare Verlangen nach Wissen und nach der Zeit, solches zu erlangen; die Hauptabhängigkeit der BeobachterInnen (5).
Gleichgewichtspunkte: Ein Ausdruck, der GewinnerInnen (3), MitstreiterInnen (6) und BewahrerInnen (9) beschreibt, weil diese ihr Primärzentrum unterdrücken. Sie hoffen auf diese Weise mit allen Menschen und Situationen im Gleichgewicht oder in Harmonie zu bleiben. Diese Zahlen bilden jeweils die Mittelpunkte ihrer Zentren und haben einen besonderen Zugang zur Verwendung des Zentrums, in dem sie sich befinden. Siehe auch *Flügel*.
Göttliche Gegenwart: Die zehnte Sefira, Schechina, die im Wandlungsprozeß des Enneagramms das göttliche Bild der BewahrerInnen (9) darstellt. Siehe auch *Sefiroth*.
Göttliches Bild, göttliche Eigenschaften: Die Gegenwart des Göttlichen in jedem menschlichen Wesen, doch in spezifischen Manifestationen für jedes der neun Muster des Enneagramms.
Gurdjieff, George I.: Ihm wird die Entdeckung des Enneagramms im Kloster der Sarmoun-Bruderschaft in den ersten Jahren des 20. Jahrhunderts zugesprochen. Er brachte diese Überlieferung nach Europa und Amerika.

Hauptabhängigkeit: Hauptabhängigkeiten sind im Enneagramm als seelische und geistige Abhängigkeiten zu verstehen, Abhängigkeiten von einer Sichtweise. Verfangen sich Menschen in diesen Abhängigkeiten, so sind sie der Überzeugung, daß sie ihr Leben nur auf diese Weise sehen können und deshalb keine Wahl haben, als auf die von dem Muster vorgeschriebene Weise zu handeln. Hauptabhängigkeiten sind also Antriebe in der menschlichen Persönlichkeit, die eine Verzerrung hervorrufen und die Menschen daran hindern, die Wahrheit über ihr Leben zu sehen oder anzuerkennen. Jeder Mensch und jedes im Enneagramm beschriebene Muster hat nur eine Hauptabhängigkeit. Die Hauptabhängigkeit der PerfektionistInnen (1) ist der Ärger, der HelferInnen (2) der Stolz, der GewinnerInnen (3) die Täuschung, der IndividualistInnen (4) der Neid, der BeobachterInnen (5) die Gier, der MitstreiterInnen (6) die Angst, der TräumerInnen (7) die Unmäßigkeit, der KämpferInnen (8) die Begierde nach Macht und Leben und der BewahrerInnen (9) die Trägheit oder Faulheit.

Hauptsünde: Ein geistig und seelisch fehlgeleitetes Verhalten, das zur Quelle anderer Fehlverhaltensweisen wird. Es erzeugt eine unangemessene und ungesunde Beziehung zwischen dem Ego und dem Selbst. Im Enneagramm werden Hauptsünden als Hauptabhängigkeiten bezeichnet und psychologisch, nicht moralisch verstanden. Siehe also *Hauptabhängigkeit*.

HelferInnen: Der Name des Persönlichkeitsmusters im Enneagramm, das der Zahl Zwei auf dem Enneagrammkreis entspricht, wenn es seiner Hauptabhängigkeit unterliegt.
Siehe auch *affektives Zentrum, abhängige Prägung, Stolz* und *Weg der Unterwerfung*.

Hod: Siehe *Majestät*.

IndividualistInnen: Der Name des Persönlichkeitsmusters im Enneagramm, das der Zahl Vier auf dem Enneagrammkreis entspricht, wenn es seiner Hauptabhängigkeit unterliegt. Siehe auch *affektives Zentrum, Neid, Weg der Reduktion* und *zurückgezogene Prägung*.

Intensivierung: Das Nachgeben gegenüber einer Hauptabhängigkeit. Siehe auch *Bewegung gegen die Pfeile*, Bewegung mit den Pfeilen und *Neutralisation*.

Jessod: Siehe *Fundament*.

Kabbala: Mystische Tradition im Judentum, in der sich zum Teil ein Kontakt mit dem Enneagramm darin zeigt, daß die zehn Eigenschaften Gottes aufgelistet werden. Siehe auch *Sefiroth*.

KämpferInnen: Der Name des Persönlichkeitsmusters im Enneagramm, das der Acht auf dem Enneagrammkreis entspricht, wenn es seiner Hauptabhängigkeit unterliegt. Siehe auch *aggressive Prägung, effektives Zentrum, Begierde* und *Weg der Unterwerfung*.

Kether: Krone, die erste Sefira, das Nichts oder das Nicht-Sein Gottes. Kether ist ewig und hat keinen Anfang. Siehe auch *Sefiroth*.

Kraft: Die fünfte Sefira, Gebura, die im Transformationsprozeß des Enneagramms das göttliche Bild der IndividualistInnen (4) darstellt. Siehe auch *Sefiroth*.

Lebensbezug: Siehe *Wege des Lebensbezuges*.

Lebenslange Suche: Die Reise der Transformation zur Neutralisation der Hauptabhängigkeit und Offenbarung des göttlichen Bildes im Kern der Enneagramm-Muster.

Liebe: Die vierte Sefira, Chessed, die im Wandlungsprozeß das göttliche Bild der GewinnerInnen (3) darstellt. Siehe auch *Sefiroth*.

Magi: Weisheitssucher aus dem alten Persien, die wahrscheinlich Urheber oder wenigstens die ersten organisierten Hüter des Enneagramms waren.

Majestät: Die achte Sefira, Hod, die im Transformationsprozeß des Enneagramms das göttliche Bild der TräumerInnen (7) darstellt. Siehe auch *Sefiroth*.

MenschenfreundInnen: Die lebenslange Suche der KämpferInnen (8).

Metanoia: Produkt der Selbstwahrnehmung und Selbst-Erinnerung. Das Wort stammt von den griechischen Begriffen für Veränderung (meta-) des Geistes (nous). Im Enneagramm bezieht sich der Begriff auf die Abwendung von der Hauptabhängigkeit hin zur Transformation. Siehe auch *Segnen der Vergangenheit, Vergebung, Selbstwahrnehmung* und *Selbst-Erinnerung*.

MitstreiterInnen: Der Name des Persönlichkeitsmusters im Enneagramm, das der Zahl Sechs auf dem Enneagrammkreis entspricht, wenn es seiner Hauptabhängigkeit unterliegt. Siehe auch *Gleichgewichtspunkte, abhängige Prägung, Angst, theoretisches Zentrum* und *Weg der Vermittlung*.

Motivationsbewegung: Die zweite Bewegung im Wandlungsprozeß. Das Aufbauen auf die in der reflektiven Bewegung gewonnene neue Vision dessen, was aus der eigenen Person werden kann. Die Frage nach der Entdeckung der Eigenschaften und Mittel, die zur Verfügung stehen, um die neue Vision in die Praxis umzusetzen. In dieser Bewegung entscheidet eine Person darüber, ob sie bereit ist, den für die Transformation nötigen Preis zu zahlen und die Emotionen als Motivatoren für die tatsächliche Umsetzung der Wandlung zu verwenden.
Siehe auch *abhängige Bewegung, ausführende Bewegung, mystische Bewegung* und *reflektive Bewegung*.

Motivierende: Die lebenslange Suche der GewinnerInnen (3).

Muster: Im Enneagramm die Ausbildung der Persönlichkeit um ein göttliches Bild, das durch Egozentrik zur Hauptabhängigkeit verzerrt wird.

Mystische Bewegung: Das vierte und letzte Stadium im Transformationsprozeß. Es bedeutet eine Hingabe an den Wandlungsprozeß, eine Hingabe an Selbstwahrnehmung, Selbst-Erinnerung, Metanoia, Vergebung und Segnung der Vergangenheit, eine Hingabe an die reflektive, motivierende und ausführende Bewegung, bis alle Elemente der Hauptabhängigkeit neutralisiert sind. Siehe auch *abhängige Bewegung, Segnen der Vergangenheit, ausführende Bewegung, Vergebung, Metanoia, reflektive Bewegung, Motivationsbewegung, Selbstwahrnehmung* und *Selbst-Erinnerung*.

Neid: Im Enneagramm das schmerzhafte Bewußtsein des Vorteils anderer, in Kombination mit einem unstillbaren Verlangen, über die gleichen Vorteile zu verfügen; die Hauptabhängigkeit der IndividualistInnen (4).

Neutralisation: Die Überwindung der eigenen Hauptabhängigkeit. Siehe auch *Intensivierung, Bewegung gegen die Pfeile* und *Bewegung mit den Pfeilen*.

Nezach: Siehe *Dauer*.

PerfektionistInnen: Der Name des Persönlichkeitsmusters im Enneagramm, das der Zahl Eins auf dem Enneagrammkreis entspricht, wenn es sich in der Hauptabhängigkeit befindet. Siehe auch *Ärger, abhängige Prägung, effektives Zentrum* und *Weg der Reduktion*.

Primärzentrum: Das Zentrum oder die Intelligenzart, die einer Person am stärksten bewußt ist. Diese Intelligenzart wird von der betreffenden Person sowohl angemessen als auch unangemessen eingesetzt und vor allem deswegen übermäßig verwendet, weil ihr Einsatz bequem ist. Im Enneagramm bevorzugen HelferInnen (2), GewinnerInnen (3) und IndividualistInnen (4) das affektive Zentrum; BeobachterInnen (5), MitstreiterInnen (6) und TräumerInnen (7) bevorzugen das theoretische Zentrum; und KämpferInnen (8), BewahrerInnen (9) und PerfektionistInnen (1) bevorzugen das effektive Zentrum. Siehe auch *Zentren, Sekundärzentrum* und *Tertiärzentrum*.

Problemlösungsverfahren: Das Enneagramm zeigt drei Wege auf, auf denen Menschen versuchen, an den Schwierigkeiten des Lebens vorbeizukommen: Aggression, Abhängigkeit oder Rückzug. Siehe auch *aggressive, abhängige* und *zurückgezogene Prägung*.

Pythagoras: Philosoph, Mystiker und Mathematiker des sechsten Jahrhunderts v.Chr., der sich oft im Nahen Osten aufhielt und in Persien das Enneagramm kennenlernte, bevor er an der italienischen Südküste seine Schule des esoterischen Wissens gründete.

Reflektive Bewegung: Die erste Bewegung im Transformationsprozeß. Sie besteht darin, das bisher gelebte Leben und die eigene Hauptabhängigkeit in Frage zu stellen. Darin kommt eine neue Idee und neue Vision dessen auf, der man sein könnte. Siehe auch *ausführende Bewegung*, *Motivationsbewegung* und *mystische Bewegung*.

Samos: Griechische Insel, Geburtsstätte des Pythagoras.

Sarmoun-Bruderschaft: Geheimgesellschaft, in deren verborgenem Kloster im Nahen Osten die Überlieferung des Enneagramms Hunderte und wahrscheinlich Tausende Jahre lang gehütet und entwickelt worden ist. *Sarmoun* kommt aus dem Sanskrit und bezieht sich auf Bienen, die den Nektar sammeln, um daraus Honig zu machen und ihn aufzubewahren.

Schechina: Siehe *göttliche Gegenwart*.

Schönheit: Die sechste Sefira, Tif'ereth, die das göttliche Bild der BeobachterInnen (5) im Enneagramm-Prozeß der Transformation darstellt. Siehe auch *Sefiroth*.

Sefiroth (sing.: Sefira): Die Sefiroth sind Teil der Kabbala, in der sie die Bezeichnung für die zehn Geschlechter oder Eigenschaften Gottes bilden. Die erste ist Kether, die Krone, das Nichts oder Nicht-Sein Gottes, das als solches ewig ist und keinen Anfang hat. Deshalb wird die nächste Sefira, Chochma (Weisheit) auch als die erste betrachtet, auf diese folgt Bina (Verständnis), Chessed (Liebe), Gebura (Kraft), Tif'ereth (Schönheit), Nezach (Dauer), Hod (Majestät), Jessod (Fundament) und Schechina (Göttliche Gegenwart). Im Hebräischen bedeuten Sefiroth eine numerische Auflistung. Es handelt sich dabei um die gleiche Wortwurzel wie für unser Wort »Ziffer«.

Segnen der Vergangenheit: Eingeständnis der Tatsachen, die in einer bestimmten Lebensphase stattgefunden haben, ehrlicher Umgang mit dem entstandenen Schmerz, und darauf folgende Konzentration auf das Gute, das aus dieser Erfahrung erwachsen ist. Eine der fünf Einstellungen, die den Transformationsprozeß fördern. Siehe auch *Vergebung*, *Metanoia*, *Selbstwahrnehmung* und *Selbst-Erinnerung*.

Sekundärzentrum: Das Zentrum oder die Intelligenzart, die Menschen nutzen, um ihr bevorzugtes oder Primärzentrum zu unterstützen. Siehe auch *Zentren*, *Primärzentrum* und *Tertiärzentrum*.

Selbst-Erinnerung: Handeln aus der durch Selbstwahrnehmung entstandenen Bewußtheit. Eine der drei gegenwartsbezogenen Einstellungen, die den Transformationsprozeß fördern. Siehe auch *Segnen der Vergangenheit*, *Vergebung*, *Metanoia* und *Selbstwahrnehmung*.

Selbstwahrnehmung: Die Fähigkeit, die eigenen Gedanken, Gefühle, Reaktionen, Empfindungen und Handlungen wie auch die Reaktionen anderer auf sich objektiv wahrzunehmen. Eine der drei gegenwartsbezogenen Einstellungen, die den Transformationsprozeß fördern. Siehe auch *Segnen der Vergangenheit*, *Vergebung*, *Metanoia* und *Selbst-Erinnerung*.

Stabilisierende: Die lebenslange Suche der MitstreiterInnen.

Stolz: Im Enneagramm die Eigenschaft, sich als bedürfnislos zu sehen und als denen überlegen, die Bedürfnisse haben; die Hauptabhängigkeit der HelferInnen (2).

Sufis: eine mystische Sekte im Islam, die eine gewisse Beziehung zum Enneagramm hatte.

Täuschung: Im Enneagramm das ständige Tarnen der eigenen Gefühle, Bedürfnisse und Meinungen, um daraus politische oder soziale Vorteile zu gewinnen; die Hauptabhängigkeit der GewinnerInnen (3).

Tertiärzentrum: Das Zentrum oder die Intelligenzart, derer sich eine Person am wenigsten bewußt ist. Sie bleibt schlafend und ungebraucht und bildet deshalb im Leben eines Menschen eine Quelle des Ungleichgewichts. Siehe auch *Zentren*, *Primärzentrum* und *Sekundärzentrum*.

Theoretisches Zentrum: Eine der Intelligenzarten des menschlichen Geistes. Sein Zweck ist die Schau und das Bewußtsein der wahren Bedeutung aller

Dinge, doch wird es gewöhnlich zum Denken, Berechnen und Entscheiden in der eigenen kleinen Welt verwendet. Bevorzugt wird es von BeobachterInnen (5), MitstreiterInnen (6) und TräumerInnen (7).
Tif'ereth: Siehe *Schönheit*.
Transformation: Der Prozeß, durch den eine Hauptabhängigkeit neutralisiert und ein Mensch von Täuschung und Illusion befreit wird, um auf wahrhaft menschliche Weise handeln zu können. Die Transformation wird durch fünf Einstellungen gefördert: Selbstwahrnehmung, Selbst-Erinnerung, Metanoia, Vergebung und Segnen der Vergangenheit. Die Transformation geschieht in vier Stufen oder Bewegungen: die reflektive Bewegung, die Motivationsbewegung, die ausführende Bewegung und die mystische Bewegung.
Trägheit: Im Enneagramm die Abneigung gegen Handlungen oder gegen jede Übernahme von Verantwortung, die Hauptabhängigkeit der BewahrerInnen (9).
TräumerInnen: Der Name des Persönlichkeitsmusters im Enneagramm, das der Zahl Sieben auf dem Enneagrammkreis entspricht, wenn es seiner Hauptabhängigkeit unterliegt. Siehe auch *aggressive Prägung*, *Unmäßigkeit*, *theoretisches Zentrum* und *Weg der Reduktion*.
UniversalistInnen: Die lebenslange Suche der BewahrerInnen (9).
Unmäßigkeit: Im Enneagramm die übermäßige Fähigkeit, sich zu verwöhnen, das unersättliche Verlangen nach allem Lustvollen; die Hauptabhängigkeit der TräumerInnen (7).
Vergebung: Das Ruhenlassen von Beleidigungen, die andere in der Vergangenheit ausgesprochen haben. Eine der fünf Einstellungen, die den Transformationsprozeß fördern. Siehe auch *Segnen der Vergangenheit*, *Metanoia*, *Selbstwahrnehmung* und *Selbst-Erinnerung*.
Verständnis: Die dritte Sefira, Bina, die im Wandlungsprozeß des Enneagramms das göttliche Bild der HelferInnen (2) darstellt. Siehe auch *Sefiroth*.
Wandlung: Gleichbedeutend mit Transformation.

Weg der Reduktion: Einer der drei im Enneagramm beschriebenen Wege des Lebensbezuges. Diese Haltung wird eingenommen von IndividualistInnen (4), TräumerInnen (7) und PerfektionistInnen (1). Sie nehmen die Welt als eine große und überwältigende Realität wahr, die wahrscheinlich die Interessen ihres Ego bedrohen wird. Deshalb konzentrieren sie die Interessen ihres Primärzentrums auf sich selbst. Siehe auch *Primärzentrum*, *Weg der Vermittlung* und *Weg der Unterwerfung*.
Weg der Unterwerfung: Einer der drei im Enneagramm beschriebenen Wege des Lebensbezuges. Diese Haltung wird eingenommen von HelferInnen (2), BeobachterInnen (5) und KämpferInnen (8). Sie nehmen in der Welt weniges wahr, womit sie nicht umgehen könnten, denn sie empfinden in ihrem Primärzentrum die Fähigkeit, alles anzugehen, was die Welt ihnen bietet. Siehe auch *Primärzentrum*, *Weg der Vermittlung* und *Weg der Reduktion*.
Weg der Vermittlung: Einer der drei im Enneagramm beschriebenen Wege des Lebensbezuges. Diese Haltung wird eingenommen von GewinnerInnen (3), MitstreiterInnen (6) und BewahrerInnen (9), die sich der Welt gegenüber auf gleicher Ebene empfinden und sich sicher sind, daß sie jede Anpassung vornehmen können, die zum Hervorrufen einer passenden Reaktion notwendig ist. Sie können auf diese Weise handeln, weil sie ihr Primärzentrum unterdrücken; deshalb werden ihre Positionen im Enneagramm als Gleichgewichtspunkte bezeichnet. Siehe auch *Gleichgewichtspunkte*, *Primärzentrum*, *Weg der Reduktion* und *Weg der Unterwerfung*.
WegbereiterInnen: Die lebenslange Suche der PerfektionistInnen (1).
Weg des Lebensbezuges: Im Enneagramm gibt es drei unterschiedliche Arten, wie Menschen das Leben angehen können: der Weg der Unterwerfung, der Weg der Reduktion und der Weg der Vermittlung. Siehe auch dort.
Weisheit: Die zweite Sefira, Chochma, die im Wandlungsprozeß des Ennea-

gramms das göttliche Bild der PerfektionistInnen (1) darstellt. Siehe auch *Sefiroth*.

Wesen, auch **Essenz**: Die geschaffene Gesamtheit eines Menschen. Es wird identifiziert mit dem, was im Westen allgemein als Geist des Menschen bekannt ist, ist aber nicht streng darauf beschränkt.

Zentren: Arten der Intelligenz. Das Enneagramm benennt drei geistige Zentren im Menschen: das Zentrum der Emotionen oder affektives Zentrum, das Zentrum der Theorie oder theoretisches Zentrum und das Zentrum der Wirkungen oder effektives Zentrum. Eine Hauptabhängigkeit entwickelt sich, indem eines dieser Zentren bevorzugt wird, das wir dann als Primärzentrum bezeichnen. Ein anderes Zentrum dient dann als Hilfszentrum und wird als Sekundärzentrum bezeichnet. Das letzte Zentrum, das Tertiärzentrum, wird mißachtet und bleibt schlafend.

Zoroaster: Persischer Religionsreformer und Weiser des sechsten Jahrhunderts v. Chr.

Zurückgezogene Prägung: Eines der drei Problemlösungsverfahren. Es wird eingenommen von IndividualistInnen (4), BeobachterInnen (5) und BewahrerInnen (9) und beschreibt eine Abwehrhaltung dem Leben gegenüber, durch die man sich tief in sich selbst zurückzieht, um dort alle Bedürfnisse für die Lebensreise zu entdecken. Siehe auch *aggressive Prägung* und *abhängige Prägung*.